Glenn H. Mullin

Die Schwelle zum Tod

Sterben, Tod und Leben
nach tibetischem
Glauben

Übersetzt von Rüdiger Majora
Geleitwort von
Elisabeth Kübler-Ross

Eugen Diederichs Verlag

Titel der englischen Originalausgabe:
Death and Dying (Routledge & Kegan Paul Limited)

CIP-Kurztitelaufnahme der Deutschen Bibliothek

Mullin, Glenn H.:
Die Schwelle zum Tod :
Sterben, Tod u. Leben nach tibet. Glauben
Glenn H. Mullin. Übers. von Rüdiger Majora.
Geleitw. von Elisabeth Kübler-Ross.
1. Aufl. – Köln : Diederichs, 1987.
Einheitssacht.: Death and dying ‹dt.›
ISBN 3-424-00920-2

Erste Auflage 1987
© Glenn H. Mullin 1986
© der deutschen Ausgabe beim Eugen Diederichs Verlag GmbH & Co. KG, Köln
Umschlaggestaltung: Eberhart May, Bergisch Gladbach
Satz: Fotosatz Froitzheim, Bonn
Druck und Bindung: Buch- und Offsetdruckerei Wagner GmbH, Nördlingen
ISBN 3-424-00920-2

INHALT

GELEITWORT

Glenn H. Mullins »Die Schwelle zum Tod« ist eine eindrucksvolle Forschungsleistung auf einem Gebiet, mit dem nur ganz wenige Menschen im Westen vertraut sind. Ihren Wert wissen wohl auch nur sehr wenige zu schätzen – sie gilt der unglaublich reichen Kultur und spirituellen Weisheit des Tibetischen Buddhismus, dessen Wurzeln bis in das siebte Jahrhundert zurückreichen.

Tibet hat eine außerordentliche Vielfalt an Literatur über Tod und Sterben hervorgebracht, mehr als jedes andere buddhistische Land. Bis heute gehört es zu den wenigen Ländern, die vom Westen noch nicht soweit beeinflußt sind, daß der Tod als ein Feind gilt, als etwas, das um jeden Preis hinausgeschoben oder gefürchtet wird. Dieses bewundernswerte, hochgeistige Volk hat den Tod immer als eine Schwelle betrachtet, als Eingang zu einem anderen Dasein. Und jahrhundertelang hat es die Menschen gelehrt, ihr Leben so auszurichten, daß sie auf diesen wichtigsten und bedeutendsten Übergang vorbereitet sind.

Als ich vor gut zwanzig Jahren mit der Sterbeforschung begann, griff ich auch tibetische Erfahrungen, wie sie mir durch Evans-Wentz »Tibetanisches Totenbuch« nahegebracht wurden, auf. Buddhistisches Denken hatte mich berührt, so die Vorstellung vom Karma und von der Wiedergeburt, die für alle Himalayavölker bestimmend, für die meisten Menschen im Westen aber noch fremd sind. Um mit dem vorliegenden Buch zu erklären, was dies bedeutet: Es ist die Theorie, »daß alle unsere Handlungen – seien sie positiv, negativ oder neutral – eine Einprägung in unserem Bewußtsein hinterlassen, die später als eine Art unbewußte Vorprägung wirkt. Demnach wird ein Mensch, der Böses tut, seinem Unbewußten eine starke Neigung zu Grausamkeit einpflanzen. Umgekehrt wird ein Mensch, der durch liebevolles, überlegtes und freundliches Handeln Gutes bewirkt, seine positiven Vorprägungen weiterhin stärken. In dieser Weise übt Karma oder ›Handeln‹ Wirkung aus auf unser Bewußtsein und unsere Persönlichkeit; es ist von bestimmendem Einfluß für unsere zukünftigen

Lebensmuster; was aber wichtiger ist: Wenn wir sterben, wird alles, was wir unserem Karma eingeprägt haben, den Verlauf unserer weiteren Entwicklung maßgeblich vorzeichnen.«

Was ist eigentlich an dieser Anschauung so anders im Vergleich zu unserer christlichen Lehre, die besagt, daß wir ernten, was wir gesät haben? Wenn wir Haß säen und Negativität, kommt es wie ein Bumerang genauso zu uns zurück. Wenn wir unsere Kraft darauf verwenden zu lieben, Sorge zu tragen für andere und mit ihnen zu fühlen, so kommt all dies zu uns zurück. Es ist wirklich ein universelles Gesetz, das alle großen Religionen lehren, und dennoch scheint es so schwierig für uns zu sein, es zu verstehen und danach zu leben.

Dies ist kein Buch, das man leicht liest wie eine Erzählung. Man sollte sich dafür Zeit nehmen und es kapitelweise studieren. Mag sein, daß ein Anhänger des Buddhismus es leichter verdaulich findet, weil er mit den vielen Begriffen und verschiedenen Schulen des Buddhismus besser vertraut ist. Doch selbst für einen Laien wie mich, die ich allerdings viel aus meiner Arbeit mit Tausenden sterbender Patienten in den letzten zwanzig Jahren gelernt habe, ist es eine lehrreiche Lektüre, die mir immer wieder zeigt, wie ähnlich wir doch alle sind und zum gleichen Ergebnis gelangen, wenn auch vielleicht auf verschiedenen Wegen. Die Wahrheit scheint universell zu sein, trotz aller Verschiedenheiten der Sprache und Begriffe.

Der Weg eines Buddhisten ist mühsam, er verlangt strenge, regelmäßige Disziplin, immer mit Blick auf die Erreichung der höchsten Stufe des Vorbereitetseins im Augenblick des Todes. Und da kaum einer von uns weiß, wann dieser Augenblick kommt, widmet der wahre Schüler des Buddhismus endlose Stunden der ernsthaften Betrachtung und Meditation über den Tod. »Im Augenblick des Todes können wir unsere Natur und den Grad unserer geistigen Entwicklung nicht verbergen.« So ist ein Mensch, der keinerlei geistige Übung betrieben hat, wie jemand, der sich auf eine lange Reise begibt und nicht mal ein Licht dabeihat, um den Weg auszuleuchten.

Liegt nicht gerade darin der Sinn unserer Arbeit mit sterbenden Patienten, die sich vorbereiten auf ihre Reise in ein anderes Leben, daß wir ihnen helfen, sich von ihrer negativen Einstellung zu befreien, Unerledigtes in ihren Beziehungen zu anderen zu erledigen, frei zu werden von allem Negativen, indem sie lernen, sich selbst und ihre Nächsten wirklich zu lieben – bedingungslos, um so bereit zu sein für ihren letzten Abschied ohne Furcht und in Erwartung eines freudigen Übergangs in ein anderes Land des Lebens?

Um den geistigen Weg zu üben, müssen wir wissen, welche unserer Anlagen zu entwickeln und welche zu überwinden sind – und ich brauche kaum zu betonen, daß es in unserer Eigenverantwortlichkeit liegt, diese Aufgabe zu bewältigen. Unser inneres Fortschreiten hängt einzig und allein von unserem eigenen Bemühen und unserer Disziplin ab. Dies ist auch der Grund, warum ich in der Erziehung unserer Kinder diese beiden Punkte so wichtig finde: bedingungslose Liebe verbunden mit einer strengen, in sich schlüssigen Disziplin!

Dieses Buch schildert die Lehrtätigkeit, das beispielhafte Leben und Sterben manch eines Großen, der bereit war, über längere Zeiten Schüler zu unterweisen; so konnte er sicherstellen, daß die überlieferten Lehren weiter praktiziert und gelehrt wurden. Solche Lehrer und Meister in der westlichen Welt zu finden, ist nicht einfach. In den letzten Jahren beobachte ich allerdings, wie viele meiner Patienten zutiefst spirituell geworden sind und ebenso wie ich geistige Erfahrungen machen durften bei Lehrern wie Steven Levine und anderen; in relativ kurzer Zeit haben sie es dazu gebracht, nach innen zu schauen und schließlich auch fähig und bereit zu sein, den Tod als eine Entwicklungsstufe zu betrachten – ähnlich wie die Buddhisten.

Natürlich kann jeder, der den Weg des Bodhisattva geht, sich in Großzügigkeit, Disziplin, Geduld und Ausdauer, meditativer Konzentration und Weisheit üben, doch wird betont, daß zum Beispiel Großzügigkeit ohne Disziplin nur dazu dient, andere für sich zu gewinnen, um daraus persönlichen Nutzen zu ziehen. Wir sollten diese Weisheit beherzigen, wenn wir unsere Listen für die Weihnachtseinkäufe machen – das meiste Geld geben wir aus für Leute, die wir am wenigsten lieben (oder die wir am meisten beeinflussen wollen – wie unsere Chefs!)

Es ist immer wieder eine Freude zu lesen, wie sehr diese Lehren den unseren gleichen! Da heißt es ganz klar, daß wir auf alle Äußerungen unseres Körpers, unserer Rede und unseres Geistes achtgeben und uns unserer Worte, Gedanken und Taten bewußt bleiben sollen, indem wir sie auf ihren Inhalt und auf ihren Ursprung hin prüfen. Wirklich eine wunderbare Art, das Dharma zu praktizieren und unsere Erfahrungen im Leben dafür zu nutzen, innere Qualitäten zu entwickeln!

Ganz gleich, welchem gesellschaftlichen Stand wir im Leben angehören, alle haben wir die gleichen Chancen, Liebe, Mitgefühl, Verstehen und Weisheit zu entwickeln. Dies sind die Eigenschaften, die im Augenblick des Todes zählen, und nicht unsere Titel oder all die materiellen Güter, die wir angesammelt haben. Wenn wir zum Zeitpunkt unseres Todes reich sind an Liebe und Mitgefühl und frei von Furcht und Verwirrung, dann haben wir unser Leben richtig gelebt.

Meine größte Meisterin war eine schwarze Putzfrau, die nie die Höhere Schule abgeschlossen hatte. Sie war durch viele Stürme gegangen und lebte in großer Armut – ein Umstand, der direkt für den Tod ihres Kindes verantwortlich war; und doch – sie benutzte jede Erfahrung, um noch besser zu verstehen und mit anderen zu fühlen. Ohne Worte ging von ihr ein Maß an Heiterkeit und Liebe zu den sterbenden Patienten aus, deren Zimmer sie reinigte, daß man fast sagen könnte, sie praktizierte so etwas wie »Bewußtseins-Umwandlung« und machte es so meinen sterbenden Patienten möglich, den Übergang in Frieden und Ruhe zu vollziehen. Wenn ich je einen Guru hatte, so diese Frau, die mich Leben und Tod gelehrt hat und die die Anregung geliefert hat für unsere späteren Seminare über Tod und Sterben an der Universität von Chicago.

Nur sehr wenige Menschen im Westen streben bewußt nach Erleuchtung oder denken auch nur darüber nach, obwohl einzelne begreifen, daß man durch viel Üben und hartes Arbeiten am Selbst dieses Ziel innerhalb eines einzigen Lebens erreichen kann. Nur wenige unter uns glauben an eine Wiedergeburt auf einer niedrigeren Daseinsstufe – etwa als Tier. Ich bin nicht der Meinung, man müsse diesen Glauben teilen. Dennoch beginnen die meisten von uns zu begreifen, daß der Keim vollkommener Weisheit immer in unserem Inneren liegt; und mehr und mehr Menschen in der westlichen Welt entschließen sich dazu, etwas zu unternehmen, um dies besser verstehen zu lernen. Auch wenn dieses Buch manchen fremdartigen Begriff enthält: Es kann Ihnen bei dieser Suche helfen, bis Sie die Früchte Ihrer Arbeit spüren.

Viele Berichte in diesem Buch sind für jedermann aufschlußreich, so etwa der von der Hingabe eines Lehrers beim Tod eines seiner Schüler, den er wie sein eigenes Kind betrachtete. Die Meditationen und Rituale mögen Unvorgebildeten zunächst befremdlich erscheinen, und doch ähneln sie in vielem dem, was wir selbst lehren, ja sie sind damit fast identisch, obwohl wir einen völlig anderen Hintergrund haben und diese Weisheiten nicht von einem Meister oder Guru lernen, sondern von unseren eigenen Patienten. Ge-sche-Nga-wang Dar-gye schreibt zum Beispiel – und dies könnten sehr gut meine eigenen Worte sein:

»Eine der wichtigsten Meditationen, die uns auf den Weg des Geistes führen kann, ist die Meditation über den Tod. Wenn wir dem Gedanken an den Tod stets den höchsten Rang einräumen, wird das Leben für uns an Bedeutung gewinnen. Um das Leben richtig zu verstehen, müssen wir es im Zusammenhang mit Vergänglichkeit und Tod begreifen, die sein tiefstes Wesen ausmachen. Nicht alles stirbt mit dem Tod – was stirbt, sind der Körper und die Äußerungen des diesseitigen Lebens. Der Bewußtseins-Strom mit all seinen Einprägungen fließt weiter, er tritt in den Bardo ein, den Zwischen-Zustand, um dann in den Kreislauf zukünftiger Existenz-Formen einzugehen. Außerordentlich wichtig ist es daher, unser Bewußtsein noch in diesem Leben geistig zu schulen, ihm Liebe, Mitgefühl, Weisheit, Geduld und Verstehen einzupflanzen. Eigenschaften wie diese zu entwickeln – das ist das Sinnvollste, was wir mit unserem Leben anfangen können.«

Durch meine mehr als zwanzig Jahre während Arbeit mit sterbenden Patienten habe ich sehr viel von dem, was in diesem ausgezeichneten Buch beschrieben wird, gelernt – so klingt für mich, was hinter manch schwierigen Worten steht, zugleich so wahr und so vertraut.

Ich bin dem Autor dankbar für die ungeheure Arbeit, die er in dieses Meisterwerk gesteckt hat. Es führt die Leute des Westens heran an die spirituelle Weisheit des Volkes aus dem ›Land des Schnees‹ und trägt dazu bei, uns einander näherzubringen – eine Brücke zu schlagen zwischen den religiösen Lehren in Ost und West, und schließlich zu der Einsicht zu gelangen, daß wir Menschen ALLE EINS sind.

Elisabeth Kübler-Ross, M.D.

AUS DEM VORWORT
ZUR ENGLISCHEN AUSGABE

In Asien hat man niemals aufgehört, sich intensiv mit dem Leben nach dem Tode zu befassen; aber nirgendwo geschah dies so ausgiebig wie in Tibet, dessen Anschauungen auch nach der chinesischen Invasion im Exil fortbestanden. Tibet ist ein Land, das eine archaische – keineswegs eine ›naive‹ – Art der Weltbetrachtung nahezu unversehrt bewahrt hat. Stammes-Kulturen kennen keine schriftlichen Aufzeichnungen, und daher stellt Tibet für uns die letzte lebendige Verbindung dar zu den Kulturen einer fernen Frühzeit. Verschwunden sind die Mysterien-Kulte Ägyptens und Mesopotamiens; Indien und China haben unter starkem westlichen Einfluß viel von ihrem ursprünglichen Charakter verloren. Tibet hingegen ist ein Land, um das die Neuzeit stets einen Bogen gemacht hat. Wollte man die Berge Tibets zu Gesicht bekommen und den Einwohnern des Landes begegnen, dann mußte man Ozeane durchqueren und Subkontinente überwinden, mußte sich steile Pässe hinaufarbeiten – und das nur, um sich dann in einer Wüstenei schwarzer Schluchten und weißer Berggipfel wiederzufinden. So, wie das Land dalag, hineingesetzt in die äußerste Kälte des Himmels, schien es nicht von dieser Welt zu sein. Tibet blieb unbeachtet, eine vergessene Kultur – wie eingeschlossen in Bernstein.

Uns geht es hier um die Frage, welchen Gewinn unsere heutige Zeit möglicherweise daraus ziehen kann. Tibet ist nie mit dem prometheischen Traum in Berührung gekommen, es konnte deshalb dem Tod gegenüber stets eine wachsame Haltung bewahren. Niemals hat es in diesem Land Visionen gegeben, wie die einer ›Verlängerung des Lebens mittels kryonischer Spannung‹, samt deren starker Unterströmung von seelischer Verdrängung und Verleugnung, die zu erkennen uns Ernest Becker mit seinem Buch *The Denial of Death (Die Verneinung des Todes)* geholfen hat. Unbeirrt konnte Tibet seinen Blick auf den Tod gerichtet halten, seinen Platz in der kosmischen Ordnung hat es niemals aus den Augen verloren.

Manche der tibetischen Erkenntnisse werden uns bekannt vorkommen. Liest man die Gedanken über den Weg, so kann durch ein plötzliches Bewußtwerden der eigenen Sterblichkeit die Gegenwart scharf ins Bewußtsein treten und erkennbar werden als das, was sie zweifellos ist – ein unverdientes Geschenk. Vielleicht werden wir an die beschwörenden Worte des Psalmisten gemahnt, »der Zahl unserer Tage zu gedenken und unsere Herzen Weisheit zu lehren«. Oder Heidegger mag uns einfallen mit seinem Wort: daß – wären wir unsterblich – alles auf den nächsten Tag verschoben werden könnte. Und wer sich der Worte von Thomas Kelly erinnert – »beschlossen in unserem Herzen liegt die Ewigkeit, uns rufend in der Mühsal der Zeit, uns tragend mit dem Versprechen uns'rer erhabenen Bestimmung, einzugehen dereinst in die unvergängliche Heimat« – den wird es nicht verwundern, wenn er sieht, vor welch grandiosem Hintergrund die Tibeter den Tod auftreten lassen.

Anderes auf den folgenden Seiten mag uns befremden, uns durch seine Neuartigkeit verblüffen – doch zugleich erfaßt uns eine Erregung wie immer, wenn bislang unentdeckte Wahrheiten sich auftun. Nur so läßt sich auch die sensationelle Wirkung erklären, die vor sechzig Jahren die Übersetzung des *Tibetanischen Totenbuchs* durch W. Y. Evans-Wentz im Westen hervorrief. Nichts vermag die Bedeutung dieses Buches auch nur im mindesten zu schmälern – doch es war nur ein einzelner Text, der ergänzungsbedürftig blieb. Solche Ergänzungen sind natürlich inzwischen vorgenommen worden, doch bis zu der hier vorliegenden Arbeit hat es kein Werk gegeben, welches uns eine Ahnung von der tibetischen Totenliteratur als Ganzes übermittelt hätte, sie von allen Seiten umkreisend und in einer gleichsam panoramischen Übersicht darbietend. Hierin liegt das Verdienst des Buches von Mullin. Sieben Aspekten wendet es sich vornehmlich zu, darunter

– Unterweisungen für Menschen, die sich durch Meditations-Übungen auf den Tod vorbereiten wollen,
– Schriften, die zu derartigen Meditationen inspirieren sollen,
– Berichte vom Tode großer Heiliger und Yogis,
– methodische Anweisungen, wie das Bewußtsein in einen

Zustand gebracht werden kann, den es nach Verlassen des Körpers vorfindet, sowie
- Texte, die einem Sterbenden vorzulesen sind, um ihm die Umwandlung seines Bewußtseins zu erleichtern – hier berühren sich das *Totenbuch* und das Buch von Mullin.

Der Autor – er ist zugleich Übersetzer – hat jeweils einen Schlüsseltext für die Behandlung eines besonderen Aspektes ausgewählt. Er hat eine kluge Wahl getroffen. Doch mindestens ebenso bedeutsam ist seine Liebe zu den Menschen jenes Landes, seine Hochachtung für die Kultur Tibets.
Schon vordem hatte uns Philip Kapleau mit *The Wheel of Death (Rad des Todes)* eine nützliche Zusammenfassung der Sichtweise des Zen-Buddhismus zu Tod und Sterben gegeben. Die Arbeit von Mullin macht uns mit der tibetischen Anschauungsweise bekannt, unser Blick auf den Tod gewinnt dadurch an Tiefe. Wir sind ihm dafür zu großem Dank verpflichtet. Als der Prophet Mohammed seinen Anhängern den Rat gab: »Allerorten sollt Ihr die Weisheit suchen, bis nach China müßt Ihr gehen«, sagte er damit indirekt: »Haltet Ausschau nach ihr, wo immer Ihr sie finden könnt.«

Professor Huston Smith

ZUR ENTSTEHUNG DIESES BUCHES

Die Literatur Tibets ist reich an Werken, die Tod und Sterben zum Thema haben. Das vorliegende Buch stellt einen Versuch dar, dem Leser im Westen eine Ahnung von Umfang und Wesen dieser religiösen Schriften zu vermitteln. Es erwuchs aus meiner zwölf-jährigen Studien- und Forschungstätigkeit an der Bibliothek Tibe-tischer Schriftwerke und Dokumente in Dharamsala sowie aus meinen Erfahrungen in den tibetischen Flüchtlings-Gemeinden in Indien. Offiziell erfuhr meine Arbeit keinerlei Förderung durch die Bibliothek, noch fand sie in deren Auftrag statt; sie ist vielmehr ein Teil der Aktivitäten, zu denen ich – außerhalb des offiziellen Lehrplans – im Zuge meiner persönlichen Forschungstätigkeit gelangte. Es wäre jedoch undankbar von mir, wollte ich nicht der väterlichen Anleitung gedenken, die Gya-tso Tse-ring, der Direk-tor der Bibliothek, großherzig all den Tibetologen zuteil werden ließ, die in die Märchenwelt von Dharamsala Einzug hielten, seitdem die Bibliothek im Jahre 1971 westlichen Gelehrten ihre Tore geöffnet hatte. Erwähnen möchte ich weiterhin die unermüd-liche Hilfsbereitschaft der zahlreichen Tutoren an der Bibliothek, ohne deren Beistand ich die Schwierigkeiten beim Erlernen der tibetischen Sprache, Literatur, Philosophie und religiösen Praxis nicht bewältigt hätte: Ge-she Nga-wang Dar-gye, Chom-dze Ta-shi Wang-gyal, Ehrwürden Do-boom Tul-ku und Ehrwürden Am-chok Tul-ku.

In die tibetischen Überlieferungen und Gebräuche zu Tod und Sterben war ich ursprünglich durch Ge-she Nga-wang Dar-gye, meinen ersten Lehrer in Dharamsala, eingeführt worden. Er war von Seiner Heiligkeit dem Dalai Lama damit beauftragt, für die Tibetische Bibliothek ein buddhistisches Studienprogramm zu erarbeiten, und Anfang 1970 leitete er mehrere Kurse, deren Thema die buddhistische Anschauung vom Tod war. Gemeinsam mit einem deutschen Freund, Michael Hellbach, wandte ich mich 1976 an Ge-she Dar-gye mit der Bitte, uns persönlich darin zu unterweisen, wie das übergreifende System der Meditationsübungen zum Tod beschaffen ist, das die tibetischen Buddhisten anwenden; wir planten damals eine deutschsprachige Zeitschrift, und die Belehrungen unseres Meisters fanden Eingang in die erste Ausgabe (*Aus Tushita*, Heft 1, Duisburg 1977). Teile daraus finden sich im zweiten Kapitel dieses Buches.

1978 bat mich Graham Coleman, ein britischer Filmemacher, als Berater bei drei Dokumentarfilmen mitzuwirken, mit deren Herstellung er damals beschäftigt war (*Tibet: A Buddhist Trilogy*, Thread Cross Films, Bath, England). Im Mittelpunkt eines der Filme stand ein Toten-Ritual, das in einem Kloster in Ladakh abgehalten wurde, und bei meinen diesbezüglichen Forschungen stieß ich auf eine Reihe von interessanten Aspekten zur buddhistischen Todes-Überlieferung. Das fünfte und das achte Kapitel stützen sich weitgehend auf die in diesem Zusammenhang gemachten Funde. Als meine Mutter 1979 starb, empfahl mir der Jüngere Tutor des Dalai Lama für ihre Bestattung dasselbe Ritual, von dem wir eine Film-Dokumentation angefertigt hatten. Dieses Ritual bildet das Kernstück des achten Kapitels. Gelesen hatte ich es zunächst mit Tse-ring Don-drub.

Ein anderer Freund, durch den ich zu weiteren Studien der tibetischen Literatur über Tod und Sterben angeregt wurde, war David Lewistone, für den ich Feldforschungen betrieb bei der Produktion der tibetischen Schallplatte *Shedur: A Ghost Exorcism Ritual* (Nonsuch Records, New York 1978). Wieder entdeckte ich einige erstaunliche Facetten der tibetischen Anschauung von der nachtodlichen Erfahrung. Ein paar Jahre später bat mich David um Mithilfe bei einem Projekt, das Lahoul gewidmet war. Er hatte 1982 in Begleitung von Ta-shi Tse-ring, einem Forschungsbeauftragten der Tibetischen Bibliothek, eine Reise durch Lahoul unternommen, und dabei hatten sie eine Abschrift der gesammelten Werke von Ter-ton Dul-zhug Ling-pa erworben. Nach Auffassung Ta-shis befand sich darunter einiges, das David bei seiner Arbeit von Nutzen sein konnte, und ich wurde gebeten, Übertragungen ins Englische vorzunehmen. Eine der Schriften fiel mir besonders auf – sie erschien mir einer gründlicheren Untersuchung wert. Ich habe sie in das vierte Kapitel aufgenommen. Die Übertragung habe ich unter Mithilfe von Ehrwürden Tse-pak Rig-zin angefertigt, einem jungen Lama, der mir gleichfalls bei den tibetischen Texten im ersten, zweiten und siebenten Kapitel zur Seite stand.

Im Jahre 1982 las ich die gesammelten Werke des Dreizehnten Dalai Lama und übersetzte eine der frühen Lehrreden, aus der ich einige Abschnitte für einen Artikel von *The American Theosophist* verwendete (›Die vom Dreizehnten Dalai Lama beim Großen Gebets-Fest 1921 gehaltene Lehrrede‹, Illinois, März 1983). Die vollständige Wiedergabe dieser Rede findet sich im ersten Kapitel. Der Dreizehnte Dalai Lama gibt darin eine ausgezeichnete Einführung in das Wesen der buddhistischen Übungsweisen der Todes-Meditation und zeigt zugleich, wie sich diese dem Weg des Buddhismus insgesamt einfügen.

Eine weitere hochinteressante Schrift, die eine Fülle von Material zur buddhistischen Anschauung von Leben und Tod zutage förderte, war der Kommentar des Ersten Dalai Lama zu den Methoden, wie man die Anzeichen des Todes entschlüsselt, mit welchen Mitteln das Leben zu verlängern und wie im Sterben die Umwandlung des Bewußtseins zu vollziehen ist (tib.: ›chi-mtshan-rtags-pa-tshe-sgrub-‹ pho-ba-dang-bces-rnam-bzhad) – ein Text, den ich gemeinsam mit Ehrwürden Ar-tsa Til-ku von der Maghada-Universität in Bihar gelesen habe. Von hier aus ergab sich für mich eine Verbindung zu den Ausführungen des Zweiten Dalai Lama über die Langlebigkeits-Yogas – sie gelangen im sechsten Kapitel zur Darstellung –, ferner zu den Erläuterungen zur Bewußtseins-Umwandlung, die im siebenten Kapitel beschrieben werden. Bei der Übersetzung der ersteren gewährte mir Ehrwürden Am-chok Tul-ku seine freundliche Unterstützung, bei der zweiten war mir Ehrwürden Tse-pak Rig-zin behilflich. In den Einführungen zu den betreffenden Textabschnitten habe ich aus dem Kommentar des Ersten Dalai Lama frei zitiert.

Im Frühjahr 1978 hielt der jetzige Dalai Lama im Haupt-Tempel von Dharamsala eine jedermann zugängliche Lehrrede vor mehreren tausend Gläubigen, Yogis und Gelehrten. Zum Abschluß las er verschiedene kurze Texte und Gedichte – versehen jeweils mit einem knappen Kommentar. Darunter befand sich auch das ›Gespräch mit einem alten Mann‹, das ich gemeinsam mit Ehrwürden Chom-dze Ta-shi Wang-gyal übertragen habe; es hat seinen Platz im dritten Kapitel. Bei der gleichen Gelegenheit las der Dalai Lama auch einige Gedichte des Siebenten Dalai Lama, so unter anderen auch die ›Betrachtungen über die Vergänglichkeit‹, die ich in das Schlußkapitel gesetzt habe. Schon vordem hatte ich dieses Gedicht in einer Zusammenstellung von einundvierzig Essays und Gedichten des Siebenten Dalai Lama unter dem Titel *Songs of Spiritual Change* (Snow Lion, Ithaca, New York 1982) veröffentlicht, und ich möchte Sidney Piburn, meinem Herausgeber und Verleger bei Snow Lion, meinen Dank aussprechen für die Erlaubnis zum Wiederabdruck des Gedichts an dieser Stelle – scheint es doch den für diese Sammlung geradezu vollendeten Schlußton herzugeben.

Nicht zuletzt möchte ich Eileen Wood von Routledge & Kegan Paul für das Interesse danken, das sie meiner Arbeit entgegengebracht, und für den Zuspruch, mit dem sie mich zur Fertigstellung des Buches ermuntert hat; ich danke Hilary Shearman, die mir in den letzten Stadien der Korrektur behilflich war; und schließlich Pierre Robillard und Jan McDonald vom Kampo Grango Buddhist Meditation Center in Toronto, die mich in zahlreichen Punkten bei der Abfassung des Schlußmanuskriptes beraten haben.

Glenn H. Mullin
The Milarepa Institute
Vermont

EINLEITUNG

Die Zeit des Jahres magst du in mir sehn,
Wo nicht mehr oder kaum noch gelb belaubt
Vor Kälte zitternd starr die Zweige stehn,
Verfallne Chöre, süßen Sangs beraubt.
In mir siehst du des Tages Zwielichtschein,
Der blaßt im Westen, wenn die Sonne schwand,
Den nach und nach die Nacht saugt in sich ein,
Des Todes zweites Selbst, das alles bannt.
In mir siehst du des Feuers letzte Glut,
Das auf der Asche seiner Jugend schwärt,
Dem Totenbett, auf dem es sterbend ruht,
Verzehrt von dem, wovon es sich genährt.

Dies Sehn gibt deiner Liebe mehr Gewalt,
Daß recht du liebst, was du verlierst so bald.

Shakespeare, Sonett LXXIII
in der Übersetzung von Rolf-Dietrich Keil

Tod und Sterben sind ein Thema, das seit undenklicher Zeit die Menschheit beschäftigt hat.

Doch wie immer, wenn wir uns einem Problem von großer Dringlichkeit gegenübersehen, das mehr Fragen aufwirft, als es verläßliche Antworten bereithält, hat sich unsere Einstellung zu der uns bedrängenden Wirklichkeit des Todes im Laufe der Jahrhunderte gewandelt. Wir haben Kenntnis von Hochkulturen wie der des alten Ägypten, deren gesamte religiöse Tradition eine bestimmte Auffassung vom Tod zum Mittelpunkt hatte.[1] Komplizierte Theorien über Tod und Sterben füllen viele Bände europäischer Gelehrtenliteratur.[2] In subtilen Reimen haben Dichter den Sinn des Todes zu fassen gesucht, Maler haben die Bitterkeit des Sterbens auf der Leinwand festgehalten.

Unser eigenes Zeitalter war allzulange bemüht, die Tatsache des Sterbens zu leugnen. Der seit der Jahrhundertwende nachlassende Einfluß der Religion, in dessen Folge an die Stelle Gottes und einer gläubigen Haltung der Arzt und die allmächtige Apparatur der Medizin traten, hat dazu geführt, daß Tod und Sterben aus dem menschlichen Zusammenleben verbannt und zu einer Angelegenheit der Experten wurden. Die alten Menschen werden aus unserer Mitte entfernt und in besonderen Heimen untergebracht, wo sie dann die Hilfe erhalten, ›die sie wirklich benötigen‹. Die Todkranken werden zu abgelegenen Sterbebetten in die oberen Stockwerke steriler Krankenhäuser gerollt, wo als einzige Zeugen ihres stummen, von Medikamenten betäubten Sterbens die ultramodernen Maschinen im Hintergrund mit ihrem Ticken, Piepen und Summen registrieren, wie Herzschlag, Blutdruck und Atmung ständig schwächer werden. Der Leichnam schließlich erscheint in einer Aufmachung, die kaum als ein Beweis des Todes gelten kann: versehen mit künstlichem Blut, das die schlimmen Gerüche binden und am Entweichen hindern soll; mit einer kosmetischen Gesichtsbehandlung, die für den glückseligen Ausdruck eines Menschen sorgt, der nur schlummert und angenehme Träume hat. Den kosmetisch aufbereiteten Tod können wir täglich viele hundert Male auf dem Bildschirm in unserem Wohnzimmer miterleben. Ganze Armeen marschieren da auf und werden niedergemacht – doch aus unserer unmittelbaren Lebenswirklichkeit wird der Tod, aus irgendwelchen unerfindlichen Gründen, ferngehalten. Ein nur in der Phantasie erlebter Tod hat etwas Reizvolles, er ist unterhaltsam; der wirkliche Tod wird uns als etwas Abstoßendes und Schreckliches hingestellt.

Krankheit, Alter und Tod sind immer noch mit einem Tabu belegt.[3] Wir leben in einer Gesellschaft, die mit Jugend und Jugendlichkeit einen Kult treibt – und sie läßt sich diesen Kult etwas kosten. Milliarden werden ausgegeben für Gesichtsverschönerungen, Haarfärbemittel, Körper-Crèmes, für eine unübersehbare Vielfalt kosmetischer Erzeugnisse und für eine Unzahl anderer Mittel, von denen man sich erhofft, daß sie einen jünger und gesünder erscheinen lassen, als man in Wirklichkeit ist.

Während der letzten beiden Jahrzehnte hat es allerdings im

Bereich der ernstzunehmenden Untersuchungen zu Tod und Sterben beträchtliche Durchbrüche gegeben. Die heutige Psychologie steht im Begriff, den Tod von den Tabus zu befreien, ähnlich wie vor fast hundert Jahren Freud der Sexualität ihr Stigma nahm. Spezialisten wie Elisabeth Kübler-Ross, Raymond Carey, E. Haraldsson, E. Becker und andere haben überragende Forschungsarbeit geleistet auf dem Gebiet der Thanatologie, wie die wissenschaftliche Beschäftigung mit Tod und Sterben bezeichnet wird. Ihren klinischen Beobachtungen und ihrer Arbeit mit Sterbenden ist es mit zu verdanken, daß sich ein allgemeiner Sinneswandel abzeichnet. Es ist, als werde sich die Gesellschaft allmählich bewußt, daß sie nach dem Bruch mit dem Überkommenen (dem Eingebundensein in Sterberiten z. B.) eine neue Einstellung zum Lebensende braucht. Die seuchenartige Ausbreitung todbringender Krankheiten (Krebs, Aids), aber auch offen diskutierte Themen, wie Sterbehilfe, medizinische Verlängerung des Lebens, Euthanasie und Suizid, tragen zu diesem Umdenken bei. »Wir haben die Tradition des 19. Jahrhunderts abgelegt, aber noch keine neuen Wege entdeckt, mit dem Tod fertigzuwerden« (Ruud Sprukt).

Wohl die wichtigste Feststellung, zu der die neuen wissenschaftlichen Arbeiten über den Tod kommen, stammt aus den psychiatrischen Forschungen von Frau Kübler-Ross und anderen; sie lautet: Die Erkenntnis und das Bewußtsein unserer Vergänglichkeit bilden eine unerläßliche Voraussetzung für unser seelisches Wohlbefinden. Genau wie Sigmund Freud einst den Beweis erbrachte – gegen erbitterten Widerstand und unter heftigen Auseinandersetzungen –, daß das Verständnis unserer Sexualität für unser seelisches Reifen notwendig ist, so legen uns heute die Thanatologen – auch sie heftig befehdet – gewichtiges Beweismaterial vor zugunsten einer Auffassung, nach der das Bewußtsein unserer Sterblichkeit uns dazu verhilft, unser Leben gesünder, ausgeglichener und friedlicher zu leben.[4]

Es besteht nun tatsächlich eine enge Beziehung zwischen unserer Sexualität und unserer Sterblichkeit – wie zwischen den entgegengesetzten Polen eines Magneten. Der eine gibt uns Lebenskraft und Zeugungsfähigkeit, schenkt uns Bedeutung, Sinn, Kraft,

Wirklichkeit. Der andere verurteilt uns zu Hinfälligkeit, nimmt uns Bedeutung, Sinn, Kraft, Wirklichkeit. Beide sind sie unlöslich mit der animalischen Seite unserer Natur verbunden. Der eine erfüllt uns mit Kraft, der andere lehrt uns Bescheidenheit. In unserem Leben sind sie die höchste Schöpferkraft und deren äußerste Verneinung. Aggressiv und weltzugewandt macht uns der eine, passiv und in uns gekehrt der andere.

Doch unleugbar ist eine unmittelbare Lebensbedrohung ein äußerst kräftiges Stimulans, mindestens ebenso stark wie der Sexualtrieb. Nichts verschafft uns einen solchen Kräftezuwachs wie eine plötzliche Bedrohung unseres Lebens. Ist unser Leben gefährdet und man stellt uns vor die Alternative, die Flucht zu ergreifen oder sexuellen Lustbarkeiten nachzugehen, dann werden wir uns ganz ohne Zweifel für das erstere entscheiden.

Daß unserer Vergänglichkeit – nicht nur unserer eigenen, persönlichen, sondern auch der ganzer Gesellschaften – ein hohes Potential an schöpferischer Kraft innewohnt, wird von Frau Kübler-Ross in ihrem erfolgreichen Buch ›Über Tod und Sterben‹ nachdrücklich und optimistisch hervorgehoben.

Die Ansichten von Frau Kübler-Ross zeigen eine deutliche Übereinstimmung mit der buddhistischen Sicht, die dem Verstehen unserer Sterblichkeit außerordentliche Wichtigkeit beimißt. Buddha selbst hat einmal gesagt: »Wie unter allen Fußabdrücken der des Elefanten der größte ist, so ist unter allen Achtsamkeits-Meditationen die über den Tod die höchste.«[5]

Der tibetische Buddhismus bietet eine Überfülle an Stoff zu der Thematik von Tod und Sterben, mehr als jedes andere buddhistische Land. Vielleicht waren es die langen und harten Himalaya-Winter, vielleicht die herbe Klarheit der Atmosphäre auf dem Dach der Welt – oder es lag an der stimulierenden Wirkung der ungeheuren Mengen von Butter-Tee, die jeder Tibeter trank: Irgendetwas gab es jedenfalls in der inneren Chemie des tibetischen Lebens, das dieses Land zu einem der literarisch fruchtbarsten Länder werden ließ, die es je auf der Erde gegeben hat. In ihrem ganzen Umfang ist diese Literatur niemals vollständig erfaßt und gewürdigt worden, und nachdem nunmehr die chinesische Invasion zur Zerstörung Tausender von Kloster-Bibliotheken geführt hat, wird es eine solche vollständige Analyse auch in alle Zukunft nicht mehr geben – fest steht aber, daß es mehr als zehn Millionen Titel gab.

Wie die meisten alten Kulturen brachte Tibet in der Hauptsache religiöses Schrifttum hervor. Unterhaltende Literatur gab es nur in der Form der religiösen Allegorie. Schreiben war für den tibetischen Autor ein Mittel, um von Menschen und Geschehnissen des religiösen Lebens zu berichten, geistige Erfahrungen zu übermitteln, und ganz allgemein Philosophie, Kunst, Religion, Geschichte und alle geistigen Wissenschaften zu fördern. Die Thematik von Tod und Sterben nahm dabei einen hohen Rang ein; die meisten tibetischen Autoren schrieben zumindest ein Werk – einen Essay, eine Meditations-Unterweisung, ein Ritual-Handbuch, ein Gedicht oder ein Gebet –, das ihre persönlichen Einsichten und Gedanken über den Tod enthielt.

Es läßt sich nicht mit Sicherheit sagen, wann genau der Buddhismus seinen Einzug nahm in das Land der Schneeberge, obwohl er sich in den südlichen und westlichen Vorgebirgen fast schon zu Buddhas Zeiten findet. Doch erst um die Mitte des 17. Jahrhunderts sollte Tibet offiziell ein buddhistisches Land werden. Damals nämlich ging König Song-tsen Gam-po eine Ehe ein mit zwei buddhistischen Frauen, die eine aus Nepal, die andere aus China.[6] Tief berührt von der sanften geistigen Haltung dieser beiden Frauen, ließ der König ihnen zu Ehren den Jo-wo-Tempel erbauen (im Westen ist er als die Hauptkathedrale von Lhasa bekannt). Er war es auch, auf dessen Geheiß der Minister Tho-mi Sam-bhota mit zwei Dutzend Begleitern nach Indien gesandt wurde, eine spezielle Schriftart für die Übersetzung der buddhistischen Schriften aus dem Sanskrit zu entwickeln.[7] Auch wurden etliche indische Schriften übertragen, und so war der Grundstein gelegt für eine buddhistische Staatsreligion. Zu seinem Höhepunkt gelangte der Prozeß ein Jahrhundert später unter der Regierung von König Tri-Sing Deut-sen, der aus Indien Pad-ma Sam-bha-va, einen Meister des Tantra, und den Mönch Shanti-rakshita kommen ließ, welche unter staatlicher Schirmherrschaft das erste Kloster gründeten.[8] Unter ihrer Anweisung wurden aus den zweiundzwanzig höchsten Gelehrten Tibets Übersetzer-Teams gebildet, und man begann nun, sich mit allem Ernst und Eifer an die Übersetzung der indischen Hauptschriften des Buddhismus zu machen. Von jener Zeit an bis zu den Tagen, da das buddhistische Indien von den moslemischen Eindringlingen zerstört wurde, hat man die systematische Übertragung buddhistischer Texte aus dem Sanskrit fast ununterbrochen fortgesetzt. Lediglich gegen Ende des neunten Jahrhunderts gab es eine kurze Unterbrechung.

Es sollte in diesem Zusammenhang erwähnt werden, daß auch nachdem Tibet offiziell zu einem buddhistischen Land geworden war, ein kleiner Teil der tibetischen Bevölkerung weiterhin dem alten Bön-Glauben anhing. Nicht auszuschließen ist, daß sich in dieser alten Religion, in der sich Elemente des persischen, mongolischen, tibetischen und indo-burmesischen Schamanismus vereinten, bereits eine eigene schriftliche Überlieferung fand; doch sind die meisten Gelehrten der Ansicht, es habe dort nur eine mündliche Überlieferung gegeben. Wie dem auch sei – sicher ist, daß die von Tho-mi Sam-bhota eingeführte neue Schriftart fast über Nacht von den Bön-Anhängern übernommen und bis heute beibehalten wurde. Es gibt also im Tibetischen sowohl buddhistische wie auch Bön-Schriften, wenn auch die Zahl der buddhistischen Texte die des Bön bei weitem übertrifft. Für meine Untersuchung habe ich ausnahmslos buddhistische Texte verwendet. Die buddhistische Überlieferung entwickelte sich in Tibet unabhängig von Bön-Einflüssen. Tibet war ein von vielen Stämmen bevölkertes Land, und die wenigen Bön-Stämme hatten kaum Berührung mit anderen Bevölkerungs-Gruppen: zwar gab es keine Feindschaft zwischen den Anhängern der beiden Religionen; doch die Entfernungen waren groß in Tibet, und es konnte geschehen, daß die Bewohner des einen Königreichs ganze Monate und Jahre in ihrem Tal verbrachten, ohne jemals einen Menschen aus dem benachbarten Tal zu Gesicht zu bekommen.

In der buddhistischen Literatur selbst ist ein Unterschied zu machen zwischen dem ›Kanonischen Schrifttum Tibets‹ – wie es von westlichen Gelehrten genannt wird – und der eigenständigen tibetischen Literatur. Die erste Kategorie umfaßt zwei Sammlungen von Übertragungen aus dem Sanskrit: den Kan-gyur[9], der die Urtexte der Reden und Gespräche Buddhas enthält, und den

Tengyur[10], in dem sich Texte buddhistischer Meister aus späterer Zeit finden. Diese beiden Sammlungen bewahren mehr als 6 000 der allerwichtigsten Texte, die im alten Indien entstanden sind, und sie übermitteln die wesentlichen Lehren des Buddhismus in seinen verschiedenen ›Fahrzeugen‹: Hinayana, Mahayana und Vajrayana[11]. Die in diesen Texten zur Darstellung gelangende Denk- und Anschauungsweise bildet die Grundlage, auf der das gesamte eigenständige Schrifttum Tibets aufbaut – soweit es der buddhistischen Linie folgt. Ihren Abschluß fand die Übersetzungsarbeit um die Mitte des 14. Jahrhunderts, als in Indien der Buddhismus erlosch. Zwar hatte es schon vor dieser Zeit in Tibet ein eigenständiges Schrifttum in geringem Umfang gegeben, doch hatte, solange der Buddhismus in Indien in Blüte stand, das Hauptgewicht auf dem Studieren und Analysieren der buddhistischen Überlieferungen Indiens gelegen. Von einer wirklich eigenständigen Literatur kann somit erst nach dem Ende der Übersetzungs-Zeit gesprochen werden.

Die Entwicklung des Buddhismus vollzog sich in Tibet in drei längeren Zeitabschnitten. Es gab eine frühere Phase, geprägt von Übersetzungen, ihr folgte eine Phase des Übergangs[12]. Die dritte Phase setzte ein, nachdem der Buddhismus in Indien ausgelöscht worden war. Die tibetischen Orden gewannen feste Struktur und gingen daran, eigene Traditionen zu begründen. Zu dieser Zeit traten die Inkarnationen der Dalai Lamas in Erscheinung.[13]

Die erste Epoche umgreift buddhistische Gruppierungen und Strömungen, die vor dem 11. Jahrhundert entstanden. Alle sich damals bildenden Sekten werden als Nying-ma bezeichnet, die ›Altehrwürdigen‹. Im Laufe der Jahrhunderte näherten sich die einzelnen Sekten immer mehr einander an; sie werden heute als ein einziger Orden angesehen. Charakteristisch für diese Tradition ist ihre Sprache: Sie weist einen starken Einfluß der vor-buddhistischen Bön-Kultur auf. Das bedeutet jedoch nicht, daß ihr Denken und die Formen ihres geistigen Übens sich unmittelbar aus der Bön-Religion herleitete; eher läßt sich diese frühe Phase des Buddhismus in Tibet mit dem Frühstadium des Buddhismus im Westen vergleichen, wo die Übersetzungen im Idiom des christlichen neunzehnten Jahrhunderts abgefaßt waren.

Mit Rin-chen Zang-po aus West-Tibet begann um die Mitte des 11. Jahrhunderts eine weitere Phase des Übersetzens, die den buddhistischen Glauben zu einer Renaissance führte. War in der Anfangszeit der Buddhismus in die Sprache des alten Tibet übertragen worden, so ging man nun daran, die alten Übersetzungen durchzusehen und sie der neuen Sprache anzugleichen, die sich in Tibet unter jahrhundertewährendem buddhistischen Einfluß entwickelt hatte. Und wiederum traten viele tibetische Gelehrte die Reise nach Indien an, um dort die heiligen Schriften zu studieren und neu zu übersetzen; man lud Lehrer aus Indien ins Land, die in den zahlreichen buddhistischen Klöstern die Richtigkeit der Texte überprüfen sollten. Viele neue Sekten wurden gegründet – drei davon sollten zu dauerhaften Stützen der Lehre werden: Sa-kya, Kar-gyu und Ka-dam, mit denen in den folgenden Jahrhunderten alle anderen kleineren Sekten verschmolzen.

Die vier großen Orden, die sich in den ersten beiden Perioden herausgebildet hatten, hatten ausnahmslos indische Meister zu Stammvätern: bei den Nying-ma waren es Padma Sam-bhava und Shanti-rakshita; bei den Sa-kya Dhara-pala und Virupa; bei den Kar-gyu Naropa und Maitrepa; bei den Ka-dam war es Atisha. Zum Ende des 14. Jahrhunderts waren diese Sekten festgefügte Traditionen, gut organisierte Einheiten, die in relativer Unabhängigkeit voneinander wirkten – jede von ihnen ausgerichtet an der besonderen Überlieferungs-Linie ihres Begründers.

Das war der Zeitpunkt, da der große Lama Tsong Khapa[14] auftrat, der Lehrer des Ersten Dalai Lama. Er schloß sich keinem der vorhandenen Orden an, ging auch nicht nach Indien, um eine neue Sekte zu gründen; die ersten 35 Jahre seines Lebens verbrachte er damit, Tibet nach allen Himmelsrichtungen zu bereisen und bei den hervorragendsten Meistern seiner Zeit Kenntnisse und Fähigkeiten zu erwerben. Insgesamt waren es 45 Meister, bei denen er lernte; so vermochte er alle Überlieferungs-Linien der tibetischen Tradition miteinander zu verbinden. Man hat ihn oft einen Reformator des tibetischen Buddhismus genannt, doch trifft diese Bezeichnung nicht ganz zu. Ihm lag daran, sämtliche Traditionen von Hinayana, Mahayana und Vajrayana miteinander zu vereinen und ihnen unter einem einzigen Dach eine Heimat zu geben.

Mit anderen Worten: Sein Ziel war die Synthese, ein Revolutionär war er nicht. Das von ihm gegründete Kloster Gan-den wurde zu einem Prototyp, nach dessen Vorbild während der nächsten dreißig Jahre Dutzende von Klöstern entstanden. Bereits hundert Jahre später genoß die von ihm begründete Tradition die größte Verbreitung im Land.

Die vier Orden, die sich in Tibet während der beiden ersten buddhistischen Phasen gebildet hatten, werden mitunter als die ›Rot-Mützen‹ bezeichnet, da die Mönche bei ihren klösterlichen Zeremonien spitze rote Kappen trugen. Tsong Khapa ließ dann statt der roten Mützen bei den Zeremonien gelbe einführen, und so sollte seine Tradition der Ge-luk, der ›Heilsame Weg‹, unter dem Namen die ›Gelb-Mützen‹ bekannt werden.

Doch schon bei den klösterlichen Ritualen im alten Indien wurden – einer mündlichen tibetischen Überlieferung zufolge – gelbe Kappen getragen. Gelb – das ist die Farbe der Erde, Symbol der Disziplin, der Nährboden, aus dem alle guten Dinge hervorgehen. Doch wurde sie später, als die Buddhisten im öffentlichen Religionsstreit mit den Hinduisten zu unterliegen drohten, durch Rot ersetzt – Symbol des Lebens und des Siegens.[15] Allem Anschein nach war diese magische Taktik erfolgreich, und daher wurde das Rot beibehalten in den beiden Phasen der Verbreitung der Lehre. Doch Tsong Khapa war der Ansicht, in Tibet sei der Buddhismus nicht so sehr durch Niederlagen in öffentlichen Auseinandersetzungen gefährdet, sondern eher durch die allgemeine Trägheit und die mangelnde Disziplin seiner Anhänger. Das bewog ihn, wiederum Mützen von gelber Farbe zu verordnen. Damit stellte er eine Rückverbindung zum Erd-Element als einer festen Grundlage her, die für jedes erfolgreiche Üben auf den höheren Ebenen des geistigen Weges notwendig ist.

Derart wurden die ›Gelb-Mützen‹ nicht eigentlich zu einem neuen Orden innerhalb des tibetischen Buddhismus, sie bildeten vielmehr einen Zusammenschluß aller früheren Sekten. Die Sprache aber, die sie in ihren Klöstern bei den verschiedenen Arten des Studiums verwendeten, war die der zweiten Übersetzungs-Phase, d. h. die der Sa-kya-, der Kar-gyu- und der Ka-dam-Traditionen, denen sie somit in Wortschatz und Anschauung verpflichtet war.

Sie schloß viele Linien der tantrischen Nying-ma-Überlieferung aus der frühen Zeit ein und benutzte zu deren Weitergabe die diesen Linien jeweils eigene Terminologie.[16]

Bisweilen wird auch eine Einteilung der tibetischen Orden in zwei Gruppen vorgenommen. Dabei nehmen manche Gelehrte die Mitte des 11. Jahrhunderts als Zäsur an. Entsprechend repräsentieren dann die Nying-ma die alte Tradition; die ›Rot-Mützen‹ der späteren Übersetzungs-Phase gelten – zusammen mit den ›Gelb-Mützen‹ – als die neuen Sekten.

Weil aber die ›Gelb-Mützen‹ an Zahl ihrer Anhänger alle übrigen Orden übertrafen, sie außerdem durch die Farbe ihrer Mützen deutlich gekennzeichnet waren, treffen andere Gelehrte eine Unterscheidung, wonach die ›Rot-Mützen‹ die alten und die ›Gelb-Mützen‹ die neuen Orden darstellen. Eine solche Einteilung ist recht oberflächlich, da sie weder den genauen Inhalt der Lehren, noch die textlichen Zusammenhänge berücksichtigt.

Der von Lama Tsong Khapa gegründete Orden sollte erstaunlich schnell wachsen – innerhalb von hundert Jahren war er der größte in Tibet. Im Jahre 1578 machten auch die Mongolen unter Altan Khan die Lehre der ›Gelb-Mützen‹ zu ihrer Staatsreligion, und rasch verbreitete sich diese Lehre über einen Großteil von Sibirien und die heutige Innere und Äußere Mongolei.[17]

Der Gründer des ›Gelb-Mützen‹-Ordens, Lama Tsong Khapa, hatte fünf bedeutende Schüler. Der jüngste unter ihnen war Gaylwa Gen-dun Drub, der nach seinem Tode als der Erste Dalai Lama bekannt wurde. Von den fünf Schülern sollte er der berühmteste werden, und als er im Alter von 83 Jahren starb, nötigten ihm seine Anhänger das Versprechen ab, daß er zu ihnen zurückkehren werde.[18] Nach seinem Hinscheiden machte man sich daher auf die Suche nach seiner Reinkarnation. Schon bald fand man ein Kind, das die Zeichen einer außergewöhnlichen Wiedergeburt trug. Dieses Kind wurde strengen Prüfungen unterzogen, welche die Anwesenden zu der Überzeugung kommen ließ, daß das Kind tatsächlich die Reinkarnation von Gen-dun Drub war. Immer wenn einer der nachfolgenden Dalai Lamas starb, wurde dieser Brauch geübt; der heute lebende Dalai Lama ist der Vierzehnte in der Reihe dieser Reinkarnationen.

Ihrer Ordenszugehörigkeit nach sind die Dalai Lamas von jeher Gelb-Mützen gewesen, doch haben an ihrer intellektuellen und geistigen Ausbildung stets auch Lehrer der anderen Traditionen mitgewirkt. Der Orden selbst stellt zudem eine Verschmelzung aller früheren Sekten dar. Dieser an keine bestimmte Ordenslehre gebundene Universalismus der Dalai Lamas ist es wohl, der ihnen in Tibet zu ihrer Beliebtheit verholfen hat und sie in die vorderste Reihe der weltlichen und geistigen Führerschaft Zentral-Asiens aufsteigen ließ. Der Fünfte Dalai Lama hatte im Jahre 1642 die drei Provinzen Tibets geeinigt, und seine Nachfolger hielten die vielfältigen religiösen Gruppen Tibets stets dazu an, die Eigenständigkeit ihrer Überlieferung unverfälscht zu bewahren.[19]

Innerhalb der verschiedenen Orden des tibetischen Buddhismus gibt es natürlich Unterschiede hinsichtlich der Denk- und Anschauungsweisen, doch der wesentliche Gehalt ist überall der gleiche. Alle fußen auf den Hinayana-Lehren von den Vier Edlen Wahrheiten und den Drei Erhabenen Methoden, auf den Mahayana-Lehren zur Erzeugung der Bodhisattva-Gesinnung und der Sechs Vollendungen, sowie auf den Vajrayana-Methoden der Vier Tantrischen Pfade. Unterschiede betreffen vor allem die Ausdrucksweise: Jede der Lehren entwickelte sich zu anderer Zeit und in einem anderen Teil des Landes, was zu bestimmten Abweichungen in sprachlicher und stilistischer Hinsicht führte. Alle stehen aber auf dem gemeinsamen Grund der drei *yanas*, während sie einzelne Aspekte der Lehre unterschiedlich akzentuieren und in der philosophischen Deutung der Schriften geringfügig voneinander abweichen.

Das allen Sekten Gemeinsame überwiegt das Trennende. 1976 erklärte mir der Dalai Lama in einem Interview hierzu: »Alle tibetischen Überlieferungen vermitteln und bewahren die gleiche Botschaft Buddhas, und alle können sie einen Übenden noch zu dessen Lebzeiten zur Erleuchtung führen. Unterschiede gibt es eigentlich nur in einzelnen Punkten der Lehre, die der geistigen Eigenart und den besonderen Bedürfnissen des Individuums angepaßt wurden, damit jeder die ihm gemäße Förderung erhalten kann.«

Die vorliegende Untersuchung bezieht ihren Stoff in der Hauptsache aus den Schriften der Dalai Lamas; ergänzt und abgerundet werden diese Texte durch Abhandlungen, die aus der Feder einiger der berühmtesten tibetischen Autoren stammen. Insgesamt habe ich neun Schriften ausgewählt. Drei davon haben frühe Dalai Lamas zu Autoren, zwei wurden von Rot-Mützen-Lamas verfaßt, die übrigen vier von Gelb-Mützen-Autoren. Die Texte wurden sorgfältig ausgewählt – sie sollen den roten Faden im Denken, Handeln und in der Geisteshaltung aufzeigen, der sich durch sämtliche Überlieferungen des tibetischen Buddhismus zieht.

Im großen und ganzen verstanden es die Tibeter, sich aus weltlichen Verwicklungen herauszuhalten, sie widmeten sich dem Studium, der Meditation und dem Abfassen literarischer Schriften. Zur Zeit der normannischen Invasion in England waren die öffentlichen Gelder Tibets ausschließlich dafür bestimmt, Meister und Lehrer aus Indien – wie etwa Atisha – heranzuziehen, Klöster und Bibliotheken zu erbauen, Schriften zu verfassen usw. Es war die Ära von Maropa, dem Übersetzer, von Milarepa, dem Yogi, und Rva Lo-tsa-was, dem Zauberer. Es war die Zeit, als die großen Sakya Lamas das Studium der Dichtkunst, der Medizin und der literarischen Komposition unters Volk brachten und zu Lehrfächern im staatlichen Erziehungs-System machten. Zu einer Zeit, als die Spanier in Süd- und Mittelamerika ihre Raub- und Beutezüge unternahmen und England in Nordamerika dasselbe tat, brachte der Dritte Dalai Lama die mongolischen Horden von ihrer kriegerischen Lebensweise ab und wußte sie von dem höheren Wert eines geistigen Lebens zu überzeugen; und wenig später schon führte der Fünfte Dalai Lama ein System staatlicher Gesundheitsfürsorge und Ausbildung ein – das erste seiner Art in der Welt.

Ich möchte an dieser Stelle kein allzu idealisierendes Bild von Tibet entwerfen; auch dort gab es sicherlich Fehler und Mängel; menschliche Schwäche und menschliche Tragik gibt es in allen Gesellschaften und zu allen Zeiten; doch wird ein unvoreingenommener Betrachter nicht umhinkommen, die hohe Geistigkeit seiner Bevölkerung zu bewundern.

Was die Zahl seiner Bewohner angeht, war Tibet nur ein kleines Land. Sein trockenes Höhenklima konnte keine große Bevölkerung ernähren; doch sein Territorium hatte die Ausdehnung von ganz Westeuropa, es war größer als die Hälfte des alten China. Zu Bedeutung gelangte das Land aber als ein kultureller Urquell, aus dem zahlreiche Königreiche, die das Land in den Tälern des Himalaya ringsum umgaben, jahrhundertelang schöpften. Das Tibetische ist die religiöse und akademische Sprache jener Länder im Norden Indiens gewesen, zu denen unter anderem Ladakh, Lahoul, Spitti, Nord-Nepal, Sikkim, Bhutan und Assam gehörten. In diesen Ländern war es Brauch, die fähigsten Gelehrten zu höheren Studien nach Tibet zu schicken. Auch die religiöse Kultur der Inneren und Äußeren Mongolei, eines großen Teils von Sibirien und Westchinas ist lange Zeit tief im tibetischen Buddhismus verankert gewesen. Grund und Boden des Landes haben schon gewaltige Ausmaße – seine Kultur aber umspannte ganz Zentral-Asien.

Viele westliche Gelehrte sind der Auffassung, der Buddhismus Tibets sei stark von der vor-buddhistischen Bön-Kultur beeinflußt worden. Es wird eine Vermischung der beiden Kulturen bis zu einem gewissen Grad gegeben haben; denn stets werden Sprache und Anschauungen eines Volkes, das eine Religion aus einem fremden Land annimmt und aus einer fremden Sprache in die eigene übersetzt, Einfluß haben auf die Deutung der neuen Religion. Doch hat – wie Evans-Wentz[20] und Lama Govinda[21] betonen – die Bön-Kultur, die auch nach dem Einströmen des Buddhismus fortbestand, offenbar viel mehr von der buddhistischen Kultur übernommen als diese von ihr. Nur sehr wenige Gelehrte beachten, wie umfangreich und wie intensiv die Kontakte zwischen Tibet und Indien in den Jahren der großen Übersetzungsarbeit waren. Tibet hat mit Indien und Nepal eine Grenze von rund 3 500 Kilometern gemeinsam, und der Prozeß, in dessen Verlauf Tibet zu einem buddhistischen Land wurde, erstreckte sich über einen Zeitraum von fast 1 000 Jahren. In den frühen Tagen des Buddhismus wurde von einem tibetischen Gelehrten erwartet, daß er wenigstens zehn Jahre in einem der berühmten Klöster Indiens zubrachte; etliche dieser Klöster, zu denen auch Nalanda gehörte, waren mit besonderen Unterkünften ausgestattet, die den Studierenden aus Tibet vorbehalten waren.[22] Zu Hunderten reisten

Meister aus Indien nach Tibet, wo sie viele Jahre lang blieben. Es ist daher kaum anzunehmen, daß der tibetische Buddhismus tiefreichend durch vor-buddhistische Strömungen beeinflußt ist. Auch legen die 6 000 aus dem Sanskrit ins Tibetische übertragenen Texte Zeugnis davon ab, wie intensiv die Bemühungen der Tibeter waren, die Lehre in höchster Reinheit zu bewahren.

Die Anschauungen, die sich in Tibet über Tod und Sterben herausbildeten, beruhen somit im wesentlichen auf buddhistischem Glauben; und sie lassen sich nicht hinreichend verstehen ohne zumindest eine elementare Kenntnis der buddhistischen Auffassungen darüber, welche Rolle dem Individuum zukommt, wie das Bewußtsein seinem Wesen nach beschaffen ist, welchen Weg die Entwicklung im Reich des Samsara, in den ewigen Kreisläufen der Wiedergeburt, nimmt.

Grundlegend für das buddhistische Denken sind die Lehren von Karma und Reinkarnation.[23] In seiner wörtlichen Bedeutung heißt Karma (tibet. ›las‹, ausgespr.: lei) soviel wie ›Handeln‹ oder ›Tun‹. Die Lehre vom Karma besagt, daß alle unsere Handlungen, seien sie positiv, negativ oder neutral, in unserem Bewußtsein eine Einprägung – eine ›Gerichtetheit‹ – hinterlassen, die später als eine Art unbewußte Vorprägung wirkt. Demnach wird ein Mensch, der Böses tut, seinem Unbewußten eine starke Neigung zu Grausamkeit einpflanzen. Umgekehrt wird ein Mensch, der durch liebevolles, überlegtes und freundliches Handeln Gutes bewirkt, seine positiven Vorprägungen weiterhin stärken. In dieser Weise übt Karma oder ›Handeln‹ Wirkung aus auf unser Bewußtsein und unsere Persönlichkeit, es ist von bestimmendem Einfluß für unsere zukünftigen Lebensmuster; was aber wichtiger ist: Wenn wir sterben, wird alles, was wir unserem Karma eingeprägt haben, den Verlauf unserer weiteren Entwicklung maßgeblich vorzeichnen.

Nach buddhistischer Vorstellung geht der Geist nach dem körperlichen Tod in den Bardo ein, den Zwischenzustand zwischen Tod und Wiedergeburt, und er nimmt dabei alle karmischen Abdrücke mit sich, die er im Laufe seines Lebens erworben hat. Diese Prägungen können negativer und/oder positiver Art sein – ausschlaggebend dafür, wo wir wiedergeboren werden, ist das Karma, das im Augenblick des Todes vorherrscht. Der Prozeß

gleicht dem eines Traumes, wo der momentane Bewußtseins-
inhalt dem weiteren Geschehen seine Richtung gibt.

In diesem Zusammenhang spricht der Buddhismus von den Sechs
Bereichen: dem Höllen-Bereich, dem Bereich der Geister, dem
Tier-Bereich, dem Bereich der Menschen, dem Bereich der Halb-
Götter und dem Götter-Bereich. In seinem negativen Aspekt
entspricht jeder dieser Bereiche einer der sechs Verblendungen;
und die im Moment des Sterbens überwiegende Verblendung legt
den Bereich fest, in den wir gelangen werden. Das Wesen der
Hölle ist Gewalttätigkeit – die entsprechende Verblendung ist
Wut. Unerfüllbares Begehren kennzeichnet den Bereich der Gei-
ster, was der Verblendung des Anhaftens entspricht. Hartnäckiges
Festhalten führt daher zu einer Wiedergeburt im Bereich der
Geister. Der Tier-Bereich ist von Leiden erfüllt, das mangelnder
Einsicht entspringt. In einem Zustand der Dummheit, geistigen
Unklarheit und Beschränktheit zu sterben, zieht eine Wiederge-
burt als Tier nach sich.

In den höheren Bereichen gibt es zwei Arten von Wiedergeburt:
die eine geht aus positivem Karma hervor, welches jedoch durch
Verblendungen verunreinigt wurde; die zweite, gleichfalls aus
positivem Karma erwachsen und von einer günstigeren Bewußtseinsverfassung begleitet. Erstere führt zu einer positiven Wieder-
geburt unter negativen Bedingungen, die zweite hat eine positive
Wiedergeburt unter förderlichen Bedingungen zur Folge. Die
Verblendungen, die mit einer positiven Wiedergeburt in den oberen Bereichen einhergehen, sind Egoismus, Neid und Stolz. Wenn
diese das positive Karma beeinträchtigen, dann wird sich das
Streben – trotz der günstigen Umstände – eitlen und sinnlosen
Zielen zuwenden. Die drei Verblendungen bewirken jeweils eine
Wiedergeburt als Mensch, Halbgott oder als Gott. Das positive
Karma läßt einen zwar in einen erfreulichen Bereich gelangen,
doch die vorhandene Verblendung bewirkt, daß die diesem
Bereich innewohnende glückverheißende Möglichkeit mißbraucht
oder vorenthalten wird.

Im buddhistischen Schrifttum wird ›Karma‹ in verschiedenen
Bedeutungen verwendet. So wird unter anderem von ›verunreinigtem‹ und von ›nicht-verunreinigtem‹ Karma gesprochen, wobei

ersteres das Karma eines gewöhnlichen Menschen ist, wie dieser es durch die Gesamtheit seiner – guten und bösen – Handlungen erzeugt. Das nicht-verunreinigte Karma ist das eines Heiligen. Aus ihm ist jegliche Spur samsarischen Handelns getilgt; der Heilige ist frei von allen karmischen Trieben und Täuschungen, er weilt in einem Zustand der Weisheit, in dem es ein Greifen nach dem wahren Wesen der Handlung, des Handelnden oder des Gegenstandes der Handlung nicht mehr gibt. Sein Tun ist geläutert und läßt im Bewußtsein keinerlei neue Prägung entstehen, sein Karma ist erleuchtetes Tätig-Sein.

Das verunreinigte Karma ist von dreierlei Art: positiv, negativ und neutral. Es liegt der samsarischen Entwicklung zugrunde und sorgt dafür, daß das Feuer, das den Kreislauf des Daseins nährt, niemals erlischt. Negatives Karma hat eine Wiedergeburt in einem der niederen Bereiche zur Folge, positives führt eine Wiedergeburt im Bereich der Menschen, der Halb-Götter oder der Götter herbei; neutrales Karma bewirkt eine Wiedergeburt im oberen Himmelsbereich von Form und Formlosigkeit. Doch ist eine Wiedergeburt – wie glücklich und erhaben auch immer – stets nur von begrenztem Wert. Höchstes Ziel ist die Weisheit der Erleuchtung, die Befreiung aus aller weltlichen Existenz. Selbst eine hohe Wiedergeburt wird, wenn sie von verunreinigtem Karma gelenkt wird, das aus dem Greifen nach dem wahren Wesen stammt, nicht von Dauer sein und eines Tages wieder abwärts führen in gewöhnliche Seins-Zustände. So bleiben wir ewig auf das Rad des Lebens geflochten, müssen immer wieder geboren werden und sterben.

Es wird mitunter behauptet, die Theorie vom Karma sei fatalistisch und fördere eine nihilistische Haltung. Zu einem derartigen Urteil kann man nur dann kommen, wenn man die grundlegenden Gedanken dieser Lehre nicht richtig versteht. In jedem Augenblick unseres Lebens können wir frei entscheiden, wie wir handeln wollen, und dadurch sind wir imstande, selber die Gestalt unserer Zukunft zu formen. Die Gesetze des Karma wirken negativ allein dann, wenn wir keine Selbstbeherrschung üben, wenn unser Leben grausam und ungerecht ist. Positiv wirken die Gesetze, wenn wir sie uns zunutzemachen, uns zu Liebe, Mitgefühl und Weisheit erziehen und auf dieser Grundlage handeln.

Auch trifft es nicht zu, daß wir unentrinnbar dazu verurteilt sind, Opfer unserer eigenen Handlungen zu sein. Mit Hilfe der Vier Gegenwirkenden Kräfte können wir auch hochgradig negatives Karma umwandeln. Diese vier sind: Reue; der Entschluß, sich künftig aller Negativität zu enthalten; Vertrauen auf die Zuflucht und auf den Buddhageist – jene Kraft, die das Böse zu vertreiben vermag; Maßnahmen gegen das negative Karma, wie Meditation über die Leerheit, Rezitieren von Läuterungs-Mantras usw.

Das gewichtigste Argument für die Theorie vom Karma, das zugleich auch deren wesentlichen Kern ausmacht, ist die Betonung der Eigenverantwortlichkeit für alles, was wir tun, sagen und denken. Unser – körperliches, sprechendes und denkendes – Handeln ist das vorzügliche Medium unserer Kommunikation und unserer Transformation. Übernehmen wir die Verantwortung für unser Handeln, dann nähern wir uns dem Angelpunkt unseres Daseins. Fehlt jedoch ein solches Gefühl der persönlichen Verantwortlichkeit, so besteht keinerlei Aussicht, auf dem Weg des Buddhismus Fortschritte zu machen. Ob Hinayana, Mahayana oder Vajrayana – alle buddhistischen Wege der Befreiung haben zur Bedingung, daß man die Verantwortung für den Strom des eigenen Karma übernimmt. Aus diesem Grund hat Buddha gesagt: »Wir selbst sind unsere schlimmsten Feinde, oder aber wir sind uns selbst die Erlöser.«[24] Von dem Augenblick an, wo wir die Verantwortung für unser Leben und Handeln übernehmen, ergreifen wir die Zügel, die unser Schicksal lenken. Diese Konzeption enthält nichts, das fatalistisch oder nihilistisch wäre; sie ist vielfältig und dynamisch. Auch dient sie nicht dazu, die Vergangenheit als Entschuldigung für die Fehler der Gegenwart zu benutzen – wir selbst sind verantwortlich für unser gegenwärtiges Leben. In erster Linie geht es um eine Haltung ständiger Disziplin, die unser jetziges und unser zukünftiges Leben reicher macht.

Auch der Gedanke der Wiedergeburt ist unserer eigenen Kultur nicht völlig fremd. Wie uns Plato berichtet, bietet Sokrates in seinem letzten Gespräch die subtilsten Feinheiten griechischer Logik auf, um die Gründe für seinen Glauben an die Wiedergeburt verständlich zu machen.[25] Es liegen Zeugnisse vor, daß auch die frühe Christenheit, besonders die Essener, diese Lehre für wahr hielten; erst im Jahre 292 wurde sie auf dem Konzil zu Rom aus dem christlichen Dogma verbannt.[26] Und nachdem Rom den Beschluß gefaßt hatte, die Lehre für ungesetzlich zu erklären, verschwand der Wiedergeburtsglaube fast vollständig aus der offiziellen Kultur des Westens.

Der Prozeß von Tod, Sterben, Zwischenzustand und Wiedergeburt bezieht sich nicht allein auf das Ende des Lebens und das, was danach geschieht. Nach buddhistischer Auffassung ereignet er sich in jedem Augenblick unseres Lebens, also auch im Ablauf des einzelnen Tages.

Das Bewußtsein eines bestimmten Augenblicks wird als Ergebnis des Erlöschens und Wiedererstehens eines früheren Bewußtseins-Momentes angesehen; der momentane Bewußtseinszustand ist somit eine Einheit, die aus dem Absterben des vorhergehenden Bewußtseins-Momentes hervorgeht. Im Buddhismus ist dies eine wichtige Grundidee, da in ihr die Möglichkeit der Erleuchtung beschlossen ist. Das sich immerzu vollziehende Vergehen und Wiedererstehen des Bewußtseins von Augenblick zu Augenblick ist die Basis, von der aus die Änderung und Wandlung unserer Persönlichkeit geschehen kann: Unser Geist kann entarten oder sich verbessern. Unser Bewußtsein kann sich verfeinern und leichter werden, oder es kann schwerfälliger werden und sich vergröbern. Sehr wichtig ist auch der winzige Zwischenraum, der zwei Gedanken voneinander trennt: er läßt den tiefsten Grund sichtbar werden, auf dem alle Bewußtseinstätigkeit beruht. Sich dieser Spanne bewußt zu sein, wird zu einer höchst wirksamen Waffe im Kampf gegen die Verblendungen.

Jeder einzelne Tag bringt uns in seinem Ablauf die Erfahrungen von Tod, Bardo und Wiedergeburt. In der Sekunde des Einschlafens erleben wir eine leuchtende Klarheit, die dem plötzlichen Strahl hellen Lichtes gleicht, den wir im Augenblick unseres Todes wahrnehmen. Der Traumzustand ähnelt dem Bardo und seinen Visionen, der Traum-Körper ist dem Bardo-Körper vergleichbar. In der tantrischen Schulung hat das Traum-Yoga daher große Bedeutung. Wenn wir in unseren Träumen die Gedanken und Visionen beherrschen und lenken können, sind wir schon nahezu fähig, unseren Geist im Erleben des Bardo zu meistern.[27] Wie eine Wiedergeburt erleben wir es, wenn wir aus einem Traum erwachen; der Traum-Körper entgleitet uns, und wir wachen auf in einem Zustand, der ganz andersgeartet ist als der, in dem wir uns eben noch im Traum erfahren haben.

Dem intensiven Studium des Bewußtseins kommt im Buddhismus die allerhöchste Bedeutung zu. Buddha selbst hat gesagt: »Das Bewußtsein ist der Vorbote aller kommenden Ereignisse. Wie das Pferd den Wagen in eine bestimmte Richtung zieht, so gibt unser Bewußtsein allen Handlungen des Körpers und der Rede ihre Richtung.«[28] Eigentlicher Sinn eines Studiums des Buddhismus ist daher das Studium des Bewußtseins und seiner Möglichkeit, Geistigkeit zu erlangen.

Tod und Sterben sind ein Thema, das aus zwingenden Gründen seinen Platz im buddhistischen Schrifttum hat. Die Todeserfahrung ist vor allem ein innerseelisches Phänomen. Alles, was wir im Laufe unseres Lebens getan und gelernt haben, wird im Tode einer strengen Prüfung unterzogen. Während die Kräfte unseren Körper verlassen und wir in immer feinere Schichten unseres Bewußtseins hinabsinken, wird mehr und mehr die Stufe offenbar, bis zu der wir unseren Geist geschult haben.

Die tibetischen Texte zu Tod und Sterben haben in der Hauptsache inspirierenden und belehrenden Charakter. Ihr Ziel ist es, den nach Wahrheit Strebenden zu bewegen, sich mit Leib und Seele auf die geistige Suche zu begeben, und ihm zugleich Rat und Hilfe zu bieten, damit er seinen Weg vollenden kann.

Dreifach gliedern sich die methodischen Anleitungen zur Vollendung des Weges – entsprechend den ›Fahrzeugen‹ Hinayana, Mahayana und Vajrayana. Allen dreien ist die Schulung in der Todes-Bewußtheit gemeinsam; sie geschieht jedoch auf verschiedene Art.

Im Hinayana ist es die Essenz aller Schulung, zu einer Haltung der Mäßigung, Selbstverleugnung und Gelassenheit zu finden. Das Bewußtsein des Todes ist dabei von großem Nutzen, da es uns zu einer realistischen und souveränen Einschätzung unserer selbst und unserer Handlungen verhilft. Der unerzogene Geist neigt gewöhnlich dazu, alle Ereignisse zu übertreiben. Menschen und

Dinge, die uns Freude bereiten, malt er in den hellsten Farben; geschieht uns aber ein Unrecht oder haben wir etwas Unerfreuliches zu befürchten, so taucht er alles in Schwärze. Anhaftung und Abneigung sind die Folge – was eine Unzahl negativer karmischer Handlungen auf den Plan ruft. Wenn wir aber unseren Geist zur Bewußtheit des Todes erziehen, können wir die Dinge ruhiger, klarer und gelassener beurteilen und in unserem Umgang mit den Menschen mehr Zurückhaltung üben.

Auch der Mahayana-Buddhismus macht in seinen allgemeinen Methoden Gebrauch von der Todes-Bewußtheit. Kern seiner Lehren ist das tiefe Mitgefühl; hat sich im Geiste eines Übenden die Bewußtheit des Todes fest verwurzelt, fällt es ihm leicht, ein Unrecht zu ertragen und Liebe und Mitgefühl für dessen Urheber zu empfinden. Im Wissen um seine Sterblichkeit, reagiert er mit großen Mitgefühl auf jede Handlung, die der Unwissenheit entspringt. Die Einsicht, daß die Menschen dem Tode verfallen sind, dies aber gänzlich vergessen haben, bestärkt den Bodhisattva in seiner Entschlossenheit.

Im Vajrayana dann, und dort besonders im Höchsten Tantra, erlangt der Übende die Befähigung, meditierend die einzelnen Stadien des Sterbeprozesses so zu erleben, wie diese beim wirklichen Tod eintreten. Hauptthemen sind hier die feinstofflichen Energie-Kanäle, die Energien und Kräfte des feinstofflichen Körpers, der Umgang mit den sexuellen Substanzen, das Anrufen der feinen Körper-Energien und Bewußtseins-Schichten. Das ist der Pfad, auf dem der Schüler jene Kräfte erwirbt, mit deren Hilfe er die Buddhaschaft innerhalb seiner eigenen Lebenszeit erlangt.

Nur zu einem kleinen Teil sind bisher die umfangreichen Bestände tibetischer Schriften zu Tod und Sterben in westliche Sprachen übersetzt worden. Die erste Veröffentlichung war das ›Tibetanische Totenbuch‹. Bis heute ist es eine der glanzvollsten Übertragungen geblieben, die jemals von einem tibetischen Text im Westen erschienen ist – was nicht zuletzt dem Reiz und der einzigartigen Sensibilität zu verdanken ist, die alle Arbeiten von Dr. Evans-Wentz auszeichnen.

Der Text des Buches selbst ist eine von vielen verwandten Schriften, die einen Zyklus bilden, der in Tibet unter dem Namen ›Bardo-ngo-tro[29] bekannt ist, d.h. ›Einführung in das Wesen des Bardo‹.[30] Richtiger wäre von daher vielleicht der Titel ›Ein Totenbuch der Tibeter‹ gewesen. Die Texte dieser Literaturgattung unterscheiden sich hauptsächlich durch ihre Länge und durch die Mandala-Gottheiten, denen sie zugeordnet sind. Was das Verständnis des ›Totenbuchs‹ so außergewöhnlich erschwert, ist die Tatsache, daß es in Zusammenhang mit den 110 friedlichen und rasenden Gottheiten des Shi-tro-Zyklus[31] steht – eine Eigenheit, der die meisten seiner westlichen Leser ratlos gegenüberstehen, da sie keinerlei Vorstellungen damit verknüpfen können. Ansonsten bietet der Text jedoch eine der umfassendsten Beschreibungen des Bardo-Zustands, und er hat, seitdem er im Jahre 1927 erschienen ist, eine magische Wirkung auf seine Leser gehabt.

Es ist daher verwunderlich, daß mehr als 50 Jahre vergehen sollten, ehe weitere Texte zum Thema von Tod und Sterben aus dem Tibetischen übersetzt wurden. Erst 1979 brachten Lati Rinpoche und Jeffrey Hopkins eine Textsammlung über ›Tod, Zwischenzustand und Wiedergeburt im tibetischen Buddhismus‹ heraus.

Zu erwähnen ist weiterhin das Buch von Detlef Ingo Lauf ›Geheimlehren tibetischer Totenbücher‹, das 1977 erschien. Es enthält keine neuen Übersetzungen von tibetischen Texten zu Tod und Sterben, es ist eher die ganz persönliche Analyse des Verfassers zum ›Totenbuch‹ mit einigen Rückgriffen auf die Nying-tik-Literatur der Nying-ma-Überlieferung und die ›Sechs Yogas von Naropa‹. In der Hauptsache ist es eine Neu-Aufbereitung der Kommentare, mit denen die verschiedenen Auflagen des ›Totenbuchs‹ versehen waren; auch macht es beträchtliche Anleihen bei dem Werk von H.V. Guenther ›Leben und Lehren Naropas‹.

Das vorliegende Buch beabsichtigt, einen Einblick zu geben in die Spannbreite des tibetischen Schrifttums zu Tod und Sterben – nicht im Sinne eines bibliographischen Abrisses alles vorhandenen Materials, sondern indem es einige Werke zur Darstellung bringt, die eine spezielle Literaturgattung repräsentieren und Aufschluß geben über bestimmte Anschauungen und Methoden der Bewußtseins-Schulung, in denen tibetische Eigenart sichtbar wird. Ich habe weder sehr abgelegene Texte noch besonders gängige ausgesucht, vielmehr habe ich mich bemüht, den Wesenskern der Überlieferung zu Tod und Sterben herauszustellen, der die geistige Haltung und die verschiedenen Methoden des Übens verkörpert. Die zum Thema Tod und Sterben in der tibetischen Literatur vorhandenen Texte zählen nach Tausenden, doch die Zahl der literarischen Gattungen ist gering. Für meine Untersuchung habe ich neun Texte ausgewählt, an denen besondere Merkmale der sieben Hauptgattungen dieser Literatur deutlich werden sollen.

Es sind die folgenden sieben Gattungen:

(1) Lehrwerke mit methodischen Anweisungen, wie ein Übender über den Tod zu meditieren habe. Sie enthalten Texte, die aus Hinayana, Mahayana und Vajrayana stammen. Zu dieser Kategorie gehören die ersten beiden Texte dieses Buchs. Der erste Text – sein Autor ist der Dreizehnte Dalai Lama – hat es vor allem mit Gedanken aus Sutrayana, Hinayana und gebräuchlichen Methoden des Mahayana zu tun; der zweite – aus der Hand von Ge-she Nga-wang Dar-gye – begreift Methoden aus Sutrayana und Mahayana ein, wobei er besonderes Gewicht legt auf die Vajrayana-Techniken, in denen eine Simulation der Todeserfahrung geübt wird.

(2) Dichtung und Prosa, die zu eifrigem Üben anhalten sollen. Der Text des dritten Kapitels, sein Autor ist Lama Gun-tang, und der des neunten, der vom Siebenten Dalai Lama stammt, sind von dieser Art. Ihre bis zum heutigen Tag dauernde Beliebtheit hat mich bewogen, sie aufzunehmen; auch scheint mir, daß sie etwas vom Geist des Originals bewahrt haben, der in einer Übersetzung nicht leicht wiederzugeben ist.

(3) Der Inspiration dienende Berichte vom Tode großer Yogins, Meditations-Meister und Heiliger. Als ein unübertrefflicher Lehrmeister von Tod und Vergänglichkeit gilt das Sterben des eigenen Lehrers. Ganz allein aus diesem Grund, so heißt es, habe Buddha die besondere Form seines Sterbens gewählt: er habe seinen Schülern die Wirklichkeit des Todes vor Augen führen wollen. Seine letzten Worte waren: »Vergänglich sind alle Dinge, der eigenen Befreiung gelte euer Bemühen.«

Ein ganzer Zyklus von Schriften ist in Tibet entstanden, der das Sterben vollendeter Meister zum Inhalt hat, – in der Absicht, die rechte Haltung zu veranschaulichen, mit der dem Tod zu begegnen sei. Für diesen Typus liefert das vierte Kapitel ein Beispiel aus neuerer Zeit (1954), eine Erzählung vom Tod eines Mystikers aus dem 12. Jahrhundert. Obwohl sie vor nicht allzu langer Zeit niedergeschrieben wurde, weist sie doch alle Züge der klassischen Vorbilder auf.

(4) Okkulte Texte über Verfahren, mit denen sich die Anzeichen eines vorzeitigen Todes erkennen lassen. Die Tibeter hatten von den Indern die Bräuche der Wahrsagekunst mit Begeisterung aufgenommen, zu denen auch jener gehört, der eine Bedrohung des eigenen Lebens oder sogar den Tod selbst voraussehbar werden läßt. Man benutzte diese Methoden, um zu erfahren, ob man die Yogas zur Verlängerung des Lebens anwenden sollte oder – im Falle eines unausweichlichen Todes –, um mit den Übungen zur Umwandlung des Bewußtseins beginnen zu können. Das fünfte Kapitel bringt ein Beispiel dieser Gattung, das aus der Feder von Kar-ma Ling-pa stammt, dem Autor des ›Tibetanischen Totenbuchs‹, einem Mystiker des 15. Jahrhunderts. Diese Literatur bereitet einem westlichen Leser ganz sicherlich Schwierigkeiten, zumindest bei der ersten Lektüre. Literatur dieser Art war sehr beliebt und weit verbreitet. Auch der Erste Dalai Lama verfaßte eine Abhandlung zu diesem Thema. Für den Text von Kar-ma Ling-pa habe ich mich entschieden, weil er die inneren Erfahrungen während der letzten Augenblicke des Lebens erhellt und weil er gut zu dem Stoff des zweiten Kapitels paßt.

(5) Yoga-Techniken zur Verlängerung des Lebens, die einen verfrühten Tod abwenden. Dies ist ein von vielen tibetischen Autoren bevorzugtes Thema. Literatur dieser Art hat oftmals die Form einer Meditations-Anleitung oder eines Riten-Handbuches. Zahlreiche Methoden zur Verlängerung des Lebens gelangten aus Indien nach Tibet; sie entstammen dem System des Tara-tantra[31], des Ushnisha-vijaya-tantra usw. Für das sechste Kapitel habe ich einen kurzen Text vom Zweiten Dalai Lama benutzt, der in den Bereich des Amitayus-tantra-Systems gehört, das gegen Ende des 11. Jahrhunderts von dem berühmten Yogi Milarepa in Tibet eingeführt wurde.

(6) Methoden, mit denen das Bewußtsein in ›po-wa‹, der Trans-

formation, geschult wird während des Sterbens. Diese Yogas wurden aus den Mahayana- und Vajrayana-Überlieferungen des alten Indien übernommen; mit ihnen wird der Übende befähigt, zum Zeitpunkt des Todes sein Bewußtsein so einzustellen, daß ihm daraus günstige Wirkungen erwachsen. Es gibt viele Systeme dieses Yoga, doch alle gleichen sich darin, daß sie eine Geisteshaltung herstellen wollen, aus der positive Folgen entstehen. Aus diesem Genre habe ich einen Text von Tse-chok Ling, einem Meister des 18. Jahrhunderts, gewählt. Er war der Lehrer des Achten Dalai Lama. Der Text ist ein vorzügliches Beispiel für seine Gattung; er ist klar und genügend detailliert, dem Leser ein Verständnis der Prinzipien dieser Technik zu ermöglichen.

(7) Rituelle Texte, deren Verlesung einem Verstorbenen Hilfe bringen soll. Zu dieser Kategorie gehört das ›Tibetanische Totenbuch‹. Ich habe einen weitverbreiteten Leitfaden benutzt, der dem Vajra-bhairava-tantra zugehört, einer fundamentalen Yoga-Methode, derer sich ein Ritualien-Meister bei der Führung eines Verstorbenen bedient, um in diesem eine positive Einstellung zu fördern. Der Text stammt von Lama Maha-sukha, einem Weisen des 19. Jahrhunderts. Auch heute noch ist der Text einer der meistbenutzten seiner Art in Tibet. In bewegenden Bildern stellt er die Empfindungen dar, die in einem Verstorbenen erweckt werden sollen.

Bei meiner Darstellung der tibetischen Überlieferung zu Tod und Sterben habe ich mich auf diese sieben Hauptgattungen beschränkt. Darüber hinaus gibt es zu dem Thema noch eine Fülle weiterer Literatur, die sich nicht unmittelbar auf die Überlieferung bezieht, wie sie heute noch lebendig ist. Das Buch von Lati Rinpoche und Jeffrey Hopkins ist ein solches von mir hier nicht berücksichtigtes Werk, welches sich mit den offiziellen Lehrmeinungen zu Tod und Sterben auseinandersetzt. In meiner Untersuchung sollten ausschließlich solche Texte erscheinen, die sich ganz unmittelbar auf die lebendige geistige Überlieferung beziehen, jene mystisch-religiösen Schriften, die den tibetischen Anschauungen ihr eigentümliches Gepräge gegeben haben. Darstellungen und Analysen von Lehrmeinungen sind zweifellos wertvoll, doch die Praxis-Überlieferungen stehen dem Herzen der Menschen näher.

Das Buch von Rinpoche/Hopkins ist dennoch sehr zu empfehlen, es gibt einen Überblick über alle mit dem Sterben verknüpften Prozesse und ist daher eine ausgezeichnete Ergänzung zu dem vorliegenden Buch.

Eine weitere wichtige Kategorie der Literatur über den Tod bilden die ›das-lok‹-Schriften, Texte ›der vom Tode Zurückgekehrten‹.[32] Es handelt sich hierbei um Berichte von Verstorbenen, die – noch bevor sie verbrannt oder begraben wurden – auf seltsame Weise ins Leben zurückfanden. Es gibt Hunderte solcher Texte in Tibet; sie sind unterschiedlichen Umfangs, doch zählen die meisten viele hundert Seiten. Sie lassen einen an jene griechischen Mythen denken, wo Menschen nach ihrem Tod in den Hades hinabfahren und später ins Leben zurückkehren. Meist begegnet der Tote dort unten Familienangehörigen und Freunden, die vor ihm gestorben sind; auch trifft er auf berühmte Persönlichkeiten der Vergangenheit. Es wird ihm aufgetragen, den Lebenden eine Botschaft zu übermitteln. Auch diese Art von Literatur ist in meiner Sammlung nicht vertreten, die ›das-lok‹-Literatur ist eher mystischen und offenbarenden Charakters, nicht so sehr ›praktisch‹. Die ungewöhnliche Länge der mir zur Verfügung stehenden Texte hat mich davon überzeugt, daß man ihnen nur in einer gesonderten Abhandlung gerecht werden kann.

Bei meinem Versuch, die wesentlichen Gedanken der Tibeter zu Tod und Sterben mit repräsentativen Texten zu verbinden, ging es mir stets vor allem darum, jene Aspekte der tibetischen Literatur kenntlich zu machen, die dem Leser einen Einblick in die Gesamtheit der tibetischen Anschauungen erlauben, sie als eine besondere Art der Weltbetrachtung zu zeigen, die Stellung des Menschen und seine Aufgabe zu erkennen. Allzu exotisches Material habe ich unberücksichtigt gelassen, so beispielsweise Anleitungen zur Einbalsamierung von Leichen[33], radikale Methoden zur Wiedererweckung von Toten, Praktiken der Schwarzen Magie zur Beseelung eines Leichnams (ein Überbleibsel aus vor-buddhistischer Zeit) usw. – Facetten der literarischen Überlieferung, die – so interessant sie auch sein mögen – für unsere Zeit nicht mehr als realistische Beiträge gelten können. Mir ging es um das Menschliche in seinem allgemeingültigen Aspekt, um jene Tradition, die

nicht an einen bestimmten Ort und eine bestimmte Kultur gebunden ist, und ich hoffe, damit zur gegenwärtigen Forschung zu Tod
und Sterben einen kleinen Beitrag zu leisten.

Wenn aus den Texten, die hier zur Sprache kommen, auch nur der
allerkleinste Lichtschein fällt auf jenen Weg, auf dem der Mensch
sich selbst und die Welt, in der er lebt, zu verstehen sucht – wenn
auch nur eine kleine Zahl von Menschen in diesen alten Texten
etwas findet, das einen wirklichen geistigen Wert für sie bedeutet,
dann ist mein Versuch nicht vergeblich gewesen.

Unsere Welt wird zusehends kleiner, die verschiedenen kulturel-
len Zentren tauschen mit atemberaubender Geschwindigkeit ihr
Wissen untereinander aus. Tibet war einer der großen kulturellen
Mittelpunkte Zentral-Asiens; aufgrund seiner naturgegebenen
geographischen Isolation vom Westen hat es den internationalen
Schauplatz erst recht spät betreten. Diese Isolation brachte den
Vorteil mit sich, daß die Kultur des Landes noch verhältnismäßig
unangetastet war, als Tibet in das gegenwärtige Zeitalter eintrat.
Wir sind es uns schuldig, Kenntnis zu nehmen von dem, was die
Meister der Philosophie und der Meditation aus diesem zutiefst
religiösen Land gesprochen und geschrieben haben; wir müssen
die Schatzkammern der tibetischen Kultur durchforschen, um
herauszufinden, ob wir dort etwas entdecken können, das der
Menschheit weiterhilft auf ihrem Weg, sich selbst und die Welt zu
verstehen.

Während der zwölf Jahre, die ich bei den tibetischen Flüchtlingen
in Nord-Indien verbrachte, habe ich häufig miterlebt, wie Laien
und auch Meister starben, und ich konnte sehen, wie die Betroffe-
nen darauf reagierten. Die Art und Weise, wie dieses Volk die
eigene Philosophie lebendige Wirklichkeit werden läßt, ist zutiefst
bewegend. In Bodh Gaya gab der Dalai Lama eine Woche lang
Belehrungen und Einweihungen, und es fanden sich hierzu über
10 000 Menschen ein. Kinder wurden geboren in dieser Zeit, und
einige Menschen starben. Eines Abends sah ich einen alten Mann,
der unter einem Baum saß. Heiterkeit und Frieden gingen von ihm
aus; ruhig sprach er seine Gebete und freute sich seines glücklichen
Geschicks, das ihn zu so günstiger Zeit an den heiligen Ort Bodh
Gaya geführt hatte. Er sah herüber zu einer Gruppe von Men-

schen, unter denen auch ich mich befand, und schenkte uns ein strahlendes Lächeln. Wenig später sank er zurück gegen den Stamm des Baumes und starb, immer noch in der Haltung eines Meditierenden. Auf seinem Gesicht lag ein Ausdruck höchsten Friedens. Als seine Angehörigen sahen, daß er gestorben war, schickten sie nach dem Lama der Familie, und mit anderen Lamas begann dieser Gebete an der Seite des Toten zu sprechen. So saß er die ganze Nacht an der Seite des Toten, während die Angehörigen Gesänge anstimmten und meditierten. Als der Morgen kam, legte man den Toten auf eine Bahre und trug ihn zum Ufer des Flusses hinunter, wo man ihn dem Feuer übergab. Nach der Einäscherung lasen die Mitglieder der Familie die Asche vom Boden auf und verstreuten sie unter den Bäumen, die nahe dem großen Tempel von Bodh Gaya wachsen. Schon am Nachmittag desselben Tages hörten sie wieder dem Dalai Lama zu, fast so, als wäre nichts geschehen; doch konnte man ihnen die Trauer über den Verlust des Großvaters ansehen; sie trugen ihren Schmerz mit einem Ernst und einer Würde, der jener Zufriedenheit gleichkam, mit der der alte Mann den Menschen Lebwohl gesagt hatte.

Die Tibeter sind ein kräftiger, mutiger und widerstandsfähiger Menschenschlag; ihre Kultur war von einer Höhe der Geistigkeit, wie sie nur wenige Kulturen, von denen wir aus der Geschichte wissen, erreicht haben. Es war mir eine große Freude, so lange mit diesen Menschen leben zu können; als eine besondere Ehre habe ich es empfunden, den Dalai Lama und seine vier persönlichen Lehrer kennenlernen zu dürfen.[34] Daß ich bei so vielen der größten Meister aus dem Land des Schnees lernen konnte, gibt mir ein Gefühl der Verantwortung. Die tiefe Achtung, die ich für diese Menschen verspüre, läßt sich mit Worten nicht ausdrücken, auch läßt sich die Freundlichkeit, mit der sie mir viele Jahre lang begegnet sind, nicht vergelten. Als Zeichen meiner Hochachtung möchte ich ihnen dieses Buch widmen, ihnen und Dr. Evans-Wentz, der als erster Übertragungen tibetischer Texte im Westen herausbrachte und den Grundstein legte für vieles, was später auf dem Gebiet der Tibetologie geschehen sollte.

Zum Abschluß möchte ich noch eine Bemerkung machen dazu, wie ich die Umschrift der aus dem Sanskrit oder dem Tibetischen stammenden Namen und Begriffe gehandhabt habe. Im Text selbst habe ich die diakritischen Zeichen für die Sanskrit-Wörter nicht benutzt; diese erscheinen lediglich in den Anmerkungen am Schluß. Nach meiner Erfahrung bewirken sie beim durchschnittlichen Leser nur Verwirrung. Der Sanskrit-Gelehrte jedoch, für den sie einen Sinn ergeben, benötigt sie nicht, da er zumeist den originalen Wortlaut des in Frage stehenden Wortes kennen wird.

Die Umschrift tibetischer Wörter bringt stets Probleme mit sich. Im Text habe ich sie durchgängig so geschrieben, wie sie ausgesprochen werden – schriftgemäß erscheinen sie nur in den Fußnoten. Es gibt im Tibetischen eine Unmenge stummer Vor- und Nachsilben, Schriftzeichen mit Über- und Unterlängen – und in welcher Weise all das die Aussprache beeinflußt, ist schlechterdings unverständlich. So wird ein Wort wie ›Blo-bzang-grags-pa‹ beispielsweise ›Lo-zang-tra-pa‹ ausgesprochen, und ›bstan-pa‹ spricht man als ›ten-pa‹.

Vom Bindestrich habe ich reichlich Gebrauch gemacht, es scheint das einzige Mittel, mit dem man die außerordentlich langen Begriffe und Namen des Sanskrit in den Griff bekommt – die einzige Möglichkeit, um das Problem der Konsonanten-Gruppen zu lösen, mit denen im Tibetischen die Silben so häufig anfangen und enden. Weiterhin habe ich den Buchstaben ›g‹ am Anfang einer Silbe mit ›g‹ wiedergegeben, am Ende einer Silbe mit ›k‹, da dies seiner Aussprache eher gerecht wird.

I.
DIE VORBEREITUNGEN
EINES BODHISATTVA
AUF DEN TOD

Es ist denn also wirklich so, sprach er, mein Simmias,
daß Männer, die im wahren Sinn des Wortes
nach Erkenntnis streben,
das Sterben üben...
Plato, Phaidon

Zur Einführung

Der Stoff des ersten Kapitels ist einer Sammlung von Ansprachen
entnommen, die der Dreizehnte Dalai Lama, Gyal-wa Tub-ten
Gya-tso, der Vorgänger des gegenwärtigen, jeweils zum ersten
Vollmond im tibetischen Neuen Jahr gehalten hat.[1] Diese alljährli-
che Rede bildete den Höhepunkt des Großen Gebets-Festes von
Lhasa, einer religiösen Feier, die am Vortag des Neumondes im
Februar begann. Sie dauerte fünfzehn Tage und wurde gekrönt
von der Rede des Dalai Lama am Tage des Vollmonds.[2] Der
Brauch des Großen Gebets-Festes war im 15. Jahrhundert von
Lama Tsong Khapa, dem Guru des Ersten Dalai Lama, begründet
worden, und er besteht bis zum heutigen Tag. Von dem indischen
Dharamsala aus führt der jetzige Dalai Lama die Tradition fort.
Durch die Jahrhunderte hindurch wurde die Rede am Tage des
Vollmonds stets von der Inkarnation des Dalai-Lama gehalten,
und nur, wenn er anderswo weilte oder noch nicht großjährig war,
sprach an seiner Stelle ein eigens ernannter hoher Lama. Die von
mir ausgesuchte Rede stammt aus dem Frühling 1921, als der Dalai
Lama sich im letzten Jahr seines dreijährigen Retreats* befand.

---

* Rückzug zum Zwecke der Meditation für die Dauer von drei Monaten oder
drei Jahren. Der Retreat ist auch offen für Laien; ebenso ist er Teil der
Ausbildung eines buddhistischen Mönchs.

Ihr Thema ist das Meditieren über den Tod, wie es in der Ka-dam-Überlieferung vollzogen wird, die ihres sekten-übergreifenden Charakters wegen dem Dalai Lama wohl als besonders geeignet schien. Diese Tradition war im Jahr 1042 von Jowo Atisha nach Tibet gebracht worden, der auf Einladung des Königs von West-Tibet in das Land des Schnees gekommen war und dort dreizehn Jahre, bis zu seinem Tode, blieb. Um das Thema seiner Rede zu umreißen und um zu zeigen, gemäß welcher Überlieferung er es zu behandeln beabsichtigt, stellt der Dalai Lama einen Vers von Atisha an den Anfang, der sich auf Tod und Vergänglichkeit bezieht.

Das geistige Vermächtnis von Atisha sollte jedoch nicht auf einen bestimmten Landesteil oder einen bestimmten Orden beschränkt bleiben. Hundert Jahre nach seinem Tod hatte es sich über das ganze Land verbreitet und alle tibetischen Sekten beeinflußt. Es wurde die Grundlage des Kagyü-Ordens, wie sie sich in Gampopas *Juwelenschmuck der Befreiung*[3] dargelegt findet; der Sa-kya, wie sie die *Loslösung von den Vier Anhaftungen*[4] beinhaltet; der Nyingma-Tradition, wie sie sich in der *Anleitung zum Erreichen der Großen Erfüllung*[5] spiegelt, und der Ge-luk, wie sie in der *Großen Darstellung der Stufen des Pfades zur Erleuchtung*[6] von Lama Tsong Khapa vorgestellt wird.

Als einleitendes Kapitel ist die Rede des Dalai Lama somit hervorragend geeignet. Sie erlaubt uns nicht nur einen Einblick in die Meditation über den Tod, wie sie sämtlichen Richtungen des tibetischen Buddhismus zugrundeliegt, sondern der Redner stellt auch eine Verbindung her zu dem übergreifenden System buddhistischer Praxis, wie sie allen tibetischen Überlieferungen gemeinsam ist. So erhalten wir nicht nur Einblick in eine spezielle Meditations-Technik, sondern wir sehen zugleich, wie diese sich dem Pfad als einer organischen Einheit einfügt.

Unter den Dalai Lamas war der Dreizehnte der erste, den Menschen aus dem Westen näher kennenlernten. Er lebte in einer schwierigen Zeit. Von drei Seiten her wurde Tibet bedrängt – von dem britischen Indien im Süden, dem expandierenden zaristischen Rußland im Norden, von der instabilen Mandschu-Dynastie im Westen; ständig war das Land den Intrigen dieser drei Großmächte ausgesetzt. Um die Jahrhundertwende sah es so aus, als ob Lhasa sich auf die Seite der Russen schlagen würde, und die Briten, die das Treiben der Russen in Asien stets mit Argwohn betrachteten, begannen im Jahre 1904, von Indien aus in das Land einzudringen.[7] In der Geschichtsschreibung ist dieses Unternehmen unter dem Namen ›Younghusband-Expedition‹ bekannt. Es endete mit einem Sieg der Briten in Zentral-Asien, und im Sommer des folgenden Jahres wurde ein Vertrag unterzeichnet, in dem Tibet gezwungen wurde, seine Außenpolitik der Oberhoheit des von den Briten kontrollierten China zu unterstellen. Doch es geschah etwas Seltsames: Während Oberstleutnant Younghusband, der die britischen Streitkräfte kommandierte, in Tibet weilte, versank er in einen Zustand mystischer Entrückung – ein Erlebnis, das sein Leben von Grund auf wandeln sollte. Kurz darauf kehrte er nach England zurück, nahm seinen Abschied von der Armee und verbrachte sein weiteres Leben damit, Schriften religiösen Inhalts zu verfassen.

Tibet war damals nicht willens, sich mit der ihm aufgezwungenen Nachbarschaft zu China abzufinden, und bemühte sich, von der Welt als unabhängiger Staat anerkannt zu werden. China wiederum spürte, daß die Politik der Briten ihm den Rücken freihielt, und es schien ihm an der Zeit, den Tibetern einmal mit aller Härte zu begegnen. Doch die im Jahre 1909 eingeleitete Invasion stand unter einem ungünstigen Stern: Schon ein Jahr später brach im chinesischen Mutterland der Bürgerkrieg aus. 1912 ergaben sich die von allem Nachschub und aller Verstärkung abgeschnittenen chinesischen Truppen den Tibetern. Um ihnen zu der Schmach auch noch die Schande zuzufügen, mußten sie auf Befehl des Dreizehnten Dalai Lama nach Kalkutta marschieren und von dort – statt auf dem direkten Landweg – per Schiff nach China zurückkehren. Fortan durfte kein Chinese das Land betreten, bis zum Jahre 1933, als der Dreizehnte Dalai Lama starb.

Nachdem so die Staatsgeschäfte wieder geordnet und die chinesische Frage gelöst war, wandte der Dalai Lama sich einem beschaulichen, spirituellen Leben zu. Der Tradition gemäß begab er sich 1918 in den Drei-Jahres-Retreat, den er 1921 beendete – dem Jahr der nachstehenden Ansprache.

Seit der Vertreibung der Chinesen hielten sich einige britische Beamte in Lhasa auf, unter ihnen auch Sir Charles Bell, der zu einem engen Vertrauten des tibetischen Oberhauptes wurde. Das von seiner Hand verfaßte *Porträt eines Dalai Lama*[8], eine Biographie des Dreizehnten Dalai Lama, vermittelt uns ein sehr anschauliches Bild vom Leben in Tibet in jenen schwierigen Jahren. Erstaunlich ist die Leistung des Dreizehnten Dalai Lama, der sein Volk durch jene unheilvollen Jahre zu führen vermochte, ohne daß sich größere Katastrophen ereigneten. Nach seinem Tode kam es in Tibet zu Unruhen – ein Übel, das in den dreißiger und vierziger Jahren dieses Jahrhunderts weltweit verbreitet gewesen zu sein scheint.

Der Dreizehnte Dalai Lama wurde 1876 geboren, er stammte aus bäuerlichen Verhältnissen. Seine bescheidene Herkunft dürfte ein Grund dafür sein, daß er sein Leben lang als ein ›Dalai Lama des Volkes‹ galt. Einen Großteil seiner Reden hielt er öffentlich, und seine Anhänger kamen aus allen Berufen und Schichten. Auch die in diesem Kapitel wiedergegebene Rede war jedermann zugänglich, und mehr als 20 000 haben ihm zugehört. Die Ansprache richtet sich in gleicher Weise an Gelehrte und Yogis wie auch an Hörer ohne jede Vorbildung. So verbinden sich darin Tiefe und Einfachheit mit einem luziden Charme, der für viele Arbeiten des Dreizehnten Dalai Lama charakteristisch ist. Sie gestattet dem Leser einen leichten Zugang zu einer der Sichtweisen im tibetischen Verständnis von Meditation über den Tod und läßt gleichzeitig erkennen, welcher Platz dieser besonderen Überlieferung im Gesamtrahmen buddhistischer Schulungsmethoden zukommt.

Die Vorbereitungen eines Bodhisattva auf den Tod

Ansprache von Gyal-wa Tub-ten Gya-tso,
dem Dreizehnten Dalai Lama

Jowo Atisha, Kronjuwel aller buddhistischen Weisen Indiens und Stammvater aller mündlichen Überlieferungs-Linien des Ka-dam-Ordens, trifft die Feststellung:

> Kurz nur ist unser Leben
> Und groß der Bereich des Wißbaren.
> Wann der Tod uns ereilen wird –
> Dieses zu wissen ist uns nicht gegeben.
> Wie der Schwan müssen wir daher sein,
> Der Milch von Wasser zu sondern versteht.[9]

Wir Menschen befinden uns in einer schwierigen Lage. Hilflos stehen wir vor der Übermacht der drei seelischen Gifte – dem Verhaftetsein, dem Haß und der Unwissenheit; unser Tun wird überwiegend bestimmt und gelenkt durch negatives Karma und Leidensdruck. Unser unablässiges Streben nach Wohlergehen im Samsara, im Kreislauf von Geburt, Tod und Wiedergeburt, seit anfangloser Zeit, hat uns wieder und wieder Enttäuschungen, Leid und Schmerz bereitet. Immer wieder sind wir gestorben und aufs neue geboren worden – aufgrund unserer Unwissenheit und entsprechend den Zwölf Gliedern der Verursachung. Inmitten des Leidens und der Verwirrung, wie sie in den niederen Formen des Daseins vorherrschen, ist es uns Menschen – dank einer Anhäufung früherer positiver karmischer Prägungen – jedoch gelungen, eine Daseinsform zu erreichen, die geistiges Streben begünstigt. Mit einem Wort: die positiven karmischen Keime sind herangereift und haben uns zu einer höchst kostbaren und seltenen Lebensform verholfen: der eines menschlichen Wesens, das die Segnungen der acht Freiheiten und der zehn Begünstigungen genießt.[10]
Nicht nur, daß wir als Menschen geboren wurden – wir sind überdies mit geistigen Lehren in Berührung gekommen und haben daher die Möglichkeit, auf den Weg zu einer höheren Daseinsform, zu Erleuchtung und ewiger Glückseligkeit zu gelangen.

Diese günstige menschliche Gestalt aber währt nur kurze Zeit. Selbst die Buddhas waren nicht imstande, die Lebensspanne des einzelnen Menschen im voraus zu bestimmen. Zwar machen wir reichlich Gebrauch von Zitaten aus den Sutras und Tantras, geben uns viel Mühe zu argumentieren und verlassen uns auf andere gebräuchliche Mittel der Überzeugung – desungeachtet wird unser Leben nicht ewig währen. Nicht lange, und wir werden der Menschheit nicht mehr angehören.

Angesichts der Kürze unseres Lebens sollten wir sein wie der Schwan, der – vermittels einer besonderen Fähigkeit seines Schnabels – aus einer Mischung von Milch und Wasser die Milch herauszuziehen vermag, während er das Wasser wieder ausspeit. Haben wir erst gelernt, auf dem geistigen Weg zu gehen, bietet uns jeder Tag Gelegenheit, die Milch der Tugend und der Freude herauszufiltern, unser negatives Sein aber, das zu Enttäuschungen und Elend führt, auszuspeien.

Wir finden hier und heute die inneren und äußeren Bedingungen vor, um den Weg zu Erleuchtung und zu immerwährender Glückseligkeit zu vollenden. Diese Möglichkeit sollten wir nicht ungenutzt verstreichen lassen und denken: ›Morgen oder übermorgen ist auch noch Zeit, sich auf den Weg zu machen.‹ Nicht für einen einzigen Augenblick dürfen wir uns den Täuschungen trägen Sich-Gehen-Lassens hingeben, die uns die verführerischen Bilder der acht weltlichen Belange vorgaukeln und, da sie ausschließlich auf die flüchtigen Freuden dieses Lebens gerichtet sind, uns den geistigen Pfad aus den Augen verlieren lassen.

Mit äußerster Anstrengung sollten wir danach trachten, den tiefsten Gehalt unserer kostbaren Inkarnation als Mensch auszuschöpfen, indem wir uns das Ziel setzen, den Weg zur Erleuchtung und zu einem höheren Leben bis zum Ende zu gehen. Kommt dann der Tod, können wir zuversichtlich und heiter sterben, ohne Reue und Verwirrung; auf diese Weise werden wir eine günstige Wiedergeburt erlangen. Unser größtes Bemühen sollte stets der Vollendung des Weges gelten, daher sollten wir bestrebt sein, mit all unserer Kraft und so wahrhaftig wie möglich die Lehren in unserem Leben zu verwirklichen.

In ihrer Gesamtheit werden die Methoden geistiger Verwirklichung als Dharma bezeichnet. Von Buddha heißt es, er habe 84 000 Aspekte des Dharma erläutert: als Heilmittel für die 84 000 Verblendungen und Gefühlsverwirrungen, von denen er die Menschen geplagt sah.

Diese 84 000 Anweisungen sind in den drei Literatur-Kategorien zusammengefaßt: dem *Vinaya-pitaka*, den ›Gesammelten Schriften zur Disziplin‹, dem *Sutra-pitaka*, den ›Gesammelten Lehrreden‹, und dem *Abidharma-pitaka*, den ›Gesammelten Schriften zur Metaphysik‹. Ihrem Inhalt nach werden sie als die drei höheren Schulungen von Disziplin, Meditation und Weisheit aufgefaßt.

Eine andere Art, die buddhistischen Lehren zu klassifizieren, ist die Unterscheidung nach den zwei ›Fahrzeugen‹: Hinayana und Mahayana, wobei das Fahrzeug des Mahayana in diesem Zusammenhang sowohl die Lehren des exoterischen Vollendungs-Fahrzeugs, des *Paramita-yana*, wie auch die des tantrischen Pfades, des esoterischen *Vajra-yana*, einbegreift. Beide Fahrzeuge haben den altruistischen Bodhi-Geist zur Vorbedingung – das Streben nach Erleuchtung als dem vortrefflichsten Mittel, zum Heile der Welt zu wirken. In sämtlichen Richtungen des Mahayana bildet der Bodhi-Geist das Herzstück aller Praxis.

Als man Jowo Atisha einst über seinen Lehrer Ser-ling-pa[11] (den indonesischen Meister Dharma-kiri) befragte, legte er seine Hände in einer Gebärde tiefster Ehrerbietung zusammen, Tränen traten in seine Augen, und er gab zur Antwort: »Was immer ich vom Geist des Mahayana mir zu eigen gemacht habe, verdanke ich allein der Güte dieses großen Lehrers. Selbst wenn ich ihn zehnmal an einem einzigen Tag aufsuchte – immer war seine erste Frage: ›Dein Denken – ist es durchdrungen vom Bodhi-Geist, vom Geist der Erleuchtung?‹ Stets war es die Pflege des Bodhi-Geistes, welcher Atisha den höchsten Rang zuwies.«

Zwar lehrte uns Buddha 84 000 Übungen, doch für uns als Mahayana-Buddhisten sollte die Pflege des Bodhi-Geistes das oberste Gebot sein, die erleuchtete Gesinnung eines Bodhisattva, die bestimmt ist von Gleichmut, Liebe und Mitgefühl, in dem Bestreben, die vollkommene Allwissenheit zu erlangen zum Wohle aller lebenden Wesen. In den *Sieben Punkten zur Schulung des Geistes*,[12] einem Text, der die von dem indonesischen Meister

Ser-ling-pa an Atisha weitergegebene mündliche Überlieferung enthält, heißt es in Hinsicht auf den Bodhi-Geist:

> Wie ein diamantenes Szepter ist der Bodhi-Geist,
> Wie die Sonne ist er und wie ein heilkräftiger Baum.

Beim geistigen Üben hat der Bodhi-Geist die Wirkung eines Diamanten. Wie ein Diamant alle Armut bannt und jeden Wunsch erfüllt, so macht auch der Bodhi-Geist aller geistigen Armut ein Ende und erfüllt jeden geistigen Wunsch. Wie schon ein kleines Stück des Diamanten jedes andere Schmuckstück an Glanz überstrahlt, so übertrifft auch der Bodhi-Geist – und sei er noch so unvollkommen – alles an Wirkung, was aufgrund von geringeren Methoden erreicht wird. Der Bodhi-Geist gleicht der Sonne, welche die Dunkelheit vertreibt. Wenn die Sonne aufgeht – wie kann da noch Dunkelheit fortbestehen? Ganzen Kontinenten schenkt die aufgehende Sonne ihr Licht. Und wie eine aufgehende Sonne wirkt in unserem Bewußtsein die Erweckung des Bodhi-Geistes.

Der Bodhi-Geist läßt sich ferner einem heilkräftigen Baum vergleichen. Der Baum als ganzer ist ein wirksames Heilmittel gegen alle 404 Arten von Krankheit, ebenso wie auch seine einzelnen Teile, Blätter und Beeren beispielsweise, eigene, einzigartige Heilwirkungen hervorbringen. Auf ähnliche Weise werden auch wir zur höchsten Erleuchtung gelangen und von allen Unklarheiten befreit werden, wenn wir in uns den Bodhi-Geist erzeugen und pflegen. Und sollte uns dies auch nur in bescheidenem Maße gelingen, so wird selbst dann noch unser Geist eine Reihe von segensreichen Wirkungen erfahren. Den altruistischen Bodhi-Geist auch nur in Ansätzen in sich zu erzeugen – das allein schon macht uns zu einem Bodhisattva, zu einem Erwachenden Krieger. Mag man sich auch lange Zeit hindurch um die Ausbildung anderer tugendhafter Eigenschaften bemühen, wie völlige Konzentration oder die aus einer Einübung der höheren Weisheit resultierende Versunkenheit der Befreiung – und mag man durch solche Schulung sogar in den erhabenen Stand eines *Sravaka-arbant* oder eines *Pratyeka-buddha*[13] gelangen, so wird doch jemand, der selbst die Bodhisattva-Gesinnung in sich zu erzeugen wußte, ihnen schon allein durch die vollkommene Natur seines/ihres Übens überlegen sein. Dem Bodhi-Geist wohnt die Fähigkeit inne, jene inneren Dunkelheiten zu vertreiben, die ihre Ursache haben in Gefühlsverwirrungen und in Verblendungen, die versuchen, sich des wahren Selbst und seiner Erscheinungen zu bemächtigen. Die Bodhisattva-Gesinnung hat die Kraft, den Geist von dem zyklisch wiederkehrenden Leiden zu befreien, das die Folge von Täuschungen und zwingenden karmischen Mustern ist; sie ist daher wirklich eine hervorragende Heilmethode, die sowohl konventionelle Mittel für gewöhnliche Beschwerden wie auch letzte Mittel für tieferliegende geistige Probleme bereithält.

Dies ist es, was mit dem Ausdruck ›Methode verbunden mit Weisheit‹ gemeint ist. So gibt es konventionelle Praktiken zur Erweckung des Bodhi-Geistes zum Einüben von Geduld, Liebe, Mitgefühl und anderem; doch gibt es auch Methoden, die den höchsten Bodhi-Geist erzeugen helfen: die Weisheit der Leere, in der sich das innerste Wesen des Bewußtseins, des Körpers und der uns umgebenden Welt enthüllen. Verwirklichen wir diesen höchsten Bodhi-Geist, dann sind wir für immer von allem Leid und von aller Verwirrung der unvollkommenen Welt erlöst. Wir sind dann zu einem *Arya*, einem Erhabenen, geworden, einem überirdischen Wesen, das sich aus den Klauen von Samsāra befreit hat. Sind wir – durch Üben in den herkömmlichen Methoden – auf dieser Stufe angelangt, dann gehen wir dazu über, Allwissenheit und alle die Kräfte, über die ein Buddha in Körper, Rede und Geist verfügt, uneingeschränkt zu verwirklichen. Auf diese Art werden wir fähig, im Geiste eines Bodhisattva zu handeln, auf der Welt in einer Form zu erscheinen, die allen fühlenden Wesen zu ihrer höheren Entwicklung dienlich ist. Wir selbst jedoch bleiben stets versenkt in die Schau der höchsten Wahrheit. Somit stellt der Bodhi-Geist eine unvergleichliche Methode dar, und wir sollten sie uns mit Leib und Seele zu eigen machen – in ihrem gewöhnlichen wie auch in ihrem höchsten Aspekt.

Wie sieht nun die Praxis der Erweckung des Bodhi-Geistes in seinen zwei Aspekten aus? In den Sieben *Punkten zur Schulung des Geistes* finden sich dazu folgende Ausführungen:[14]

Zu Beginn sind die Präliminarien (vorbereitenden Schritte) einzuüben. Zunächst gilt es, einen erfahrenen Lehrer zu finden, der einer maßgeblichen Linie angehört; von ihm sind die Lehren in den überlieferten Texten zu empfangen. Es heißt an dieser Stelle, man müsse bei der Wahl seines Lehrers sehr sorgfältig vorgehen, und – hat man einmal mit der Schulung begonnen – diesem Lehrer mit der Einstellung gegenübertreten, als sei er die Verkörperung aller Buddhas. Er/Sie ist als eine Manifestation aller erleuchteten Wesen anzusehen, die in dieser Gestalt eines ganz normalen Menschen andere Menschen in der Lehre unterweist. Niemals dürfen wir vergessen, daß wir es seiner/ihrer Güte zu verdanken haben, wenn uns jetzt der Weg erschlossen wird; und wir sollten unseren Dank auf dreifache Weise bezeigen: durch das dreifache Gelöbnis von Ehrerbietung, Achtsamkeit und aufrichtigem Befolgen der Lehren.

Die Pflege eines fruchtbaren Arbeitsverhältnisses mit einem geistigen Meister ist die Grundlage aller weiteren Übung. Dies ist die eigentlich treibende Kraft auf dem Weg zur Erleuchtung. Ist es unser Ziel, ein großer Bodhisattva zu werden, dann müssen wir zunächst die Methoden erlernen, mit deren Hilfe wir die verschiedenen Abschnitte des Bodhisattva-Weges bewältigen können. Diese Methoden müssen wir hernach unter Anleitung eines erfahrenen Lehrers in die Praxis umsetzen. Wenn unsere innere Einstellung der Praxis nicht förderlich ist, wird es schwerfallen, irgendwelche Fortschritte zu machen. Es ist deshalb ratsam, den eigenen Lehrer als Verkörperung aller Buddhas zu betrachten. Denn dies ist tatsächlich die Rolle, die der Lehrer in unserem Leben spielt. Eine weitere wichtige Vorstufe ist das Meditieren über die Kostbarkeit des menschlichen Lebens. Wir müssen den einmaligen Charakter des menschlichen Lebens und seine geistigen Möglichkeiten erkennen und schätzen lernen.

In der *Sammlung all dessen, was von wahrem Wert ist*,[15] heißt es hierzu:

> Durch die Schulung des eigenen Geistes
> Wird man ledig der acht Fesseln,
> Die einen an die Tiernatur binden.

> Gewinnen wird man sodann
> Die acht Freiheiten und zehn Begünstigungen.

Die acht Freiheiten, die der Mensch genießt, bilden das Gegenstück zu den acht Formen des Gefesseltseins. Vier von diesen werden nichtmenschlichen Bereichen zugeordnet: die unausgesetzten Höllenqualen, die unstillbare Gier der Geister, die verschlagene Dummheit und Blindheit der Tierwelt, und die zügellose Sinnlichkeit und geistige Stumpfheit der samsarischen Gottheiten, die alle acht weltlichen Vollkommenheiten besitzen. Die übrigen vier betreffen unerwünschte menschliche Zustände: in einem unzivilisierten Land geboren zu sein, das ohne geistiges Wissen ist; über nur unvollkommen entwickelte Sinne zu verfügen, wie etwa behindert oder schwachsinnig zu sein; in einer Zeit zu leben, in der geistiges Wissen nicht verfügbar ist; unter extrem negativen Einflüssen zu leben, die allem geistigen Streben entgegenstehen.
Solches sind die acht Arten des Gefesseltseins. Gelingt es uns, davon freizukommen, dann können wir uns wirklich glücklich schätzen.
Die zehn Begünstigungen sind in zwei Gruppen geteilt; sie beziehen sich auf die Person oder auf die Gegebenheiten ihrer Umwelt. Nagarjuna kennzeichnet die ersten fünf in folgendem Vers:[16]

> Als Mensch geboren zu sein,
> Zu leben in einem Land von geistiger Kultur,
> Vollständig im Besitz der Sinne zu sein,
> Frei zu sein von schwerem negativem Karma
> Und geistiger Übung zugetan zu sein:
> Dies macht die fünf persönlichen Begünstigungen aus.

Diese fünf Faktoren legen im Inneren der Person einen verläßlichen Grund für das Streben nach Erleuchtung.
Die in den äußeren Bedingungen gegebenen Begünstigungen werden von Nagarjuna folgendermaßen beschrieben:

Geboren zu sein zu einer Zeit,
Wo ein Buddha sich manifestierte,
Wo das heilige Dharma gelehrt wird,
Wo lebendig noch ist die Lehre
Und Menschen ihr zu folgen trachten,
Wo man von anderen Güte erfährt:
Das sind die fünf äußeren Begünstigungen.

Diese fünf stellen die äußeren Faktoren dar, die für den geistigen Weg unerläßlich sind. Sie werden so genannt, weil sie sich auf die Welt beziehen, in der wir leben, nicht aber unmittelbar auf Eigenschaften unseres Körpers oder Geistes.

Jeder, der im Besitz dieser acht Freiheiten und zehn Begünstigungen ist, hat die Möglichkeit, innerhalb nur einer einzigen Lebensspanne die vollkommene Erleuchtung zu erlangen. Keiner der niederen Lebensbereiche bietet eine solche Möglichkeit. Wenn wir mit aller Kraft an der Vervollkommnung unseres Bewußtseins arbeiten, können wir es zu höchster geistiger Vollkommenheit bringen und auch jedes gemeinhin erstrebenswerte Ziel erreichen. Das menschliche Leben ist von unvergleichlichem Wert, und wir sollten all unsere Energie daran setzen, seinen tiefsten Gehalt in Erfahrung zu bringen. Unablässig sollten wir über die acht Freiheiten und die zehn Begünstigungen meditieren, bis unser ganzes Wesen vom Wissen um den hohen Wert des menschlichen Lebens durchdrungen ist. Auch sollten wir uns immer wieder ins Gedächtnis rufen, welche Seltenheit das menschliche Leben darstellt, vergleicht man es mit der großen Anzahl von Tieren, Insekten usw. Gegenwärtig stehen uns alle Möglichkeiten der menschlichen Existenzform offen; wenn wir sie jedoch ungenutzt lassen und uns weltlichen Dingen von vorübergehendem Wert zuwenden, dann dürfen wir kaum erwarten, nach unserem Tod eine günstige Wiedergeburt zu erhalten. Wer stirbt, ohne an seinem Geist gearbeitet zu haben, kann schwerlich hoffen, Glück und Zufriedenheit im Leben nach dem Tode zu erfahren. Ist die hohe Wertschätzung des menschlichen Lebens unserem Bewußtsein erst einmal einverwoben, dann haben wir die Meditation über Vergänglichkeit und Tod aufzunehmen. Nach der Atisha-Überlie-

ferung des indonesischen Meisters Ser-ling-pa bedeutet dies Meditations-Übungen zu drei thematischen Schwerpunkten, die als *die
drei Wurzeln* bezeichnet werden: die Unausweichlichkeit des
Todes, die Ungewißheit seines zeitlichen Eintreffens und die
Gewißheit, daß im Augenblick des Todes allein der durch geistiges
Üben erreichten Stufe ein Wert zukommt.

Jedem dieser ›Wurzel‹-Themen sind wiederum drei Beweisführungen zugeordnet sowie drei Überzeugungen, die daraus entstehen
sollen. Das ist der Grund, weshalb diese Meditations-Art den
Namen trägt ›Die drei Wurzeln, die neun Beweisführungen und
die drei Überzeugungen‹. Unter den Meditationen über den Tod,
die von den großen Ka-dam-Yogis aus alter Zeit auf uns gekommen sind, ist dies die allerhöchste.

Die Unausweichlichkeit des Todes ist der erste Hauptpunkt.
Damit sind drei Beweisführungen verknüpft. (1) Zu jedem von uns
kommt der Tod früher oder später – und kein Mittel wird es
geben, ihn wieder vondannen zu schicken. (2) Wir sind nicht in
der Lage, die eigene Lebensdauer unbegrenzt zu verlängern; stetig
nimmt die Spanne unseres Lebens ab. (3) Jetzt, da wir noch
lebendig sind, verwenden wir nur wenig Zeit auf geistige Dinge.
Zu diesen drei Punkten möchte ich mich eingehender äußern.

(1) Unweigerlich werden wir dereinst dem Herrn des Todes
begegnen, der uns vernichten wird. Und wie sehr wir unseren
Körper auch lieben mögen – er wird sich dem Zugriff des Todes
nicht entziehen können. In dem Kapitel über die Vergänglichkeit
des *Tibetischen Dharmapada*[17] finden wir die Worte:

> Der Buddha selbst wie auch alle seine Schüler,
> Die großmächtigen *Sravaha-arhants* und *Pratyekabuddhas*,
> Sie alle mußten den Körper verlassen.
> Wie sollte es gewöhnlich Sterblichen anders ergehen?

Unmittelbar vor seinem Hinscheiden sprach Buddha zu seinen
Schülern: »O Ihr, die Ihr nach dem Geiste strebt! Selten nur trifft
man auf ein erleuchtetes Wesen. Vergänglich sind alle Erscheinungen. Dies ist die tiefste Lehre des Tathagata.« Nach diesen Worten
ging der Meister in die Sphäre des *parinirvana* ein.

Auf ähnliche Weise sind all jene Meister, Yogis, gläubigen Könige, Gelehrte, Heilige und so fort in der Geschichte Indiens und Tibets aufgetreten und dahingegangen – nicht einer von ihnen blieb. Aus ihren Lebensbeschreibungen können wir uns über die Einzelheiten unterrichten. Die gütigen Lehrer von ehedem machten das Drama des Sterbens sichtbar, vor den Augen ihrer Schüler gingen sie ins *parinirvana* ein, um die Lehre der Vergänglichkeit tief in deren Geist einzugraben. Und wir armen Sterblichen, die wir so sehr in unreines Karma verstrickt sind – wie dürfen wir hoffen, daß die Gesetze von Tod und Vergänglichkeit für uns nicht gelten? Seit Anbeginn der Zeiten gibt es nicht ein einziges fühlendes Wesen, das nicht unzählige Male den Zyklus von Geburt, Tod und Wiedergeburt durchlaufen mußte.

Das Sutra der Ratschläge für einen König[18] sagt dazu: ›Das vierfache Leiden von Geburt, Krankheit, Alter und Tod macht alle Errungenschaften zunichte – vier Bergen gleich, die ineinanderstürzen und Bäume und Sträucher zermalmen. Und nur gering ist die Aussicht, dem zu entkommen durch Flucht, Gewaltanwendung, Bestechung, Magie, geistige Übungen oder Arzeneien.‹

Die teuersten Medikamente mag man einnehmen und in langwierigen Zeremonien den allermächtigsten Schutzgottheiten Opfergaben darbringen – nur für eine kurze Frist wird man dem Tod Einhalt gebieten können.

(2) Keinerlei Mittel gibt es, die Grenze unseres Lebens ins Unendliche zu verschieben, unaufhörlich verrinnt uns die Zeit. Den größten Teil unseres bisherigen Lebens haben wir mit unnützen Beschäftigungen verbracht. Und was uns noch an Zeit verbleibt, wird Stück für Stück verschlungen von den Jahren, den Monaten, den Tagen, den Sekunden. Ehe wir uns versehen, klopft der Tod bei uns an.

Gyal-wa Kal-zang Gya-tso, der Siebte Dalai Lama, schildert die menschliche Zwangslage so:[19]

> Nicht ein einziges Mal, seit wir geboren,
> Zögert das Leben.
> Unaufhaltsam eilt es dem Tode entgegen.

Einer breiten Straße gleicht dieses Leben,
An deren Ende der Tod wartet.
Schwermut ergreift uns, wenn wir erkennen:
Wir sind wie Verbrecher auf dem Wege zur Richtstatt.

Stetig nähert sich unser Leben seinem Ende, wie Wasser, das fortwährend aus einem Gefäß tropft, wie der Faden, der von einem Wollknäuel abgewickelt wird.

(3) Und dennoch widmen wir auch jetzt, da wir noch leben, dem geistigen Streben nur wenig Zeit. *Das Sutra vom Eingehen in den Schoß*[20] bemerkt hierzu: »Zehn Jahre unseres Lebens sind wir unmündige Kinder, und während der letzten zwanzig Jahre gebieten wir nicht mehr über ausreichende körperliche und geistige Kraft, um auf dem geistigen Weg noch nennenswerte Fortschritte zu machen.« Nur selten stellt sich in den ersten zwanzig Jahren der Gedanke an den geistigen Pfad ein, und in den letzten zwanzig Jahren haben Gedächtnis und Scharfsinn allzusehr nachgelassen, als daß sie noch Großes zu bewirken vermöchten. Auch kann man nicht blind darauf vertrauen, ein hohes Alter zu erreichen. Vielen Menschen jedenfalls fehlt ein solches Vertrauen. Die Hälfte jener Zeit, die uns dann noch vom Leben verbleibt, geht hin mit Schlafen, Essen, dem Erwerb lebensnotwendiger Dinge und so fort. Der berühmte Ka-dam-pa-Meister Ge-she Che-ka-wa sagte einst: »Ein Mensch, der das Alter von sechzig Jahren erreicht, dürfte – nach Abzug aller mit Schlafen, Essen und ähnlichen ablenkenden Tätigkeiten verbrachten Zeit – nur fünf Jahre für seinen geistigen Weg zur Verfügung haben. Und auch von dieser Spanne wird er noch viel verlieren durch fehlerhaftes Üben.« So ist die Lage beschaffen, in der wir uns befinden. Unverzüglich sollten wir uns daher dem geistigen Streben zuwenden. Im *Brief an König Kanika*[21] finden wir die Mahnung:

Der Herr des Todes kennt kein Erbarmen,
Ohne Unterschied rafft er jeden dahin.
Wachsam sind daher die Weisen,
Solange ihnen noch Zeit verbleibt.

Wenn wir eine Reise in ein fremdes Land zu tun gedenken, treffen wir vorher ein paar unerläßliche Vorbereitungen. Da es unabänderlich ist, daß wir die Reise in das Land des Todes antreten müssen, sollten wir uns durch Studieren, Betrachten und Meditieren auf diese Reise vorbereiten. Wir sollten eine feste Entschlossenheit entwickeln, uns unbeirrbar dem geistigen Weg zu widmen und uns jene Charakter-Eigenschaften anzuerziehen, aus denen uns die Kraft erwächst, dem Tod in Ruhe entgegenzusehen.

Dies sind die drei Gedankengänge, die in Verbindung mit dem ersten Punkt, der Unausweichlichkeit des Todes, zu betrachten sind. Das zweite Thema, die Unsicherheit hinsichtlich des Todes-Zeitpunktes, ist ebenfalls mit drei Überlegungen verbunden.

(1) Auf unserem Planeten gibt es keine festgesetzte Lebensdauer. Einer Legende nach soll das Leben auf dem mythischen Planeten Dra-min-nyen 1000 Jahre währen, doch uns hier auf dieser Erde ist keine feste Lebensspanne vorausbestimmt.

In Vasubhandus *Enzyklopädie der buddhistischen Metaphysik*[22] findet sich die Feststellung: »Die Dauer des menschlichen Lebens ist nicht festgelegt. Am Ende eines Äons hat es eine durchschnittliche Länge von zehn Jahren, an seinem Beginn jedoch währt es Tausende von Jahren.«

Es ist nicht von Belang, ob wir jung oder alt oder mittleren Alters sind. Jederzeit können wir sterben. Der *Tibetische Dharmapada*[23] sagt dazu:

> Viele Menschen, die am Morgen noch leben,
> Werden am Abend nicht mehr unter den Lebenden sein.
> Und Menschen, die am Abend noch leben,
> Sehen den nächsten Morgen nicht mehr.
>
> Jungen und Mädchen ereilt der Tod,
> Und auch den Jüngling rafft er dahin.
> Wie mag sich da Jugend vermessen zu sagen,
> Noch gar ferne sei ihr der Tod?
>
> Im Schoße der Mutter schon sterben manche,
> Andere, kaum daß sie geboren wurden.

Kleine Kinder schon müssen sterben,
Andere im jugendlichen Alter.

Manche sterben, gesegnet an Jahren,
Andere in der Blüte des Lebens.
Niemand ist, den der Tod verschont,
Er kommt, wenn die Stunde ihm günstig erscheint.

Zu jeder Zeit kann der Tod einen anderen Menschen treffen, und auch wir selbst sind allezeit von einem unerwarteten Tode bedroht.
(2) Viele Ursachen können zum Tode führen, gering nur ist die Zahl der lebenserhaltenden Kräfte. Im *Kostbaren Gebetskranz* lesen wir:[24]

Vielerlei Umstände führen zum Tode,
Schwach nur sind die Kräfte des Lebens.
Und auch diese können den Tod bewirken.
Beharrlich seid daher im Üben des Dharma.

Es gibt eine Unzahl von Todesursachen, wie Krankheiten, Unfälle, bösartige Menschen oder wilde Tiere. Die Bedrohung durch den Tod ist allgegenwärtig, ja selbst die lebenserhaltenden Dinge – Nahrung, Behausung, Eigentum etc. – können zu Ursachen unseres Todes werden. Speisen können vergiftet sein, unser Haus kann einstürzen, und dergleichen mehr kann geschehen. Wir können zu Tode kommen, während wir gerade mit dem Erwerb lebensnotwendiger Dinge beschäftigt sind, oder wir können unser Leben verlieren bei dem Versuch, unser Hab und Gut zu schützen. Kurzum, es verhält sich so, wie es im *Kostbaren Gebetskranz* gesagt ist:

Niemals weicht von uns der Schatten des Todes.
Windlichtern gleichen wir,
Hinausgestellt in einen gewaltigen Sturm.

(3) Unser Körper ist wahrlich sehr gebrechlich. In dem *Brief an einen Freund* schreibt Nagarjuna:[25]

> Erde, Gebirge und Meere
> Wird die Glut von Sieben Sonnen versengen,
> Und nicht die winzigste Spur wird bleiben von ihnen.
> Der zerbrechliche Körper des Menschen –
> Wie sollte er dauern?

Selbst das, was in der äußeren Welt so solide erscheint, hat keinen Bestand. Von flüchtiger Dauer nur ist alles, was lebt. Eine fast unmerkliche Veränderung in unserer äußeren Umgebung oder in unserem Körperinnern kann jederzeit zum Tod führen.

Allein der Entschluß, nach dem Dharma zu leben, reicht noch nicht aus. Da der Zeitpunkt des Todes nicht vorherbestimmbar ist, müssen wir entschlossen sein, dies auch in einer lauteren Gesinnung zu tun, dürfen es nicht aufschieben und nicht mit weltlichen Belangen vermengen.

Der *Brief an König Kanika* bemerkt hierzu:[26]

> Der Herr des Todes kennt kein Zaudern,
> Unerwartet und jäh trifft dich sein Schlag.
> Sag daher nicht: Ich werde morgen dem Dharma mich widmen.
> Heute noch gib ganz dich der Heiligen Lehre hin.

Das dritte Thema, das es zu betrachten gilt, hat damit zu tun, daß einzig und allein ein geschulter Geist im Augenblick des Todes noch von Wert ist. Auch hier sind drei Argumente zu bedenken: (1) Mögen wir auch von einer Vielzahl wohlmeinender Freunde umgeben sein, keiner von ihnen wird uns nach dem Tode begleiten können. (2) Unser Reichtum und Besitz mag an Größe dem Berge Meru gleichkommen – doch kein bißchen davon werden wir mit uns nehmen können. Nackt und allein werden wir das Jenseits betreten. (3) Und auch unseren Körper, den wir von Geburt an als zu uns gehörig geliebt und gehegt haben, werden wir zurücklassen müssen. Alles wird enden, und nur der Strom unseres Bewußtseins wird weiterfließen – mit seinen positiven und negativen Einprägungen, mit allen Keimen, die wir im Laufe unseres Lebens entwickelt haben. Wenn man dann einsehen muß, man hat wegen seines Anhaftens an Freunde und Verwandte, an Besitz und an den eigenen Körper sein Leben sinnlos vertan – nur lastendes negatives Karma auf sich geladen –, dann wird man von Reue geschüttelt, ganz wie ein Mensch, der plötzlich gewahr wird, daß er Gift in tödlicher Dosierung genossen hat und ihm keine Zeit mehr bleibt, ein Gegengift anzuwenden.

Man sollte daher den festen Entschluß fassen, sich künftig nie mehr dem irreleitenden Einfluß der acht weltlichen Belange – Vergnügen und Schmerz, Ruhm und Bedeutungslosigkeit etwa – auszusetzen, sollte es auch das eigene Leben kosten. Sei unerschütterlich in deinem Entschluß, von nun an die weltlichen Belange so zu meiden, wie du auch einem Schmutzhaufen ausweichen würdest.

In dem *Brief an König Kanika* lesen wir hierzu:[27]

> Nichts nehmen wir mit hinüber
> Außer den positiven und negativen karmischen Keimen.
> Niemand wird uns begleiten.
> Sammle daher die Schätze geistigen Wissens,
> Eh' es zu spät ist.

Die frühen Ka-dam-Meister stellten stets fünf einleitende Meditationen an: über die Kostbarkeit und Seltenheit, als Mensch zu leben; über Tod und Vergänglichkeit; über die karmischen Gesetze von Ursache und Wirkung; über die allgemeinen und speziellen Nachteile unerleuchteten Daseins; über das Wesen der Zufluchtnahme und des geistigen Weges und darüber, wie diese beiden zu erreichen sind. Die einleitenden Meditationen sind von großer Wichtigkeit, da man durch sie zum geeigneten Gefäß für die höheren Methoden wird.

Manche Menschen kümmern sich wenig um diese vorbereitenden Übungen, während sie die Methoden der höheren Ebenen in tiefer Ehrfurcht bestaunen. Zwar ist Gold grundsätzlich wertvoller als Wasser, doch für einen Menschen, der dem Verdursten nahe ist,

ist Wasser etwas sehr viel Kostbareres. Dann erst, wenn er seinen Durst gestillt hat und das Leben sich wieder in ihm zu regen beginnt, dann erst vermag Gold sein Interesse zu wecken. Wir, die wir erst am Anfang unserer geistigen Entwicklung stehen und zahllose Leben unter dem Einfluß der drei psychischen Gifte gestanden haben, sollten zunächst darauf bedacht sein, unserem Weg ein festes Fundament zu verschaffen, solange der schüttere Faden unseres Lebens nicht gerissen ist. Bevor nicht eine verläßliche Basis vorhanden ist, sollte man sich alle höheren Methoden, wie zum Beispiel den tantrischen Weg, aus dem Sinn schlagen, da wir mit unseren derzeitigen Fähigkeiten ihnen gar nicht gewachsen sind. Sind wir uns des Bodens unter unseren Füßen erst einmal sicher, dann werden für uns auch die Lehren der Sutras und Tantras bedeutsam. Am Anfang ist es jedoch wichtiger, von einem erfahrenen Meditations-Lehrer direkte Anweisungen für die vorbereitenden Übungen zu empfangen und mit diesen hinreichend vertraut zu werden, um so zu einer ersten inneren Erfahrung zu kommen. Wir sollten ernsthaft bemüht sein, die subtilen Ebenen der Basisübungen zu ergründen. Danach erst besitzen wir das nötige Maß an Reife und Wissen, um mit den Übungen der höheren Ebenen beginnen zu können.

In den *Sieben Punkten zur Schulung des Geistes* wird gesagt:[28]

> Zunächst ist Beherrschung der Präliminarien geboten:
> Dann erst dürfen die Geheimlehren vermittelt werden.

Zu Beginn sollte man mit der methodischen Seite des Weges vertraut werden, der Meditation über den Tod und der Erweckung des Bodhi-Geistes in seiner konventionellen Form von Liebe und Mitgefühl sowie dem Streben nach höchster Erleuchtung, als dem wirksamsten Mittel, der Welt im Guten zu dienen. Dadurch wird man bereitet, die Weisheits-Lehren zu empfangen über die Natur des Selbst, des Bewußtseins und der Erscheinungen. Man muß auf festem Grund stehen, bevor man die höheren Pfade betritt; sonst ist aller Fortschritt nur scheinbar und äußerlich.

Wir sollten uns Ge-she Che-kha-wa zum Vorbild nehmen, den Bodhisattva, der die *Sieben Punkte zur Schulung des Geistes* niederschrieb. Obwohl berühmt für sein ungeheures Wissen in den Sutras und Tantras, gab er sich damit nicht zufrieden; es verlangte ihn, zum innersten Kern der geistigen Praxis vorzudringen; dazu bediente er sich einer der klassischen mündlichen Überlieferungen zur Entwicklung des Bodhi-Geistes. Als er einmal bei Ge-she Chak-zhing-pa zu Besuch war, fiel sein Blick auf einige Zeilen aus dem Gedicht *Acht Verse zur Schulung des Geistes*[29], das einer mündlichen Mahayana-Überlieferung entstammt. Zutiefst beeindruckt fragte er nach dem Autor des Textes, und als er vernahm, es sei der weithin bekannte Lang-tang-pa, machte er sich sogleich auf, den großen Meister zu finden.

Bei seiner Ankunft in Lhasa hörte er, daß Lang-tang-pa inzwischen verstorben war. Doch erfuhr er auch, daß zwei seiner bedeutendsten Schüler noch in der Gegend lebten. So machte sich Ge-she Che-kha-wa auf die Suche nach Ge-she Sha-ra-wa, dem älteren der beiden Schüler. Als er bei Sha-ra-wa eintraf, hielt dieser gerade einen Vortrag über Asangas *Stufen des Sravaka-Pfades*[30], einen im Hinayana häufig benutzten Text. Che-kha-wa lauschte dem weiteren Verlauf der Rede, in der jedoch mit keinem Wort jenes Werk der mündlichen Mahayana-Überlieferung erwähnt wurde, das so große Wirkung auf ihn ausgeübt hatte. Er ließ sich daher nahe der Stupa nieder, und als Ge-she Che-ra-wa nach der Rede unter seinen Zuhörern umherging, bat Ge-she Che-kha-wa den Meister, sich doch zu ihm zu setzen und mit ihm zu reden. Das folgende Gespräch machte tiefen Eindruck auf Che-kha-wa; er erhob sich, warf sich dreimal vor dem Meister zu Boden und bat ihn, sein Schüler werden zu dürfen. Zwölf Jahre lang lernte Che-kha-wa hierauf unter der Anleitung von Sha-ra-wa, er vertiefte sich in die Sechs Doktrinen der Ka-dam-Tradition und erlangte Vollkommenheit auf verschiedenen Stufen der meditativen Verwirklichung. Ja, die beiden Hauptwurzeln des Leidens – Eigensucht und Glaube an ein falsches Selbst – vermochte er mit Stumpf und Stiel aus seinem Inneren zu entfernen. Unter den 3000 Schülern des Ge-she Sha-ra-wa wurde Che-kha-wa zum ersten Hüter des geistigen Vermächtnisses seines Lehrers. Er gilt heute als einer der am meisten verehrten Lehrer seiner Generation. Wir sollten uns die großen Übenden aus vergangener Zeit zum

Vorbild nehmen, Meister wie Sha-ra-wa und Che-kha-wa, und gleich ihnen sollten wir danach trachten, zu allererst in uns den Bodhi-Geist zu erwecken. Bewundernd schauen wir auf zu den heiligen Bodhisattvas – doch um selbst ein Bodhisattva zu werden, brauchen wir bloß den Entschluß zu fassen, den Bodhi-Geist in uns zu pflegen und mit den entsprechenden Übungen zu beginnen: den sechs Vollendungen von Großzügigkeit, Disziplin, Geduld, Eifer, Meditation und Weisheit. Auf solche Art werden wir zu einem Bodhisattva, zu einem Schüler des Mahayana.

Viele Wege führen zu der geistigen Haltung eines Bodhisattva, Grundlage bleibt jedoch stets die Erweckung von Liebe und Mitgefühl. In einem seiner früheren Leben, noch auf dem Pfade eines Bodhisattva, wanderte Buddha einst mit einigen seiner Schüler durch den Dschungel, als sie auf eine Tigermutter mit neugeborenen Jungen stießen. Die Tigerin war von Hunger und Durst derart geschwächt, daß sie sich kaum noch zu bewegen vermochte, und war nahe daran, ihren eigenen Nachwuchs zu verschlingen. Im Bewußtsein, welch schlimme karmische Auswirkungen es hat, wenn man die eigenen Kinder tötet, schickte Buddha seine Schüler fort und bot der Tigerin seinen eigenen Körper zur Nahrung dar. So rettete er das Leben der Mutter und der Jungen. Dies ist ein Beispiel dafür, wie Buddhas Handeln in einem früheren Leben, noch ehe er die Erleuchtung erlangt hatte, von Liebe, Mitgefühl und dem Bodhi-Geist bestimmt war. Er fühlte zu jener Zeit sein Lebensende nahen und sah in der Tigerin das Zeichen, daß der Augenblick für ein sinnvolles Sterben gekommen war. So sehr den Idealen von Liebe und Mitgefühl verpflichtet, konnte er es nicht dulden, daß die Tigerin und ihre Jungen starben; und da es keine andere Möglichkeit zu ihrer Rettung gab, opferte er seinen eigenen Körper.

Wir, die wir als Menschen geboren sind, denen die Aussicht geistiger Vervollkommnung offensteht, sollten es dem Steuermann gleichtun, der sein Schiff Kurs nehmen läßt zu der sagenumwobenen Insel, die von magischen, alle Wünsche erfüllenden Juwelen übersät ist. Statt ständig unabsehbare Mengen negativen Karmas anzuhäufen, indem wir den Fischlein im samsarischen Ozean hinterherjagen, sollten wir unverzüglich mit frischer Kraft darangehen, das heilige Dharma zu erlernen und es zu leben, um so zur Juwelen-Insel der Erleuchtung zu gelangen.

Khe-drub Cho-je schrieb einst:[31]

> Bekümmre dich nicht mehr um Haus und Besitz,
> Entschlossen betritt den geistigen Pfad.
> Tust du dies nicht,
> So wird dich das Treiben der Menge verwirren
> Und ein Narr wirst du werden,
> Der sinnlos verspielt
> Den höchsten Wert menschlichen Lebens.

Das Gefangensein im Samsara (Kreislauf der Existenzen) bringt im normalen Leben alle möglichen Formen von Enttäuschung und Verdruß hervor. Haben wir dies eingesehen, dann sollten wir unser einzig auf weltliche Dinge gerichtetes Streben überwinden und uns geistigen Zielen zuwenden. Als Buddhisten sollten wir uns vor Augen führen, in welcher Weise Buddha die Formung seines Geistes vollzog, um dann seinem Beispiel zu folgen.

Viele von uns bezeichnen sich selbst als Buddhisten, doch uns der Disziplin zu unterwerfen, die der buddhistische Weg verlangt, fällt uns schwer. Sehr viel angenehmer finden wir es, mit Freunden zusammenzusitzen und zu plaudern oder in der Stadt herumzuwandern. Doch jeder Augenblick unseres Lebens ist kostbar, und wenn wir uns angewöhnen, Zeit nutzlos zu vertun, weil uns die acht weltlichen Belange allzusehr am Herzen liegen, dann wird sehr rasch daraus ein Verhaltensmuster entstehen, das jedes geistige Fortschreiten unmöglich macht. Wir werden zu Narren, die all ihre Kraft an närrische Dinge vertun und sich dementsprechend auch nur närrische Dinge einhandeln.

Wir müssen bei unserem Streben ehrlich sein mit uns selbst. Im Augenblick unseres Todes wird es uns nicht gelingen, den wahren Stand unserer geistigen Entwicklung zu verbergen. Wenn wir nicht wenigstens einen geistigen Funken aus unserem Leben mitnehmen können, werden wir sein wie einer, der sich auf eine lange Reise begibt, ohne daß ihm auch nur der kleinste Lichtstrahl die Richtung wiese. Ist in einem solchen Fall eine andere Bestimmung denkbar als eine niedrige Wiedergeburt? Unzählige Male werden wir dann die unteren Daseins-Bereiche erneut durchwandern müssen – den der Höllenwesen, der Geister und der verschiedenen Tiere. Lange Zeit wird vergehen, bevor wir wieder als Menschen geboren werden können, wenn wir dieses Leben in sinnlosem und schädlichem Tun vergeuden. Im Tod wird einem jeden überdeutlich bewußt, wie er sein Leben verbracht hat, und dies ist von großer Bedeutung für seine Entwicklung nach dem Tode. Von dieser wiederum hängt in hohem Maße die Art unserer Wiedergeburt ab. Wir sollten daher unserem Leben einen Sinn geben und nicht wie Geistesgestörte, die sich selbst und anderen nichts als Scherereien machen, herumlaufen.

Der Sangha (dritte der Drei Kostbarkeiten, die buddhistische Gemeinde), dessen Mitglieder ihr Leben vollständig dem Studium und den Übungen der Drei Literatur-Kategorien und der beiden Ebenen des Tantra widmen, nimmt unter den Menschen, die dem buddhistischen Pfad folgen, einen besonderen Platz ein. Er ist von höchstem Wert für die buddhistische Lehre, ist deren lebenspendende Kraft und ihr Träger – so, wie die lebenserhaltende Energie des Körpers für das menschliche Leben von größerer Bedeutung ist als andere, sekundäre Energien. Ob die Lehren gedeihen oder welken, ist zum großen Teil abhängig von der lauteren Gesinnung der Mönche. Wohl weiß ich, daß sich in unserem Kreise viele befinden, die sich als Lehrer, Äbte, Lama-Inkarnationen usw. bezeichnen – sich jedoch nicht so sehr von Mitgefühl und Weisheit bewegen lassen, sondern weit mehr von Ruhm, Geschenken, Ansehen und ähnlichem. Sich um die inneren Werte wie Disziplin, Lerneifer und intuitive Einsicht nicht zu bemühen, während man vorgibt, geistige Vollendung erreicht zu haben, führt allein dazu, das eigene Glück im jetzigen und im späteren Leben zu verwirken.

Auch gibt es unter uns solche, die – genau wie ich – in der stolzen Haltung eines Lehrenden dasitzen und das heilige Dharma verkünden, wo ihnen doch jegliche Eignung dafür abzusprechen ist; sie sind wie Schakale, die als Löwen daherkommen. Doch im Angesicht des Todes wird es schwerfallen, sich als Heiliger darzustellen, nur weil es einem gelungen ist, ein paar Leute hinters Licht zu führen.

Als erstes muß man das eigene Leben in Ordnung bringen; dann erst darf man daran denken, anderen Belehrung zu geben. Anderen das Dharma verkünden zu wollen, während man selbst noch nicht die drei psychischen Gifte in ihren groben Formen – das Anhaften, die Gewalttätigkeit und die Unwissenheit – gemeistert hat: das hieße vor tauben Ohren predigen. Zuallererst müssen wir selbst eine geistige Erfahrung gemacht haben. Sind uns erst einige elementare Einsichten in die Lehre geworden durch Lernen, Betrachten und Versenken, dann haben wir die besten Voraussetzungen, auch anderen Menschen die Lehren zu vermitteln. Wir sollten uns die Lebensbeschreibungen der großen Meister aus vergangenen Zeiten anschauen und uns an ihrem Vorbild ausrichten, bevor wir daran denken dürfen, das Dharma anderen Menschen zu verkünden.

Um das Dharma in rechter Weise üben zu können, müssen wir die verschiedenen Punkte und Stadien des Weges kennen. Wir müssen wissen, welche Eigenschaften wir fördern sollten und welcher wir uns zu entäußern haben. Sodann müssen wir die Verpflichtung eingehen, den Weg bis zur Vollendung abzuschreiten. Jeder Fortschritt ist ganz allein von unserem eigenen Bemühen abhängig. Andere können uns leiten, sie können uns aber nicht zur Erleuchtung tragen. Wir selbst müssen die Lehren erfassen, müssen sie unserem täglichen Tun einverleiben und damit ihren Sinn in unserem Leben verwirklichen. Dann erst sind wir berechtigt, über das Dharma zu sprechen. Wir sollten das Leben der Meister unserer Tradition ständig im Blick behalten, zum Beispiel das Leben von Tsong Khapa, dem Gründer des Gelb-Mützen-Ordens. Zunächst studierte er die verschiedenen Überlieferungen bei den hervorragendsten tibetischen Meistern seiner Zeit. Kein sektiererisches Vorurteil engte seine Studien der Sutra- und Tantra-Lehren des Buddha ein. Später dann, nachdem er zu einem gründlichen Verständnis der Lehren durchgedrungen war, zog er sich in die Berge zurück und begann mit intensiven Meditationen, die ihn schließlich zur Erleuchtung führten. Danach erst fing er zu lehren an und begründete die ruhmreiche Ganden-Tradition, den Gelb-Mützen-Orden, der alle Aspekte der Lehren des Buddha einbegreift und einen Weg weist, auf dem man in einer einzigen

Meditations-Sitzung mit sämtlichen Aspekten vertraut werden und innerhalb einer einzigen Lebensspanne zur Erleuchtung gelangen kann. Tsong Khapas Wirken hatte großen Einfluß auf alle tibetischen Orden und Sekten, und bald schon erlebte das Dharma im Land des Schnees eine Blüte, wie sie Indien zu Lebzeiten des Buddha erfahren hatte.

Während all der Jahre des Lernens und Übens hatte es sich Tsong Khapa zum Grundsatz gemacht, die speziellen Anweisungen und Vorschriften der jeweiligen methodischen Ebene genau einzuhalten. Wir, die wir behaupten, in seiner Tradition zu stehen, sollten ihm auch darin folgen. Wie Kinder sich bemühen sollen, ihren Eltern Ehre zu machen, um dereinst die mit einer Position verbundene Verantwortung tragen zu können – sollten auch wir bestrebt sein, es den großen Meistern aus vergangenen Tagen nachzutun. Unsere Lebensweise sollte sich daran ausrichten, wie sie gelebt haben. Dann werden wir den gleichen Grad der Vollendung erreichen.

Auf welcher Stufe unserer Praxis wir uns auch befinden – immer werden wir die geforderten Anweisungen einzuhalten suchen. Zumindest sollten wir bemüht sein, die zehn Formen negativen Handelns zu unterlassen, wie Töten, Stehlen usw. Es heißt, die nur einen einzigen Tag lang durchgehaltene Disziplin sei mehr wert als eine lebenslang geübte Großzügigkeit, der es an Disziplin mangelt. Der Unterschied sei so groß wie zwischen der Wassermenge in einer Hufspur und der eines ganzen Sees. Denn eine Praxis ohne Disziplin kann niemals vollkommen sein.

Der indische Meister Vasubandhu schrieb einst:[32]

> Vergleicht man das Verdienst,
> Das dem Üben der Disziplin entspringt,
> Mit jenem durch Großzügigkeit bewirkten:
> Wie das Wasser in einem See ist die Menge des ersten,
> Wie Wasser in einer Hufspur nur die des zweiten.

Großzügiges Handeln ist etwas Positives, es ist nützlich und für jeden, der den Weg eines Bodhisattva geht, unbedingt erforderlich; doch ohne die Haltung der Disziplin sind solche Handlungen

nur Mittel, mit denen man andere zu seinen Gunsten stimmt –
einen geistigen Wert haben sie nicht. Ein Bodhisattva übt sich in
den sechs Vollkommenheiten – Großzügigkeit, Geduld, kraftvolle
Ausdauer, konzentrierte Gedankenübung und Weisheit–, doch
sie alle bedingen sich wechselseitig, und Disziplin ist die Voraussetzung für ein Fortschreiten in den anderen fünf.

Ob wir den Weg des Mahayana oder den des Hinayana gehen, ist
nicht von Belang. Beide verlangen Disziplin. Im Hinayana bildet
die dreifache Anwendung von Disziplin, konzentrierter
Gedankenübung und Weisheit (oder Erkenntnis) die Grundlage.
Ohne Disziplin gibt es kein Vorwärtskommen auf den zwei
höheren Ebenen der Meditation und der Weisheit. Das gleiche gilt
auch im Mahayana, dessen Quintessenz der Weg der sechs Vollkommenheiten ist. Doch ohne die Basis der Selbst-Disziplin sind
das alles nur leere Worte.

Ist unsere Selbst-Disziplin straff, dann werden uns die Kräfte des
Guten zu Hilfe kommen, und sie werden dafür sorgen, daß wir
stets mit allem Lebensnotwendigen ausreichend versehen sind:
Nahrung, Kleidung und ein Dach. Es wird so sein, wie es der
große Yogi Ga-rak Gom-chung einmal ausgedrückt hat:[33]

> Niemals noch ward mir Kunde von einem,
> Der dem betrachtenden Leben ergeben war,
> Er sei gestorben an Hunger, Kälte oder Durst,
> Selbst dann noch, wenn er nichts dazu tat,
> Speisen und Kleider für sich zu beschaffen.
> Bleibt man droben auf seinem Berg,
> Wandert nicht, der Speise wegen, zu Tal,
> Dann wird die Speise alleine den Weg finden
> Bergaufwärts zur Höhle, zu dem, der nachsinnt.

Fundament aller Praxis sollte also die Selbst-Disziplin sein. Haben
wir uns mit ihr erst eine Basis geschaffen, können wir uns den
verschiedenen Ebenen des Studierens, Betrachtens und Sich-Ver-
senkens zuwenden, bis uns eine deutliche innere Erfahrung zuteil
wird und wir uns Gewißheit verschafft haben über den tiefen
Gehalt der Lehren. Sei stetig in deinem Üben wie ein strömender

Fluß; trachte danach, die Früchte der Vollendung zu ernten, und verwirkliche eine höhere Stufe des Daseins. Träge herumzusitzen und über Praxis nur zu reden, ist keine sehr wirksame Methode, den Anfang des Weges zu finden.

Der große Vasubandhu schrieb einst:[34]

> Ohne Kenntnis und Anwendung der Lehren
> nehmen die Verblendungen niemals ein Ende.
> Und wer nicht ledig wird seiner Verblendungen,
> Muß fortsetzen die elende Wanderung in Samsara.
> Der Buddha gab uns das Heilige Dharma,
> Als ein Mittel, das aller Verblendung entgegenwirkt.

Um den eigenen Daseins-Strom meistern und die rauhen Seiten unserer Natur glätten zu lernen, bedarf es der ständigen Achtsamkeit auf alle Äußerungen des Körpers, der Rede und des Geistes. Ohne Wachsamkeit und Selbstbeobachtung kann man den Weg nicht gehen. Immer sei dir deiner Gedanken, Worte und Handlungen bewußt und prüfe sie nach ihrem Inhalt und ihrer Herkunft. Die großen Ka-dam-Meister der Meditation richteten sich nach dem folgenden Wort:

> Bist du alleine,
> So gib acht auf deine Gedanken.
> Bist du in Gesellschaft,
> So gib acht auf deine Worte.

Manche Menschen sind der Ansicht, man müsse Mönch oder Nonne werden, um das Dharma in der angemessenen Weise zu üben. Das stimmt nicht. Was für das Üben des Dharma wirklich vonnöten ist, sind Achtsamkeit auf alles und Kontrolle über all das, was wir mit Körper, Rede und Geist bewirken. Ob wir dabei ein Mönchsgewand tragen oder nicht, ist nicht ausschlaggebend; das ist mehr eine Frage der äußerlichen Lebensweise, die einer bevorzugt. Worauf es ankommt, ist, sich des Fließens unseres Lebens bewußt zu sein und der Kräfte, die uns lenken und handeln lassen, inne zu werden. Wir müssen die Erfahrungen, die wir im

Leben machen, dazu nutzen, unsere positiven Eigenschaften herausarbeiten.

Gyal-wa Nga-wang Lo-zang Gya-tso, der Fünfte Dalai Lama, schrieb einmal:[35]

> Es mag vielleicht so scheinen,
> Als hätten Menschen, die einer öffentlichen Arbeit nachgehen,
> Keinerlei Gelegenheit, das Dharma zu üben.
> Das trifft durchaus nicht zu.
> Bewahrt man stets die Haltung der Achtsamkeit,
> Wird jede Arbeit zu einer geistigen Handlung,
> Ganz so, als bereite man Essen mit einem Zauberwasser,
> Welches in Gold verwandelt die Speise.

Diese Worte zeigen uns, daß die richtige Art, das Dharma zu üben, nicht abhängt davon, ob wir Mönche sind oder nicht, einen hohen Rang bekleiden oder einen niedrigen, ob wir reich sind oder arm. Vielfach wird uns von Menschen berichtet, die Vollkommenheit erlangt haben, ohne einem Mönchsorden angehört zu haben. Könige waren darunter, Minister – doch auch Menschen gewöhnlichen Standes. Wer in der rechten Weise übt, wird seinen Geist zur Entfaltung bringen.

Im Augenblick des Todes ist die Frage, ob einer ein Mönch war oder ein Laie, vollkommen belanglos. Entscheidend ist allein der Bewußtseinszustand. Sind wir in diesem Moment voller Klarheit, Selbstbeherrschung, Liebe, Weisheit usw., dann haben wir nicht umsonst gelebt. Ist unser Geist jedoch voll von Verwirrung, Anhaftung, Hilflosigkeit, Furcht, Abneigung und dunklen Trieben, dann ist dies ein Zeichen, daß wir unser Leben sinnlos vertan haben. Wer in einem Zustand geistiger Verkümmerung und Unwissenheit stirbt, einerlei, ob er nun hohen oder niedrigen Ranges sei, der wird in die unteren Daseins-Bereiche absinken. Hat man durch böse Taten und üble Neigungen das eigene Bewußtsein verderben lassen, wird man hilflos hinweggefegt.

Jeder Augenblick unseres Lebens stellt uns vor eine Wahl. Zum einen steht es uns frei, Zeit zu vergeuden oder – was schlimmer ist

– negative Taten zu begehen. Andererseits haben wir immer die Möglichkeit, geistig an uns zu arbeiten. Ich, zum Beispiel, der ich den Namen des Dreizehnten Dalai Lama trage, könnte ohne weiteres ein untätiges und undiszipliniertes Leben führen. Als religiöses und weltliches Oberhaupt meines Landes könnte ich es mir gut leisten, müßig herumzusitzen und darüber nachzudenken, wie ich mich am besten vergnüge. Ich bin jedoch der Auffassung, daß ich durch mein Tun den Menschen auf dem Weg des Buddhismus behilflich sein kann; auch glaube ich, meinem Land einen Dienst zu erweisen, indem ich ein bestimmtes Maß an sozialer Verantwortung übernehme. Ich bemühe mich nach Kräften, in diesem Sinne zu handeln, und es ist meine Hoffnung, wenigstens so viel auszurichten, daß die frühen Dalai Lamas nicht mit allzu großer Verachtung auf mich herabsehen müssen.

Das menschliche Leben ist von hohem Wert; wir, die wir uns seiner erfreuen, sollten uns abkehren von den acht weltlichen Belangen und geistige Ziele zu unserem wichtigsten Anliegen machen. Wenn uns ein geistiger Meister begegnet und wir von ihm Anleitung erfahren, dann müssen wir alles daransetzen, unseren Geist in der rechten Art und Weise zu schulen.

Alle Lebewesen tragen in ihrem Bewußtseins-Strom den Keim der Erleuchtung. Im *Sutra des Edlen Weisheits-Kriegers* heißt es:[36]

> In deinem eigenen Geist liegt die Quelle,
> Der alle Weisheit entspringt.
> Halte nicht Ausschau nach Buddha
> An irgendeiner anderen Stätte.

Ständig tragen wir das Samenkorn vollkommener Erleuchtung in uns. Bringen wir es durch die Kräfte eines schöpferischen Lebens zum Keimen und begießen es dann mit den erfrischenden Wassern von Streben, Betrachten und Sich-Versenken, so werden es die Gesetze von Ursache und Wirkung zur Entfaltung bringen und ihm zur Blüte verhelfen. Wer sich mit äußerster Anspannung und unter Einsatz seines ganzen Könnens bemüht, kann in einem einzigen Leben die vollkommene Erleuchtung erringen. Einer, der in seinem Üben gemächlicher voranschreitet, wird in den nachfolgenden Leben erfahren, wie seine Praxis sich mehr und mehr vervollkommnet, bis er schließlich alle hervorragenden Eigenschaften voll entwickelt hat und zur Erleuchtung gelangt.

Wie ich bereits erwähnt habe, ist es im Mahayana das oberste Bestreben, den Bodhi-Geist in sich selbst zu erwecken. Wir sollten daher vor jede Handlung den Gedanken stellen: »Möge mein Handeln allen lebendigen Wesen Segen und Licht bringen.« Dadurch wird alles, was wir tun, zur Handlung eines Bodhisattva. Während wir die Handlung ausführen, sollten wir meditieren über die Geisteshaltung eines Erleuchteten sowie über die Leerheit, welche das Wesen der drei Kreise ausmacht: Handelnder, Handlung und Gegenstand der Handlung. Ist die Handlung beendet, bedenken wir den Leitsatz des Bodhisattva: »Möge diese Tat der ganzen Welt Glück und Erleuchtung schenken und ihr zu einem höheren Dasein verhelfen.«

Lama Tsong Khapa schrieb hierzu:[37]

> Der auf andere gerichtete Geist eines Bodhisattva
> Ist die allerhöchste Methode,
> Läßt er doch alle vortrefflichen Eigenschaften
> Zu Ursachen der Erleuchtung werden.
> Die drei Kreise des Handelns als leer zu erkennen –
> Das heißt, des Weges Inbegriff zu erfassen.
> Laß daher Anfang, Mitte und Ende
> Einer jeden Handlung, die du vollbringst,
> Getragen sein von dem mitfühlenden Streben,
> Das den Bodhisattva auszeichnet in all seinem Tun.
> Einhergehen laß damit das Schauen der Leerheit,
> Die frei ist von allem Greifen
> Nach dem Seienden und dem Nicht-Seienden.

Die von Liebe und Mitgefühl bestimmte Haltung eines Bodhisattva, dessen Streben nach Erleuchtung der ganzen Welt zugute kommen soll, sollten wir uns stets zu eigen machen. Wollen wir jedoch zur höchsten Erleuchtung gelangen, dann müssen wir uns auch im Schauen der Leerheit üben und erkennen, daß alle Dinge nicht aus sich selbst heraus existieren. Diese beiden Aspekte der

Lehren Buddhas gehören stets zusammen; sie sollten energisch und mit Sorgfalt eingeübt werden, ohne einen Augenblick zu vergeuden – mit der Stetigkeit eines Flusses.

In meiner Rede habe ich über eine Vielzahl buddhistischer Themen gesprochen, wenn auch in erster Linie über das Bewußtsein der Sterblichkeit und seinen Zusammenhang mit der Praxis eines Bodhisattva. Ich hoffe zutiefst, daß meine Worte einigen von euch zum Anlaß werden, sich mit ganzer Kraft diese Praxis zu eigen zu machen – stets eingedenk der Möglichkeit, daß der Herr des Todes jederzeit bei uns anklopfen kann, um uns die goldenen Chancen unserer seltenen Inkarnation als Mensch zu entreißen. Jetzt, da wir den Juwel des Mensch-Seins in Händen halten, sollten wir uns seine höchste Kraft zunutze machen und die vollkommene Erleuchtung erlangen. Jedes Aufschieben führt zu neuem Aufschieben, und wenn der Tod kommt, stehen wir da mit leeren Händen. Wenn wir die Gelegenheit ergreifen, die sich uns heute bietet, kann uns der tiefste Sinn des Lebens offenbar werden.

Woher nehme ich mir das Recht, über so ernste Dinge zu sprechen, wo es doch so viele große Philosophen, Denker und geistige Meister gibt? Wie darf ich es wagen, meine persönlichen Ansichten zu einem derartigen Thema zu äußern?

Es mag wohl zutreffen, daß ich kein sehr außergewöhnlicher Mensch bin. Dennoch – ich habe mich vielen großen Meistern unterworfen, und der Staub von ihren Füßen liegt auf meiner Stirn; und sollte ich selbst auch nur wenig erreicht haben, so war doch jeder von ihnen ein vollendeter Buddha, und einige der grundlegenden Anweisungen, die ich von ihnen erhielt, schienen es mir wert, an euch weitergegeben zu werden. Was mich bewegt hat, ist allein der Wunsch, aus ihren Lehren das vorzutragen, was mir selbst am meisten förderlich gewesen ist. Wenn ihr der Ansicht seid, irgendetwas davon könne segensreich sein für euch, so laßt dies in euer Herz und in euer Leben dringen.

Nachbemerkung: Dies sind Auszüge aus einer Rede, die der allwissende Gyal-wa Tub-ten Gya-tso, der Dreizehnte Dalai Lama, in der heiligen Stadt Lhasa aus Anlaß des ersten Vollmondes beim Großen Gebets-Fest im Jahre des Eisernen Vogels gehalten hat.

II.
TIBETISCHE ÜBERLIEFERUNGEN
ZUR MEDITATION
ÜBER DEN TOD

Die Welt ist eine Wallfahrt voller Leiden.
Wir sind die Pilger, kommen, wandern, scheiden;
Die Sorgen endet nur der Tod allein.
Chaucer: Die Geschichte des Ritters

Zur Einführung

Der Inhalt des zweiten Kapitels beruht auf einer Reihe von Gesprächen mit meinem persönlichen Mentor Ge-she Nga-wang Dar-gye, einem Lama des Se-ra-Klosters in Zentral-Tibet (es wurde in Südindien neu gegründet). Er war nach Dharamsala gekommen zu einem Treffen mit dem Dalai Lama, um von ihm die Segnungen zum Antritt eines Drei-Jahres-Retreats zu empfangen. Der Dalai Lama hatte jedoch anderes mit ihm im Sinn: er machte ihm den Vorschlag, in Dharamsala zu bleiben und ein Studien-Programm für die kurz zuvor eröffnete Bibliothek Tibetischer Schriftwerke und Dokumente zu entwerfen. Dort begegnete ich ihm im folgenden Jahr – es war 1972; ich war nach Dharamsala gekommen, um an dem Studien-Programm teilzunehmen.

Zusammen mit einem Freund aus Deutschland, Michael Hellbach, übernahm ich 1976 die Aufgabe, eine Zeitschrift in deutscher Sprache herauszugeben. Unter dem Titel ›Aus Tushita‹ sollte sie sich mit der Kultur Tibets beschäftigen. Eines der geplanten Themen war die Einstellung der Tibeter zu Tod und Sterben, das Brauchtum und die religiösen Anschauungen, die hiermit in Zusammenhang stehen. Wir wandten uns deshalb an Ge-she Dar-gye und baten ihn, uns seine persönlichen Gedanken zu dem Thema mitzuteilen. Er willigte ein, und während des folgenden Monats waren jeweils zwei Abende pro Woche diesem Vorhaben gewidmet. Der Stoff dieses Kapitels wurde daraus entnommen. Der einleitende Abschnitt seiner Darlegung fußt auf den Grundzügen einer Meditation über den Tod von Pa-bong-kha Rinpoche, höchster Lehrer der – inzwischen verstorbenen – Senior- und Junior-Tutoren des jetzigen Dalai Lama. Pa-bong-kha war im letzten Jahrhundert einer der herausragendsten Lehrer, und noch heute ist sein für die Praxis der Meditation bestimmter Text[1] bei den Lamas einer der meistbenutzten Leitfäden. Nach einer kurzen Darstellung dieses Abrisses trägt Ge-she seine eigenen Ansichten vor. Dabei kommen sämtliche auf den Tod bezogenen Bräuche und Methoden zur Sprache. So werden behandelt: die verschiedenen Mittel und Wege im Hinayana, Mahayana und Vajrayana; die Abfolge der inneren und äußeren Anzeichen, die den Sterbeprozeß in seinen letzten Phasen begleiten; die überkommenen Verfahren zum Umgang mit dem Leichnam; die innere Haltung, die der Sterbende und die anwesenden Personen einnehmen sollen; was Freunde und Angehörige zum Wohle des Toten tun können.

Ge-she Dar-gye zitiert in seinen Ausführungen wiederholt Schriften indischer Buddhisten, um so – einem religiösen Brauch entsprechend – den Ursprungsort der in Rede stehenden Methode zu kennzeichnen. Immer ist es ein Anliegen der Tibeter gewesen, in genauer Übereinstimmung mit den Lehren Buddhas und der buddhistischen Meister zu handeln; und so wird eine Fülle von Zitaten aufgeboten, die belegen, wie es den Tibetern gerade bei einem so schwierigen Thema wie dem des Sterbens um die Reinheit der Lehre zu tun ist. Einige dieser Zitate, die eher von illustrativem als informativem Charakter sind, habe ich weggelassen; auch habe ich die Form des Stoffes geringfügig verändert, damit er sich organisch an den des ersten Kapitels anschließt, ihn ergänzt, ohne thematische Wiederholungen zu bringen.

Einige der Themen, zu denen Ge-she Dar-gye sich äußert, betreffen besondere Techniken, und zu ihrem Verständnis bedarf der nicht-spezialisierte Leser weiterer Erläuterungen. Dazu gehört zum Beispiel der Pfad der drei *kayas*: die Umwandlung des klaren Lichts des Todes in den *Dharma-kaya*, der Visionen des Bardo in den *Sambogha-kaya*, der Wiedergeburt in den *Nirmana-kaya*; außerdem die Methode, wie mit den feinstofflichen Energien, der sexuellen Flüssigkeit und den psychischen Kanälen des Körpers gearbeitet wird. Einige dieser Punkte werden in späteren Kapiteln erörtert – wenn dies der Fall ist, habe ich in den Anmerkungen darauf hingewiesen. So spricht Ge-she Dar-gye auch über die Praxis der Umwandlung des Bewußtseins, die im siebenten Kapitel ausführlich beschrieben wird. Eine ungeheure Stoffülle gelangt auf diese Weise auf verhältnismäßig engem Raum zur Darstellung, uns einen ersten Zugang bietend zu einer Vielfalt von Theorien und Ideen, die dann im einzelnen in den folgenden Kapiteln diskutiert werden.

Während eines Zeitraums von fast zwölf Jahren habe ich miterleben können, wie Ge-she Dar-gye als Lehrer war. Selten ist mir ein Mensch begegnet, der so voller Liebe zum Leben, so durchdrungen von dem Gefühl der Heiligkeit alles Lebenden war. Einen Menschen zu sehen, der – erfahren im Umgang mit Tod und Sterben – von solch ungebrochener Lebensfreude ist – das ist wahrlich ein inspirierendes Erlebnis. 1975 starb einer meiner besten Freunde, ein Engländer, der ein Schüler von Ge-she Dar-gye war. Im Schweizer Spital des Tibetischen Kinderdorf-Krankenhauses hatte ich drei Tage an seinem Bett gesessen und mitangesehen, wie ihn die Kräfte allmählich verließen. Eine Stunde nach seinem Hinscheiden traf Ge-she Dar-gye ein und begann mit dem Ritual zur Umwandlung des Bewußtseins. Seine Schüler waren stets wie eigene Kinder für ihn gewesen, und der Tod eines von ihnen war für ihn ein schwerer Schlag. Er blieb ungefähr eine Stunde bei dem Toten, meditierte und sprach Gebete. Seine Miene war heiter, doch unter seinen halbgeschlossenen Lidern quollen Tränen hervor und hinterließen Spuren auf seiner Robe. Die verbleibende Zeit des Tages nutzte er zu Vorbereitungen für Gebets-Handlungen und Zeremonien, die zum Wohle des Toten abgehalten werden sollten. Hierzu gehörte auch eine astrologische Berechnung, mittels derer man die geeignetste Form der Behandlung des Leichnams zu bestimmen suchte (in diesem Fall legte sie die Einäscherung nahe);[2] weiterhin die rituellen Handlungen zur Führung des Verstorbenen (diese werden im achten Kapitel erklärt), sowie das Vorlesen von Gebeten zum Herbeiführen günstiger Begleitumstände. Ge-she Dar-gye war selbst beim größten Teil der Feierlichkeiten anwesend; er achtete darauf, daß alles in Einklang mit der Überlieferung geschah. Am nächsten Tag hielt er wie gewöhnlich seine dreistündige Vorlesung in der Tibetischen Bibliothek; doch erfuhren wir später, daß er während der letzten Nacht nicht geschlafen hatte – bis in die Morgenstunden sei er wach geblieben, habe meditiert und für seinen verstorbenen Schüler gebetet.

Nach Abschluß seiner Unterweisung in den tibetischen Bräuchen und Überlieferungen zu Tod und Sterben hatten wir bei einer weiteren Zusammenkunft Gelegenheit, zu verschiedenen Punkten, die uns besonders wichtig erschienen, Fragen zu stellen. Einige dieser Fragen und Antworten habe ich am Schluß des Kapitels wiedergegeben, soweit sie innerhalb der Thematik dieses Buches bleiben.

Tibetische Überlieferungen zur Meditation über den Tod
Weisungen von Ge-she Nga-wang Dra-gye

Auf dieser Welt als menschliches Wesen geboren zu sein, wird von Buddhisten für ein besonderes Glück erachtet. Diese Daseins-Form birgt ungeahnte Möglichkeiten, in ihr kann der Geist sich zu höchster Vollkommenheit entwickeln. Unser Mensch-Sein gibt uns die Chance, innerhalb einer einzigen Lebensspanne zu einem Buddha zu werden, eine höchst seltene Gelegenheit, wie sie in den niederen Bereichen des Daseins nicht existiert.

Doch nur wenige Menschen nehmen diese Chance wahr. Als der Buddha einst gefragt wurde, wie viele Menschen nach seinem Dafürhalten ihr Leben sinnvoll verbrächten, kratzte er mit dem Fingernagel etwas Erde vom Boden auf und – auf den Staub unter seinem Fingernagel deutend – gab er zur Antwort: »Nur so viele sind es – gemessen am Gewicht der Welt.«

Unser Leben einzig damit zu verbringen, weltlichen Dingen nachzujagen, würde bedeuten, auf die Stufe einer Ratte herabzusinken, der jeder Sinn für das Geistige fehlt. Wie ein Bettler wären wir, der einen Edelstein findet, welcher alle Wünsche erfüllen kann – doch anstatt von ihm Gebrauch zu machen, wirft er ihn fort. Unser Leben kann sinnvoll sein – für uns und für andere; es zu vergeuden mit weltlichen Belangen, ist eine Torheit.

Eine der wichtigsten Meditationen, die uns auf den Weg des Geistes führen kann, ist die Meditation über den Tod. Wenn wir dem Gedanken an den Tod stets den höchsten Rang einräumen, wird das Leben für uns an Bedeutung gewinnen. Um das Leben richtig zu verstehen, müssen wir es im Zusammenhang mit Vergänglichkeit und Tod begreifen, die sein tiefstes Wesen ausmachen. Nicht alles stirbt mit dem Tod – was stirbt, sind der Körper und die Äußerungen des diesseitigen Lebens. Der Bewußtseins-Strom mit all seinen Einprägungen fließt weiter, er tritt in den Bardo ein, den Zwischen-Zustand, um dann in den Kreislauf zukünftiger Existenz-Formen einzugehen.

Außerordentlich wichtig ist es daher, unser Bewußtsein noch in diesem Leben geistig zu schulen, ihm Liebe, Mitgefühl, Weisheit, Geduld und Verstehen einzupflanzen. Eigenschaften wie diese zu entwickeln – das ist das Sinnvollste, was wir mit unserem Leben anfangen können. Wenn wir mit einem solchermaßen verfeinerten Geist sterben, haben wir die herrlichste Frucht geerntet, die das Leben zu bieten hat. Die Folge ist eine günstige Wiedergeburt, die uns ein Fortschreiten auf dem geistigen Weg erlaubt. Erzeugen wir hingegen in unserem Leben nur Negativität, so erwarten uns ungünstige Wiedergeburten als Höllenbewohner, Geister oder Tiere.

Viele Menschen folgen dem Dharma allein in Worten – die eigentliche Substanz der Lehre dringt nie in ihr Herz. Alles bleibt bloßes Lippenbekenntnis: der Grund dafür ist, daß sie nicht ausreichend über den Tod meditiert haben.

Unzählige nachteilige Wirkungen stellen sich ein, wenn man sich nicht ständig die Realität des Todes vor Augen hält. Im wesentlichen sind es die folgenden sechs Punkte:

(1) Ohne ein Meditieren über den Tod sind wir in unserer Dharma-Praxis nicht genügend achtsam. All unser Tun gilt dem Erwerb eitler Dinge.

Einer der frühen Ka-dam-Meister bemerkte dazu: »So wir beim

morgendlichen Erwachen nicht über den Tod meditieren, wird der gesamte Vormittag vergeudet sein. Versäumen wir es, am Mittag über den Tod zu meditieren, so ist der Nachmittag vergeudet. Und auch die Nacht wird vergeudet sein, so wir nicht am Abend über den Tod meditieren.«

Das ist die Art, wie die meisten Menschen ihr ganzes Leben verschwenden.

(2) Auch wenn wir hin und wieder ein wenig Dharma praktizieren, kann es meist nur ein Hinauszögern sein.

Schon viele Tibeter haben ihrem Lehrer versichert, sie würden sich bald in einen Retreat begeben. Sie haben aber nicht ausreichend über den Tod meditiert, und so verschieben sie ihre Absicht Jahr für Jahr. Zuletzt sterben sie dann, ohne jemals an einem Retreat teilgenommen zu haben.

(3) Das Üben bleibt unrein, es wird mit profanen Bestrebungen – wie etwa den acht weltlichen Belangen – vermengt.

Vielen Menschen, die den Buddhismus studieren, ist mehr daran gelegen, ein Gelehrter zu werden oder in anderer Hinsicht Berühmtheit zu erlangen, als sich um geistige Verwirklichung zu bemühen.

Atisha wurde einst die Frage gestellt:[3] »Ein Mensch, der ausschließlich das Glück dieser Welt begehrt – was wird er gewinnen?« Atisha gab zur Antwort: »Eben das, wonach er verlangt.« Und weiter fragte man ihn: »Und was wird er im kommenden Leben erhalten?« – »Eine Wiedergeburt in einem der niederen Bereiche«, war die Antwort.

Mitunter hört man die Behauptung, eine echte Dharma-Praxis verlange einen Rückzug aus der Welt. Das will nicht besagen, daß man seinen Besitz und seine berufliche Stellung aufgeben müsse. Es bedeutet ganz allein, daß wir uns über die acht weltlichen Belange erheben sollen, über den Wunsch nach Reichtum, Ruhm, Lob und Sinnenfreude; über die Abneigung gegen Armut, Unbedeutendsein, Kritik und Unannehmlichkeiten. Herauszufinden, ob einer wahrhaftig oder unwahrhaftig übt, ist höchst einfach. Der erste hat die acht weltlichen Belange überwunden, der letztere nicht – er ist weiterhin ihrer Zwangsherrschaft unterworfen.

Ge-she Po-ta-wa stellte Lama Drom Ton-pa einstmals die Frage:[4]

»Worin unterscheidet sich die Haltung eines gläubigen Menschen von der eines ungläubigen?« Seine Antwort war: »Was den Anschauungen weltlich gesinnter Menschen widerspricht – das ist Gläubigkeit. Was aber in Einklang steht mit den Anschauungen weltlich gesinnter Menschen – das ist Ungläubigkeit.«

(4) Unsere Praxis ist nicht ausdauernd genug. Wir fangen zwar an, doch schon beim ersten Hemmnis hören wir mit dem Üben auf.

Vor der Höhle von Ka-dam Ge-she Kara Kun-jung wuchs ein kleiner Dornenstrauch. Jedesmal, wenn der Meister die Höhle betrat oder verließ, stachen ihn die Dornen ins Fleisch. Doch bis zum Tode des Ge-she blieb der Dornenstrauch an seinem Platz, denn der Ge-she, der voller Eifer und Hingabe meditierte, war nicht willens, auch nur die wenigen Augenblicke zu opfern, um den Strauch zu beschneiden. Er hatte wahrlich die Segnungen der Meditation über den Tod erfahren.

(5) Auch künftig werden wir negatives Karma erzeugen und den Dingen dieser Welt anhaften, wenn wir uns nicht stets unserer Sterblichkeit bewußt sind. Freunde und Verwandte stehen in unserer Achtung höher als fremde Menschen oder Feinde, die uns Leiden zufügen. Aus solcher Unausgewogenheit unseres Fühlens entstehen geistige Verwirrungen, die wiederum eine endlose Kette negativen Karmas nach sich ziehen. So geschieht es dann, daß wir alle Glückseligkeit in unserem jetzigen und in unserem zukünftigen Leben verlieren.

(6) Im Sterben wird uns Reue erfüllen.

Daß der Tod kommen wird, ist gewiß. Unversehens wird er uns überraschen, wenn wir uns nicht ganz bewußt auf ihn vorbereitet haben. In jenem entscheidenden Augenblick werden wir einsehen müssen, daß unser materialistisch orientiertes Denken, dem wir in unserem Leben ergeben waren, uns nicht mehr die geringste Hilfe bieten kann und daß all unser Reichtum, all unsere Macht und alle unsere Freunde nichts mehr tun können für uns. Nichts hat mehr einen Wert in der Stunde des Todes außer der geistigen Stufe, auf die wir gelangt sind; doch hat man nicht hinreichend über den Tod meditiert, so wird man wohl auch alle anderen Methoden geistiger Schulung vernachlässigt haben. Mit leeren Händen steht man da, und das Bewußtsein wird von Reue erfüllt.

Shantideva, ein indischer Meister, schrieb einst:[5]

> Wenn umklammert mich halten die Boten des Todes,
> Was können mir dann noch Freunde bedeuten?
> Was für einen Wert haben dann noch Geschwister?
> Was einzig in jener Stunde mich schützt,
> Ist die Kraft meiner guten Gesinnung,
> Doch nichts tat ich, diese zu pflegen.

Der Ka-dam-pa Ge-she Kar-ma-pa hat einmal gesagt, daß wir den Tod jetzt fürchten sollen, in diesem Augenblick, da noch Zeit ist zu handeln; dann können wir furchtlos sein, wenn der Tod wirklich eintrifft. Meistens verhalten sich die Menschen genau umgekehrt: solange sie noch stark und gesund sind, schenken sie dem Tod keinen Gedanken – kommt aber plötzlich der Tod, dann packt sie das schiere Entsetzen. Viele, die üben, machen niemals wirklich Ernst mit ihrer Praxis, zögern sie Tag für Tag hinaus. Auf ihrem Sterbebett flehen sie dann darum, ihr Leben möge noch einige Tage dauern, damit sie in dieser Zeit alles nachholen können, was sie bisher versäumt haben. Doch jetzt, in den Fängen des Todes, wird die Zeit zum Üben nur noch zur Erinnerung an eine verpaßte Gelegenheit – wie ein Brocken Fleisch, den wir in der Hand hielten, aber nicht aßen und zu Boden fallen ließen: ein Hund hat ihn gefressen, er befindet sich nun in seinem Magen, und kein Mittel gibt's, ihn von dort wieder herauszubefördern. Zwar regt sich jetzt Reue, doch ist sie ganz und gar sinnlos.

Die günstigen Wirkungen des Meditierens über den Tod sind ebenso zahllos, doch lassen auch sie sich unter sechs Kategorien zusammenfassen:

(1) Unser Leben gewinnt zunehmend an Sinn.

Im *Sutra vom Eingehen des Buddha ins Parinirvana* lesen wir:[6]

> Wie unter allen Fußspuren
> Die des Elefanten die mächtigste ist –
> So ist unter den Meditationen der Achtsamkeit
> Jene über den Tod die allerhöchste.

Wenn wir ernsthaft über den Tod meditieren, wird in uns der Wunsch nach einem tieferen Verstehen von Leben erwachen. Das zeigen uns die Biographien der Heiligen aus vergangener Zeit. Auch Buddha wurde durch den Anblick eines kranken Mannes, eines Greises und eines Leichnams zur Abkehr vom weltlichen Leben bewogen. Und der Yogi Milarepa entsagte der Schwarzen Magie und begab sich auf die Suche nach einem sinnvolleren Weg, als er sah, wie sein Lehrer auf den Tod eines Gönners reagierte.

(2) Die Meditation über den Tod wirkt allen geistigen Verblendungen äußerst machtvoll entgegen.

Wirksamstes Mittel zur Bekämpfung von Verblendungen und Gefühlsverwirrungen ist das Meditieren über die Leerheit, das innerste Wesen der Erscheinungen. Nur das Bewußtsein vom Tod ist von vergleichbarer Wirkung. Besinnt man sich auf das Sterben-Müssen, sobald Anhaften und Zorn sich in einem zu regen beginnen, dann lösen sich diese Verblendungen im Nu auf, gerade so wie ein Stein vom Schlag eines Hammers zermalmt wird.

Im alten Indien aßen die Yogis und die Maha-Siddhas aus Näpfen, die aus menschlichen Schädeln gefertigt waren. Sie bliesen auf Trompeten, die man aus Hüftknochen hergestellt hatte. Ähnlich bildeten die Mönche über dem Eingang zu ihrem Waschraum oftmals einen Totenschädel ab – nicht um die Leute in Schrecken zu versetzen, sondern um die Bewußtheit vom Tod wachzuhalten. Noch heute finden sich in vielen buddhistischen Tempeln Gemälde, die den Herrn des Todes darstellen, wie er die Gesamtheit des zyklischen Daseins in seinem Munde trägt. Dieses Bildnis hängt meist neben dem Haupttor des Tempels, es dient nicht zum Schmuck, sein Anblick soll die Gedanken der Besucher hinlenken zu Tod und Vergänglichkeit. In der Praxis des Tantra wird das mystische Mandala als umgeben von Friedhöfen voller Leichen visualisiert.

(3) Eine Meditation über den Tod sollte am Anfang jeder Übung stehen, da sie anspornend wirkt und uns motiviert, unser Bestes zu geben.

(4) Ebenso sollten wir nach der ersten Hälfte einer Übung über den Tod meditieren, um danach unsere Bemühungen mit ungebrochener Kraft und Lauterkeit fortzusetzen.

(5) Und auch am Ende einer Übung ist die Meditation über den Tod wichtig, da sie uns die Kraft verleiht, bis zur Vollendung durchzuhalten.

Es kommt vor, daß Menschen, die erstmals die Meditation über den Tod aufnehmen, dabei so tiefgehende Erfahrungen machen, ein so heftiges Bedürfnis nach Entsagung entwickeln, daß ihnen die Gesetzmäßigkeiten des Pfades völlig aus dem Blick geraten und sie sich ohne jede weitere Vorbereitung in langdauernde Retreats begeben in der Hoffnung, auf diese Weise umgehend die Erleuchtung zu erlangen. Schon nach wenigen Monaten aber ist ihre Begeisterung geschwunden, und sie würden gerne nach Hause zurückkehren. Es ist ihnen aber peinlich, den vorgeschriebenen Ablauf des Retreats zu stören, den einzuhalten sie zuvor so selbstsicher gelobt haben. Nicht willens zu bleiben und zugleich unfähig zu gehen, verfluchen sie zuletzt ihre Entsagung, die ihnen nun als der Grund allen Ärgers und aller Schwierigkeiten erscheint.

Die Meditation über den Tod entfaltet machtvolle Wirkungen, doch müssen wir anfangs vorsichtig zu Werke gehen, um nicht von unseren eigenen Reaktionen überwältigt zu werden.

(6) Wir werden in Frieden sterben und werden nichts bereuen. Wenn wir beständig an den Tod denken, wird sich unser Leben von selbst dem Guten und dem Dharma zuwenden. Der Tod wird uns nicht unvorbereitet finden, und wir werden weder Angst noch Reue verspüren.

Es heißt, daß Menschen, die sich unter Einsatz aller Kräfte bemühen, im Zustand der Glückseligkeit sterben werden. Ein Übender von durchschnittlicher Befähigung wird in Zufriedenheit sterben. Und selbst jene, die gerade erst zu üben beginnen, werden im Sterben weder Angst noch Schrecken empfinden. Wir sollten danach trachten, wenigstens das geringste dieser Ziele zu erreichen.

Von Milarepa stammen die Worte: »In Furcht vor dem Tode entfloh ich einst in die Berge. In tiefer Versenkung hat sich mir das innerste Wesen des Bewußtseins enthüllt, und nicht länger fürchte ich den Tod.«

Sind wir in unserem Üben so beharrlich wie Milarepa, dann haben wir allen Grund zu der Hoffnung, dereinst eine ähnlich hohe Stufe der Verwirklichung zu erreichen. Wir besitzen die gleiche Existenz-Form wie Milarepa, unser Geist ist nicht minder befähigt, und alle Methoden, die ihm auf seinem Wege zur Erleuchtung gedient haben, sind in ungebrochener Überlieferung auf uns gekommen. Ja, unsere Chancen, zur Erleuchtung zu gelangen, sind sogar noch gewachsen, denn wir können uns heute eine Vielfalt mündlicher Übermittlungen zunutze machen, von denen Milarepa keine Kenntnis besaß.

Soviel also zu den Vorteilen und Nachteilen, die sich aus dem Meditieren, bzw. dem Nicht-Meditieren über den Tod ergeben. Beide sollten wir tagtäglich bedenken: als eine Art Vorübung für die eigentliche Meditation über den Tod.

Wie sieht diese nun aus? In den ›Fahrzeugen‹ von Sutra und Tantra werden eine Reihe von Meditations-Formen gezeigt. Zwei der gebräuchlichsten Techniken im Sutra-System sind die unter dem Namen ›die drei Wurzeln, die neun Beweisführungen und die drei Überzeugungen‹ bekannte Methode[7], sowie die ›Simulierung des Sterbevorgangs.‹

Die erstere ist eine Ka-dam-Überlieferung, welche in Schriften wie etwa Gam-po-pas *Juwelenschmuck der Befreiung*[8] und in Tsong Khapas *Großer Darlegung des Pfades zur Erleuchtung*[9] beschrieben wird.

Zu Beginn einer Meditations-Sitzung stellt man Betrachtungen an über die Vor- und Nachteile des Meditierens, bzw. des Nicht-Meditierens über den Tod, wie sie oben beschrieben wurden.

Nun konzentriert man sich auf die erste ›Wurzel‹, die Unausweichlichkeit des Todes, um anschließend über die drei Beweisführungen nachzudenken: niemals wurde bislang auch nur ein einziger Mensch vom Tod verschont; ununterbrochen verrinnt unser Leben, und es gibt kein Mittel, das der entschwindenden Zeit Einhalt gebieten könnte; unser Leben besteht aus vergänglichen Dingen – nur wenige davon stehen in Bezug zum Dharma oder sind der geistigen Übung gewidmet. Diese Einsichten lassen uns den ersten Entschluß fassen: gemäß dem Dharma zu leben und das innerste Wesen des Lebens in Erfahrung zu bringen.

Hierauf wenden wir uns der zweiten Wurzel zu, der Ungewißheit darüber, wann der Tod eintreffen, wie lange unser Leben noch währen wird. Gleichzeitig werden drei Argumente herangezogen: die Dauer des menschlichen Lebens ist nicht einheitlich festgelegt; das Leben ruht auf zerbrechlicher Grundlage, und vieles kann den Tod herbeiführen; unser Körper ist äußerst fragil, wie leicht kann er zerstört werden.

Diese drei Argumente bringen uns zu dem Entschluß, sogleich mit der Dharma-Praxis zu beginnen.

Zuletzt betrachten wir die dritte Wurzel: die Tatsache, daß im Augenblick des Todes nur das noch von Bedeutung ist, was wir uns geistig errungen haben. In diesem Zusammenhang müssen wir an dreierlei denken: weder Freunde noch Angehörige vermögen uns in jener Stunde zu helfen; unsere Reichtümer, unser Besitz und unsere weltliche Macht können uns nicht beistehen; und auch unser Körper kann uns keinen Dienst mehr leisten – wie einen Haufen Kehricht müssen wir ihn zurücklassen. Das bringt uns zu unserem dritten Entschluß: das Dharma in Reinheit zu üben, es nicht mit weltlichen Belangen zu vermengen.

Man sollte sich mit beiden Formen der Meditation vertraut machen, der betrachtenden und der vertiefenden. In der ersteren geht man meditierend alle genannten Punkte durch und verweilt bei jedem nur wenige Minuten. In der vertiefenden Meditation konzentriert man sich für eine halbe Stunde oder länger ausschließlich auf einen Punkt. In Tibet war es ein häufig geübter Brauch, sich zunächst für ungefähr einen Monat in betrachtender Meditation dem Thema zuzuwenden, dem eine bestimmte Meditationssitzung gewidmet war. War man dann mit den Einzelheiten der Vorgehensweise vertraut, wurde jeweils eine kurze Betrachtung an den Anfang einer Sitzung gestellt, in der man sich Tag für Tag einen speziellen Punkt vornahm. Für das Meditieren über den Tod hieße dies, sich für jeden Tag nacheinander einen der neun Punkte herauszugreifen, solange, bis alle behandelt sind. Die ganze Methode war also eine Art Hinführung zu der eigentlichen Sitzung, bei der man sich dann in vertiefender Meditation einem der Punkte gesondert zuwandte. Jedem dieser Punkte war etwa eine Woche zugedacht.

Am Ende der Meditations-Sitzung ging man dann noch einmal

rasch die neun Argumente durch, bekräftigte die drei Entschlüsse und gelobte Hingabe in einem Gebet wie dem folgenden:

Möge die Kraft dieser Methode
Mich schnell zur Erleuchtung führen,
Auf daß ich alle fühlenden Wesen
Hinleiten kann zu der gleichen
Ewigen Güte und Freude.

Die zweite Methode, über den Tod zu meditieren, führt den Namen ›Simulierung des Sterbevorgangs‹. Sie kann auf exoterische und auch auf esoterische Art geübt werden.

Bei der exoterischen, der gebräuchlicheren Methode, gibt es eine äußere und eine innere Form des Übens. Eine der äußeren Formen besteht darin, sich zu einer Totenstätte zu begeben und dort den Zerfallsprozeß der Leichen in all seinen Stadien zu verfolgen, wobei man einzig daran denkt, daß der eigene Körper am Ende zu einem dieser Leichname werden wird.

Eine innere Methode ist es, sich vorzustellen, wie man selbst auf dem Sterbebett liegt in Erwartung des Todes. Beziehe auch Eltern, Freunde und Angehörige, die wehklagen und außer sich sind vor Schmerz, in diese Vorstellung mit ein. Deine Ausstrahlung ist erloschen, und deine Nasenflügel sind eingesunken. Die Lippen sind ausgetrocknet, und Schleim sammelt sich auf den Zähnen. Die Körper-Temperatur sinkt, der Atem geht schwer – das Ausatmen ist tiefer als das Einatmen. Alles negative Karma, das du in deinem Leben erzeugt hast, kommt dir zu Bewußtsein, und du wirst von Reue erfaßt. Überall schaust du dich um nach Hilfe, aber die Hilfe bleibt aus.

Die esoterische Technik der Meditation über den Tod ist wesentlich komplizierter. Innerhalb des Höchsten Yoga-Tantra findet sie bei allen tibetischen Sekten Anwendung. Sie kann, da sie dem geheimen Vajrayana zugehört, nur von Eingeweihten praktiziert werden.[10]

Diese Methode entstammt den Erzeugungsstufen des Höchsten Yoga-Tantra. Einen wichtigen Abschnitt der Yogas der Erzeugungsstufe bildet eine Phase, die als das ›Annehmen der drei *kayas* als Weg‹ bezeichnet wird. In dieser Phase werden drei Stufen durchlaufen: das klare Licht des Todes wird als *Dharma-kaya*, der Bardo-Zustand als *Sambhoga-kaya* und der Vorgang der Wiedergeburt als *Nirmana-kaya* angenommen. Diese drei *kayas* sind bezogen auf die drei Aspekte der Buddhaschaft: den Wahrheits-Körper, den vollkommenen Genuß-Körper und den Hervorbringungs-Körper. Bei den Yogas der Erzeugungsstufe visualisiert man, wie Tod, Zwischen-Zustand und Wiedergeburt in die verschiedenen Körper eines Buddha umgewandelt werden. Dadurch wird zugleich die Voraussetzung für die drei Yogas der Vollendungsstufe geschaffen, wo eine wirkliche Todeserfahrung erlebt und die Umwandlung ganz real vollzogen wird.[11]

Die esoterische Methode einer Simulierung des Sterbevorgangs ist also mit der Erzeugungsstufe des Yoga verknüpft, auf der das klare Licht des Todes als Pfad des *Dharma-kaya*, des Wahrheits-Körpers, angenommen wird. Nur zu einem Teil können die hierher gehörenden Methoden öffentlich gelehrt werden. Die Erläuterungen, die sich auf das Mandala, die fünf Buddha-Familien, das Yoga des klaren Lichtes beziehen, werden geheimgehalten. Mit den Yogas der Erzeugungsstufe werden – wie bereits gesagt – die Vorbedingungen dafür geschaffen, um später – mittels der Yogas der Vollendungsstufe – die Verwirklichung des klaren Lichtes zu erreichen, bei der mit den feinstofflichen Energien und den Energiezentren des Körper gearbeitet wird.

Die an dieser Stelle beschriebene esoterische Methode hat die Auflösung der fünfundzwanzig grobstofflichen Substanzen zum Gegenstand – ein in der Praxis des Tantra überaus wichtiges Thema. Welches sind diese fünfundzwanzig Substanzen? Es sind: die fünf seelisch-körperlichen Anhäufungen der Form, des Gefühls und der Empfindung, der Unterscheidungskraft, der Willensbildung und des primären Bewußtseins; die vier Elemente, Erde, Wind, Feuer und Wasser; die zwölf Eingänge – das heißt die Gegenstände des Sehens, Riechens, Schmeckens, Hörens, Tastens und Denkens mit den zugehörigen Sinneskräften, die die Wahrnehmung dieser Gegenstände ermöglichen; die fünf unvollkommenen Weisheiten, so die spiegelgleiche Weisheit, die Weisheit der Gleichheit, die Weisheit der vollendeten Tat, die Weisheit der

Analyse und die Weisheit des Wesens aller Erscheinungen. ›Unvollkommen‹ heißen diese Weisheiten, da sie einem Menschen zugeschrieben werden, der die Buddhaschaft noch nicht erlangt hat.

Wenn ein Lebewesen eines natürlichen Todes stirbt, geschieht dies in der Form einer stufenweisen Auflösung. Erstes Stadium ist die gleichzeitige Auflösung der seelisch-körperlichen Anhäufung der Form, der spiegelgleichen Weisheit, des Erd-Elements, der Sinneskraft des Sehens und der Gegenstände des Sehens. Äußerliche Kennzeichen der Auflösung dieser fünf Faktoren sind: der Körper magert ab und verliert an Kraft, die Augen werden schwach, die Gliedmaßen lassen sich nicht mehr bewegen, ebenso die Augenlider, der Körper verliert allen Glanz. Diese äußeren Symptome können auch von einem Außenstehenden wahrgenommen werden.

Doch zugleich mit dieser äußerlich sichtbaren Auflösung tritt auch ein inneres Zeichen auf, das nur für den Sterbenden erkennbar ist: es sind Trugbilder, die den gesamten Raum einzunehmen scheinen.

Im zweiten Stadium lösen sich gleichzeitig auf: die seelisch-körperliche Anhäufung des Gefühls und der Empfindungen, die unvollkommene Weisheit der Gleichheit, das Wasser-Element, die Hörkraft und die Töne. Auch dieser Vorgang ist begleitet von äußeren Anzeichen: man kann nicht mehr unterscheiden, ob die eigenen Empfindungen angenehm, unangenehm oder neutral sind; die Lippen trocknen aus; es wird kein Schweiß mehr abgesondert; Blut- und Samenflüssigkeit trocknen ein; äußere Geräusche sind nicht mehr hörbar, und auch das feine Summen im Ohr hört auf. Als inneres Symptom erfährt der Sterbende Erscheinungen von Rauchbildungen, die sich im gesamten Raum ausbreiten.

Im dritten Stadium lösen sich gleichzeitig auf: die seelisch-körperliche Anhäufung der Unterscheidungskraft, die unvollkommene Weisheit der Analyse, das Feuer-Element, der Geruchssinn und die Wahrnehmung von Düften und Gerüchen. Die fünf äußeren Kennzeichen dieses Stadiums sind: der Sterbende versteht nichts mehr von dem, was man ihm sagt – selbst an die Namen von Eltern, Freunden und Verwandten vermag er sich nicht mehr zu erinnern; die Körperwärme sinkt ab; der Sterbende kann weder feste noch flüssige Nahrung verdauen; die Ausatmung wird kräftiger, das Einatmen immer schwächer. Als inneres Anzeichen erlebt der Sterbende jetzt eine flüchtige, flammenähnliche Erscheinung, die den gesamten Raum erfüllt.

Im vierten Stadium lösen sich gleichzeitig auf: die seelisch-körperliche Anhäufung der Willensbildung, die unvollkommene Weisheit der vollendeten Tat, das Wind-Element, der Geschmackssinn und seine Objekte. Fünf äußere Kennzeichen gehen damit einher: alle körperlichen Fähigkeiten setzen aus, alle Ziele und Absichten sind vergessen; die stärkeren und die schwächeren Körperenergien strömen im Herzen zusammen; die Zunge verfärbt sich und wird blau; der Geschmacks-Sinn hat keinerlei Wahrnehmung mehr. Als inneres Zeichen nimmt der Sterbende ein flackerndes Licht wahr, wie das Licht einer Öllampe.

Ist der Prozeß an diesem Punkt angelangt, so würde der Arzt den Tod feststellen. Da aber der Körper noch weiterhin von Bewußtsein erfüllt ist, entspricht eine solche Diagnose nicht der Wirklichkeit.

Nunmehr hören auch die feinstofflichen Träger-Energien des Körpers auf zu fließen, wodurch die Ur-Tropfen in Bewegung gesetzt werden. Was sind dies für Tropfen? Nach der tantrischen Lehre werden die Zellen, welche zum Zeitpunkt der Zeugung aus dem Sperma des Vaters gebildet wurden, im Chakra der Schädelkrone gespeichert – während Zellen, die zur gleichen Zeit aus dem Ovum der Mutter hervorgingen, im Nabel-Chakra aufbewahrt werden. Versiegt nun der Strom der Energien, die alle körperlichen Substanzen an ihrem Ort gehalten haben, dann verlassen jene Zellen ihren bisherigen Platz in den Chakras. Zunächst sind es die weißen Tropfen des Schädel-Chakras, die entweichen. Im zentralen Kanal strömen sie abwärts und gelangen ins Herz. Auf ihrem Weg dorthin berühren sie die Knotenpunkte der Chakras, was im Erleben des Sterbenden die Vision einer schneeweißen Helligkeit bewirkt.

Sperma und Ovum treffen im Herzen zusammen und lassen den Sterbenden eine tiefe Dunkelheit erfahren, so, als wäre der Himmel vollständig von schwarzen Wolken bedeckt.

Der gewöhnliche Mensch verliert an dieser Stelle das Bewußtsein und fällt in Ohnmacht – für den tantrischen Yogi ist dies ein Stadium, das sich ausgezeichnet eignet für eine spezielle Meditation.

Zuletzt ist dann ein leises Zittern des Herzens zu spüren, und das Bewußtsein tritt aus dem Körper. Ein klares Licht erscheint, als käme nach einer mondlosen Nacht die Morgendämmerung herauf. Es ist das helle Licht des Todes, das anzeigt, daß der Tod eingetreten ist.

Für die meisten Menschen haben diese Vorgänge etwas Erschreckendes, da sie sie nicht zu kontrollieren vermögen. Der tantrische Yogi hingegen hat – dank seiner Vorbereitungen – alles Geschehen vollkommen unter seiner Herrschaft und nutzt es zu seinem Vorteil. Viele Eingeweihte, die zu ihren Lebzeiten, die Buddhaschaft nicht zu erlangen vermochten, können die Dynamik der Sterbe-Erfahrung dazu nutzen, die Stufe der Vollendung zu erreichen.

Die beiden wichtigsten Themenbereiche im Höchsten Yoga-Tantra betreffen die feinstofflichen Körperenergien und die durch yogische Schulung aus ihnen zu entwickelnden subtilen Schichten des Bewußtseins. In grober und in feinstofflicher Form existieren diese Energien und Bewußtseinszustände in uns nebeneinander. Im Tode lösen sich die grobstofflichen Energien in die feinstofflichen auf, dabei treten die subtilen Schichten des Bewußtseins von selbst hervor. Ziel des tantrischen Übens ist es, eine solche Erfahrung schon zu Lebzeiten Wirklichkeit werden zu lassen. Die Yoga-Techniken, mit denen wir die grobstofflichen Energien in die feinstofflichen auflösen, erlauben es, die Stadien der Auflösung und des Zerfalls so erlebbar werden zu lassen, wie sie später im wirklichen Sterben erfahren werden. Ein Yogi, dem dies in seinem Leben gelingt, ist gut vorbereitet auf den Tod – er/sie ist imstande, alle damit verbundenen Vorgänge zu lenken. Treten dann die feinstofflichen Energien und Bewußtseins-Schichten hervor, kann er/sie diese in die drei *kayas* eines Buddha umwandeln: das Bewußtsein in den *Dharma-kaya*, Weisheit und Energie in den *Sambogha-kaya*, den vollkommenen Genuß-Körper. Das klare Licht des Todes verwandelt er in den *Dharma-kaya*, die Visionen des Bardo in den *Sambogha-kaya* und die Wiedergeburt in den *Nirmana-kaya*.

Der wahre Thron des Geistes ist das Herz, dort hat er seine Stätte in dem todlosen Tropfen, den männlichen und weiblichen Genen. Die tantrische Lehre mißt diesem Tropfen hohe Bedeutung bei, von dem es heißt, er sei in zweierlei Form vorhanden: grob- und feinstofflich. Der erste ist von physischer Substanz und stammt aus den männlichen und weiblichen Zellen, die sich aus Sperma und Ovum unserer Eltern gebildet haben. Der feinstoffliche Tropfen entsteht aus dem Zusammentreffen der feinstofflichen Körperenergien mit den subtilen Bewußtseins-Schichten. Als ›todlos‹ wird der erste der Tropfen bezeichnet, da er vom Augenblick unserer Geburt bis zu unserem Tod erhalten bleibt; der zweite heißt ›todlos‹ deshalb, weil er seit anfangloser Zeit besteht und dauern wird, bis wir vollkommen erleuchtet sind. Das Meditieren über das Sterben, wie es in der tantrischen Überlieferung geübt wird, schließt Meditationen über beide Arten von Tropfen ein.

Buddha selbst hat das Meditieren über den Tod zum Gegenstand seiner ersten Lehrrede gemacht, als er im Hirschpark unweit von Benares die Vier Edlen Wahrheiten verkündete. Der Tod war auch Inhalt seiner letzten Unterweisung, denn die Form seines Sterbens war so gewählt, daß sich der Gedanke der Vergänglichkeit tief in das Bewußtsein seiner Anhänger eingraben mußte. Einst sprach der Buddha die Worte:[12]

> Unbeständig ist alles in den drei Welten,
> Gleich den Herbstwolken am Himmel.
> Gleich einem Schauspiel sind Geburt und Tod,
> Auf der Bühne des Lebens.
> Gleich dem Strahl des Blitzes
> Verfliegt das Leben des Menschen,
> Wie eines Bergstroms Wasser verrinnt es.

Wenn ein Hund uns beißen will, reicht es nicht, sich zu fürchten. Soll unsere Angst etwas Sinnvolles bewirken, dann muß sie uns zum Handeln bringen; wir müssen etwas tun, damit der Hund uns nicht beißt. Ebenso sinnlos ist es, in bloßer Furcht vor dem Tod zu verharren. Die Angst vor dem Tod muß ein Ansporn sein, uns im Dharma zu üben.

Wenn wir regelmäßig in einer der beiden oben beschriebenen Weisen über den Tod meditieren – über ›die drei Wurzeln, die neun Beweisführungen und die drei Überzeugungen‹ oder nach der Methode der ›Simulierung des Sterbevorgangs‹–, dann wird ein Erfolg gewiß nicht ausbleiben.

Wir sollten sofort mit dem Üben beginnen – hier und jetzt, und wir sollten es in reiner Gesinnung tun. Das Dharma ist die Landkarte, auf der wir die Wege verzeichnet finden, die zur Verwirklichung der gewöhnlichen und der höchsten Daseins-Formen führen. Das Dharma ist die Speise des Pilgers auf dem Weg des Lebens und der Erkenntnis. Es ist der Führer, mit dem wir die gefährlichen Engpässe überwinden, durch die der Weg zur Erleuchtung führt.

Das Dharma läßt sich auf ganz verschiedenen Stufen praktizieren. Auf der untersten erzieht man sich zum Gut-Sein, zu Liebe und Mitgefühl. Und sollten wir auch nicht die Zeit und die Kraft haben, die höheren und schwierigeren Stufen des Weges zu meistern, so können wir uns doch zumindest eine Haltung der Sympathie unseren Mitmenschen gegenüber zu eigen machen, den Vorsatz fassen, ihnen zu helfen und ihnen keinen Schaden zuzufügen. Wenn wir uns dieses Ziel setzen, werden uns unsere negativen Einstellungen verlassen. Die Verblendungen und Gefühlsverwirrungen werden schwinden, unser Leben zusehends reicher werden. Wenn dann der Tod naht, können wir Frieden und Heiterkeit bewahren, voller Vertrauen darauf, daß wir dem Kommenden gewachsen sein werden. So sieht es mit der Bewußtseins-Umwandlung aus für jemanden, der das Dharma nur minimal üben kann.

Wem das zu wenig ist und wer nach einer höheren Stufe strebt, der entwickle Entsagung, er übe sich in Disziplin, konzentrierter Meditation und Weisheit und in der Gesinnung eines Bodhisattva auf der Suche nach Erleuchtung, um zum Wohle aller Wesen zu wirken. Hat man in dieser Haltung Festigkeit und Sicherheit erworben, dann liegt vor einem das weite Meer der tantrischen Methoden, die allem hohen Streben eine baldige Erfüllung versprechen; denn sie allein bergen die Möglichkeit, innerhalb eines Zeitraums von nur drei Jahren in den Zustand der Buddhaschaft zu gelangen – mitunter sogar in einer noch kürzeren Spanne.

Es ist zwar möglich, binnen so kurzer Zeit die höchste Erleuchtung zu erlangen, doch nur sehr wenigen gelingt es, das dafür erforderliche hohe Maß an Konzentration aufzubringen. Aus diesem Grund wird eine Vielzahl von Methoden zur Bewußtseins-Umwandlung (tib.: *powa*[13]) gelehrt.

Sie sind ein Mittel, mit dem wir im Sterben Einfluß nehmen können auf die Art unserer Wiedergeburt; denn das, was wir unmittelbar vor unserem Tod denken und empfinden, hat weitreichende Folgen für die Form unserer Wiedergeburt. Manche Menschen leben ein rechtschaffenes Leben, da sie sich aber nie recht um eine geistige Entwicklung bekümmert haben, mangelt es ihnen an Kontrolle über ihr Bewußtsein, und sie werden angesichts des Todes von Angst, Abscheu und ähnlich heftigen Gefühlen übermannt. Die Folge davon ist eine ungünstige Wiedergeburt.

Es gibt auch Menschen, deren Leben ziemlich negativ verlaufen ist, deren Gedanken jedoch – dank einer glücklichen Fügung – zum Zeitpunkt des Todes positiv waren. Das hat eine günstige Wirkung auf ihre Wiedergeburt. Das Yoga der Bewußtseins-Umwandlung macht sich dieses Phänomen zunutze. Natürlich bleiben die guten und die bösen Taten dem Karma eines Menschen eingeprägt, und in seinen künftigen Leben wird sich dieser Mensch mit ihnen auseinanderzusetzen haben; doch die unmittelbar nachfolgende Wiedergeburt ist weitgehend festgelegt durch den Bewußtseins-Inhalt zum Zeitpunkt des Todes; und wenn es uns gelingt, eine Wiedergeburt zu erhalten unter Bedingungen, die einem weiteren Üben förderlich sind, dann bestehen gute Aussichten, daß das Bewußtsein sich seiner karmischen Prägungen zu entledigen vermag.

Diese Methoden der Umwandlung – es gibt sie nur im Mahayana – lassen sich in zwei Klassen einteilen: solche, die in den Sutras und solche, die in den Tantras gelehrt werden.

Die grundlegende Technik in den Sutras wird als die ›Anwendung der fünf Kräfte‹ bezeichnet. Ihr Name ist abgeleitet von den fünf Faktoren, die im Augenblick des Todes zur Anwendung kommen:

fester Wille, das weiße Samenkorn, Vertrautheit, Vernichtung der Negativität und die Kraft des Gebetes.[14]

Die Kraft des festen Willens. Man faßt den unerschütterlichen Entschluß, unter allen Umständen die Verbindung mit dem altruistischen Bodhisattva-Geist aufrechtzuerhalten – während des Sterbens, in der Bardo-Erfahrung und bei der Wiedergeburt.

Die Kraft des weißen Samenkorns. Man bemüht sich, das Bewußtsein aus sämtlichen Formen des Anhaftens an physische Objekte zu lösen. All seinen Reichtum, seinen Besitz stelle man guten Zwecken zur Verfügung, gebe alles den Armen und Bedürftigen, vermache es Krankenhäusern, sozialen Einrichtungen, Stätten zur Pflege des Geistes oder ähnlichem.

Die Kraft der Vernichtung des Negativen. Man entfernt alle Verunreinigungen durch negatives Karma, die sich im Laufe des Lebens angesammelt haben. Dies geschieht mit Hilfe der vier Gegenkräfte: Reue über alles Negative, das man geschaffen hat; Entschlossenheit, in Zukunft alles falsche Tun zu unterlassen; Zufluchtnahme bei den Drei Juwelen und Erwecken des Bodhisattva-Geistes – des selbstlosen Strebens nach höchster Erleuchtung; und zuletzt – um die Wurzel allen Übels auszureißen – meditiere man über die Leerheit, rezitiere das hundertsilbige Vajrayana-Mantra von Vajra-sattva usw. Hat man bereits eine tantrische Einweihung erhalten, bitte man den Lama um eine neuerliche Einweihung oder – falls das nicht möglich ist – vollziehe diese selber.

Die Kraft der Vertrautheit. Man läßt in sich selbst die Bodhisattva-Gesinnung erstarken und scheidet in der Meditation darüber aus dem Leben.

Die Kraft des Gebets. ›Gebet‹ bezieht sich hier auf den Pfad des Mahayana; es gibt dem Wunsch Ausdruck, die Nöte und Schwierigkeiten anderer Menschen mögen zu den eigenen werden, damit jene Befreiung von ihren Lasten erfahren. So befindet man sich in Übereinstimmung mit den Zielen eines Bodhisattva, der die höchste Erleuchtung zum Wohle aller Wesen erstrebt.

Ge-she Po-ta-wa soll, als er gerade Unterweisungen gab, plötzlich die Haltung eines Meditierenden angenommen haben und für einige Augenblicke in Schweigen versunken sein. Darauf sprach er die Worte: »Möge ich stets den Hilflosen ein Beschützer sein und allen, die von Verwirrung gequält werden, ein sicherer Führer.« Nach diesen Worten starb er.

Ge-she Che-kha-wa teilte kurz vor seinem Tode seinen Schülern mit, er bete seit langer Zeit darum, in einem der unteren Existenz-Bereiche wiedergeboren zu werden, um den Wesen dort Hilfe bringen zu können; doch sei ihm kürzlich in Träumen bedeutet worden, seine Wiedergeburt würde in einem Reinen Land erfolgen. Er forderte seine Schüler dazu auf, inständig zu den Buddhas und Bodhisattvas zu beten, dies möge nicht geschehen, vielmehr seine eigenen Gebete in Erfüllung gehen.

Werden diese fünf Kräfte zum Zeitpunkt des Todes angewendet, so bewirken sie eine Wiedergeburt, die mit Sicherheit günstige Voraussetzungen bietet, um auf dem Mahayana-Pfad voranzuschreiten. Hat man eine tantrische Einweihung erhalten, sollte man die in den Tantras gelehrten Vajrayana-Methoden zur Umwandlung des Bewußtseins benutzen. Die verschiedenen Überlieferungen des Höheren und des Niederen Tantra enthalten zahlreiche derartige Methoden. Je nach der Beschaffenheit des eigenen Karmas sollte man sich für ein geeignetes methodisches System entscheiden. Dabei sollte man sich von seinem geistigen Lehrer beraten lassen. Eines der von tibetischen Yogis am häufigsten benutzten Systeme wird im *Vajra-yogini-tantra* erläutert. Es heißt, Einweihung in das *Vajra-yogini-tantra* sei wie eine Eintrittskarte in das Reine Land, das Reich der Dakinis.

Die Umwandlung des Bewußtseins, wie sie in den Tantras gelehrt wird, gilt als überaus machtvolle Methode, denn auch Übende der Anfangsstufen, deren Karma äußerst negativ ist, können durch Reue, Läuterung und die Anwendung der Vajrayana-Methoden ohne Schwierigkeit eine Wiedergeburt in einem Reinen Land erhalten.[15]

Zur Bewußtseins-Umwandlung gibt es vorbereitende Übungen. Es sind dies Yoga-Übungen, durch die man die Technik erlernt, die dann beim wirklichen Sterben Anwendung findet. Die Vajrayana-Techniken sind höchst wirksam und nicht ungefährlich: schon zu Lebzeiten kann man durch Aussprechen der Silbe *Hik* das Bewußtsein aus dem Körper ausstoßen – durch die Silbe *Phat* es wieder an seinen ursprünglichen Ort zurückholen. Bei einem Intensiv-Retreat arbeitet man mit diesem Yoga so lange, bis sich Anzeichen des Gelingens einstellen, wie beispielsweise eine winzige Ausbeulung oberhalb der Schädelöffnung, die ein paar Tropfen Blut und Schleim absondert.

Keine der tantrischen Methoden darf allerdings an Nicht-Initiierte weitergegeben werden. Buddha Vajradhara selbst hat gesagt: »Es geht nicht an, die Milch eines Schneelöwen in eine irdene Schale zu gießen. Nicht nur die Milch wird verderben – auch die Schale wird zerbrechen.« Das Eingangstor zum Vajra-System bildet eine tantrische Initiation. Mit ihr werden die Keime gelegt, die durch die Anwendung der Yogas später zur Entfaltung kommen.

Mitunter wirft man den Lehrern des Tantra vor, sie seien engherzig. Ein dummer Vorwurf, den nur jemand erheben kann, der den tantrischen Pfad nicht versteht. Die tantrischen Verfahrensweisen unterliegen nicht deshalb der Geheimhaltung, weil es etwa den Lehrern an Großzügigkeit fehlen würde. Wollte man die tantrischen Methoden einem spirituell unzulänglich vorbereiteten Menschen an die Hand geben, so wäre es dasselbe, als würde man ein kleines Kind an einen rasenden Elefanten anbinden. Das ist der Grund, weshalb die großen geistigen Meister, wie etwa der Fünfte Dalai Lama, stets betont haben, wie wichtig es sei, zunächst mit den elementaren Prinzipien des Buddhismus vertraut zu sein, ehe man sich an die *Vajrayana*-Techniken heranwage.

Frage: Was läßt sich zum Wohle eines Sterbenden tun?

Antwort: Eine gute Hilfe sind Mantras und Gebete, die man am Ohr des Sterbenden spricht. Besonders geeignet ist das Mantra von Buddha Shakyamuni. Die Silben dieses Mantras – om muni muni maha muni ye svaha – zeigen an, daß man die Herrschaft über die drei Ebenen errungen hat: Herrschaft über den negativen Geist, über das Anhaften an höhere sinnliche Freuden und über das eigennützige Streben nach dem persönlichen Nirvana als einem Selbstzweck. Da Selbstbeherrschung im Augenblick des Todes von entscheidender Bedeutung ist, vermag der Klang dieses Mantras den Sterbenden darin zu unterstützen, sich entsprechend zu verhalten.

Auch das Mantra von Avalokiteshvara, dem Bodhisattva des Mitgefühls, tut große Wirkung. Die Bedeutungsebenen dieses Mantras – om mani padme hum – sind zu zahlreich, als daß sie hier aufgeführt werden könnten. Von dem Mantra geht ein höchst wohltätiger Einfluß auf den Geist des Sterbenden aus.

Auch ist es hilfreich, das Bildnis eines Buddha oder eines Bodhisattva so aufzustellen, daß es im Blickfeld des Sterbenden liegt. Heiligenbilder besänftigen das Gemüt, sie fördern Klarheit und Selbstbeherrschung.

Falls der Sterbende ein Anhänger geistiger Übungen ist, sollte das Namens-Mantra seines Lehrers rezitiert und ein Bild des Lehrers in Sichtweite aufgestellt werden.

Vor allem aber ist es wichtig, in dem Sterbenden eine tugendhafte Gesinnung zu erzeugen und zu bewahren. Auf keinen Fall darf man ihn reizen oder in Zorn versetzen. In einer positiven Bewußtseins-Verfassung zu sterben, hat mit großer Wahrscheinlichkeit eine günstige Wiedergeburt zur Folge.

Ist der Tod eingetreten, sollte der Besitz des oder der Verstorbenen an bedürftige und tugendhafte Menschen verteilt werden. Man kann ihn auch veräußern und den Erlös darauf verwenden, Gebete für das Wohlergehen des Toten sprechen zu lassen. Der geistige Lehrer des Verstorbenen sollte gebeten werden, spezielle Gebete zu verrichten, da der Lehrer-Schüler-Beziehung eine besondere Bedeutung zukommt: alles, was ein Lehrer einem Schüler an Gutem erweist und alles, was ein Schüler seinem verstorbenen Lehrer Gutes tut, ist von machtvoller Wirkung. Eltern und Freunde sollten ebenfalls Gebete sprechen, da auch sie das weitere Geschick des Toten günstig zu beeinflussen vermögen. Es ist schon häufig vorgekommen, daß Menschen die in einer negativen Geisteshaltung gestorben sind und sich daher auf eine niedrige Wiedergeburt zubewegt haben, dank der Gebete und Opfergaben geliebter Menschen zu einer höheren Wiedergeburt fanden.

Wie mit Sterbenden und Verstorbenen umzugehen ist, wird in Vasubhandus *Enzyklopädie der buddhistischen Metaphysik*[16] ausführlich beschrieben.

Frage: Soll man einen Unterschied machen zwischen Buddhisten und Nicht-Buddhisten?

Antwort: Buddhas und Bodhisattvas sind Beschützer des gesamten Universums, es gibt für sie keine Unterschiede. Doch wenn der Sterbende buddhistischen Glaubens und ein Mensch ist, der dir nahesteht, so wird – kraft dieser Verbundenheit – alles, was du tust, eine stärkere Wirkung haben.

Frage: Sollte man einem/einer Sterbenden die Wahrheit über seinen/ihren Zustand offenbaren, oder ist dies nicht immer ratsam?

Antwort: Es kommt ganz auf den betreffenden Menschen an. Ist er oder sie ein Anhänger des Dharma, empfiehlt es sich, ihm/ihr die Wahrheit zu sagen. Die Person kann dann ihre ganze Kraft auf die Arbeit an ihrem Bewußtsein richten; sie wird den Tod nicht fürchten und hat die Möglichkeit, eine der Methoden zur Bewußtseins-Umwandlung anzuwenden.

Ist aber die sterbende Person unerfahren in geistiger Praxis, sollte man wohl besser davon absehen, ihr die Wahrheit zu sagen. Sie in Angst und Schrecken zu stürzen, hat wenig Sinn.

Frage: Wie lange verbleibt das Bewußtsein im Körper, nachdem der Tod zweifelsfrei festgestellt wurde?

Antwort: Wenn die verstorbene Person eine hohe Stufe der Entwicklung erreicht hat, kann das Bewußtsein zuweilen noch Tage, ja sogar Monate im Körper verbleiben. So blieb beispielsweise einer der frühen Pänchen-Lamas noch fast ein ganzes Jahr meditierend in seinem Körper, nachdem er aufgehört hatte zu atmen. Während dieser Zeit zeigte sein Körper keinerlei Spuren von Zerfall. Er starb in Khan, einer Stadt in Ost-Tibet, doch erst, als der Leichnam nach Zentral-Tibet gebracht worden war – nach einer Reise von vielen Monaten –, verließ das Bewußtsein den Körper.

Selbst wenn man überhaupt nicht meditiert hat, kann das Bewußtsein noch bis zu drei Tagen im Körper bleiben. Niemals sollte daher ein Leichnam von der Stelle bewegt werden, bevor nicht sichere Anzeichen vorhanden sind, daß das Bewußtsein aus dem

Körper getreten ist. Das untrüglichste dieser Symptome ist ein Bluts- oder Eitertropfen, der entweder durch die Nase oder die Genitalien ausgeschieden wird. Ein weniger verläßliches Zeichen ist der üble Geruch, der aus dem Körper entweicht.

Den Körper zu verbrennen, ehe ihn das Bewußtsein verlassen hat, ist fast gleichbedeutend mit Mord. Der Körper sollte nicht angerührt werden, bis das Bewußtsein aus ihm geschwunden ist. Berührt man ihn vorher, so kann es geschehen, daß das Bewußtsein an der Stelle, wo der Kontakt stattfand, entweicht. Da es günstiger ist, wenn das Bewußtsein im oberen Teil des Körpers austritt, sollte man einen Toten zuerst an der Schädelkrone berühren.

Frage: Warum wurden in Tibet die Toten nur in seltenen Fällen begraben?

Anwort: Man hielt es für besser, den Körper den Vögeln als Nahrung zu überlassen – als eine letzte wohltätige Handlung. Nur wenn ein Leichnam dafür nicht geeignet war – wegen einer Krankheit oder etwas ähnlichem –, wurde er in der Erde bestattet. Bei allen gläubigen Menschen war es üblich, durch einen tantrischen Yogi ein *chod*-Ritual[17] auszuführen zu lassen. Er visualisierte dabei, wie der Körper zerstückelt und hungrigen Tieren, Vögeln und Geistern zum Opfer gebracht wird. Hatte der Sterbende bereits eine hohe Stufe meditativer Verwirklichung erreicht, pflegte er dieses Ritual selbst auszuführen; anderenfalls ließ er es durch einen Yogi vollziehen. An den Totenstätten in Tibet gab es Yogis, welche geradezu ›Spezialisten‹ waren: man sagt ihnen nach, sie hätten die Fähigkeit besessen, genau die Anzahl von Vögeln herbeizulocken, die zum Verzehren einer Leiche nötig war. War nun ein Leichnam so klein, daß er nur zehn Vögel zu sättigen vermochte, dann kamen auch nur zehn Vögel herbei. Bot er zwanzig Vögeln Nahrung, so kamen zwanzig. Es sollen diese Vögel, wie es heißt, Manifestationen der mystischen Dakinis sein, und sie sollen sich beim Verschlingen des Leichnams nach strengen ethischen Vorschriften richten.

Frage: Es scheint in Tibet eine ungeheure Fülle von Literatur über den Tod und über den nachtodlichen Zustand zu geben. Wer sind die Autoren dieser Art von Literatur?

Antwort: Sie stammt von erfahrenen Yogis und Meistern der Meditation, die hohe Ebenen des Bewußtseins und der Erkenntnis erreicht haben. Mit diesen Texten verhält es sich anders als mit den Büchern, die heute geschrieben werden. Heute ist jeder bestrebt, sobald er nur lesen und schreiben gelernt hat, selbst ein Buch zu schreiben. In früheren Zeiten schrieben die Yogis ausschließlich über das, was sie selbst erfahren hatten.

Viele Äußerungen zu Tod und Sterben sowie zum Wesen der Bardo-Erfahrung stammen von Buddha selbst. In den Sutras und Tantras hat er ausführlich darüber gesprochen. Was er gesagt hat, ist zu einem großen Teil von Vasubhandu in verdichteter Form in die *Enzyklopädie der buddhistischen Metaphysik* aufgenommen worden und hat im Kommentar des Ersten Dalai Lama zu dieser *Enzyklopädie* weitere Bearbeitung erfahren.

III.
GESPRÄCH MIT EINEM
ALTEN MANN

Erst stirbt unsere Freude, dann
Die Hoffnung, dann die Furcht – und wenn
Diese tot, wird, Staub zum Staub,
Unser Leib dem Grab zum Raub.
Shelley: Der Tod

Zur Einführung

Lama Gun-tang Kon-chok Dron-me war ein bedeutender Zeitge-
nosse des Achten Dalai Lama. Von ihm stammt das nachstehende
kleine Werk in Versform ›Ein Gespräch mit einem alten Mann‹[1].
Es ist den meisten heutigen Tibetern wohlbekannt und – in
tibetischer Sprache – mehrfach in Indien nachgedruckt worden.
Eintausend Abschriften des Textes wurden von einem verdienstvollen Gönner an die Zuhörer eines Vortrages verteilt, den der
jetzige Dalai Lama 1978 im Haupttempel von Dharamsala gehalten
hat. Die Vorträge erstreckten sich damals über eine Woche (ihr
Thema war, wenn ich mich recht erinnere, Nargajunas *Der kostbare Blütenkranz*[2]), und zum Abschluß gab Seine Heiligkeit der
Dalai Lama eine Lesung des kurzen Textes von Lama Gun-tang.
Ich war einer der Zuhörer, die eine Abschrift erhalten hatten, und
als Erinnerung an jene Veranstaltung bewahrte ich sie bei meinen
Unterlagen auf.
Es vergingen einige Jahre; die Abschrift lag in meiner Bibliothek,
ohne daß ich ihr viel Beachtung geschenkt hätte. Doch begegnete
ich bei meinen Studien anderer Schriften immer wieder Hinweisen
auf den Text (so kommt zum Beispiel Pa-bong-ka Rinpoche in *Die
Befreiung, die in deinen eigenen Händen liegt*[3] des öfteren auf ihn
zu sprechen); und häufig wurde er in verschiedenen Vorträgen von
Lamas erwähnt.

Als ich mich dann entschloß, den zum Thema ›Tod und Sterben‹ gesammelten Stoff zu ordnen, kam dem ›Gespräch mit einem alten Mann‹ innerhalb der aufzunehmenden Beiträge natürlich ein bevorzugter Platz zu.

Die Arbeit an der Übersetzung erwies sich als nicht allzu schwierig, da ich zuvor schon die Lesung sowie einen Kommentar des Dalai Lama gehört hatte; auch waren mir einige Textabschnitte durch Hinweise und Zitate meiner anderen Lehrer bekanntgeworden.

Ja, es waren sogar bereits – wie ich etwa zur gleichen Zeit von einem Freund erfuhr – von diesem und einem weiteren Gedicht von Lama Gun-tang Übersetzungen ins Deutsche und ins Englische erschienen, jeweils auch mit den beiden Fassungen in tibetischer Sprache, der Urschrift des Originals und deren romanisierter Umschrift[4]. Die englische Übersetzung wurde dem Original nicht sonderlich gerecht, besser schon war die deutsche. Die Fassungen in tibetischer Sprache halfen mir, die Genauigkeit meines eigenen Textes zu überprüfen. Eine weitere Hilfe war die Tibetische Bibliothek in Dharamsala, die im Besitz einer Abschrift der vollständigen gesammelten Schriften von Lama Gun-tang ist, so daß ich Abweichungen auch gegenüber dieser Ausgabe ausgleichen konnte. Ironie, Spott und Verachtung sind in Tibet sehr beliebte Elemente der Komik. Und so wirkt das folgende Gedicht trotz seiner ernsten Thematik vor allem als Versuch, die komische Seite des Alters sichtbar werden zu lassen und zu zeigen, wie blind die Jugend sich gegenüber dem Alter verhält.

Zu Beginn tritt uns der alte Mann als klägliche Elendsgestalt entgegen, deren Anblick den Jüngling vor Ekel schaudern läßt. Doch mehr und mehr enthüllt sich das wahre Wesen des Mannes, seine innere Kraft kommt zum Vorschein – er dreht den Spieß um und bringt den Hochmut seines Gegenübers ins Wanken. Und am Ende offenbart er sich als Yogi, der das Vertrauen des Jünglings gewinnt und ihn davon zu überzeugen weiß, daß man dem Leben mit Ernst begegnen müsse. Der Jüngling ist im Innersten getroffen, er kehrt dem weltlichen Leben den Rücken, und wir sehen ihn meditierend Seite an Seite mit dem alten Mann in die Wildnis ziehen.

Eines der klassischen Themen des Buddhismus ist hier gestaltet; sein Vorbild hat es im Leben des Buddha selbst. Der Überlieferung nach war es das Erlebnis der vier großen Zeichen, das in Buddha jenen Sinneswandel bewirkte, der ihn seinem Leben als Prinz mit einer Gemahlin und 500 Konkubinen entsagen ließ und ihn zu einem Mönch machte, der nach Erleuchtung strebte. Krankheit war das erste der Zeichen, das zweite war das Alter, das dritte ein Verstorbener. Nachdem er diese Zeichen geschaut hatte, befiel den Prinzen ein heftiger Schmerz, wie unbefriedigend doch die zyklische Natur des Daseins sei, wie schnell seine Freuden dahinschwänden. Dann aber sah er unter einem Baum einen Weisen, dessen Antlitz in tiefem Frieden und in der Freude geistigen Wissens leuchtete. Niemals, so erkannte da der Prinz, würde er König werden wollen in seinem Lande.

In seinem klassischen Versepos über das Leben des Buddha beschreibt der Erste Dalai Lama diese Episode:[5]

> Kurze Zeit darauf weilte er in einem Garten.
> Menschen sah er hier, die sich krümmten vor Schwäche,
> Menschen, gepeinigt von Krankheit, vom Alter, vom Tode.
> Gründlich ernüchtert war er nun von Samsara,
> Und auf Befreiung richteten sich seine Gedanken.
>
> Einen Mönch sah er dann, heiter und voller Frieden.
> ›In hohem Ansehen steht der Mönch bei den Weisen‹,
> So dachte der Prinz. ›Sein Leben ist glücklich
> Und führt ihn zur Unsterblichkeit.
> Ich sollte ihm folgen auf seinem Wege,
> Zu meinem und anderer Menschen Wohle.‹

Und sogleich erdachte der Prinz einen Plan, wie er aus dem Palast seines Vaters entweichen könnte. Die Flucht gelang, er zog hinaus in die Wildnis, um sein Leben der geistigen Entwicklung zu widmen. Im Gedicht des Ersten Dalai Lama heißt es weiter:

Hin ging er zu den Ufern des Nairan-jana-Flusses
Und mühte beharrlich sich um Befreiung aus der
Verblendung.
Sechs Jahre unterwarf er sich vielen Meistern,
Und in Samadhis weilte er, weit wie der Himmel.

Wie wir sehen, mißt der Buddhismus schon in seinen ersten
Anfängen der Bewußtheit der Sterblichkeit als motivierender Kraft
große Bedeutung bei. Ständig kehrt dieses Thema in der
Geschichte des Buddhismus wieder. Es ist keine Erfindung von
Lama Gun-tang. Er hat es nur neu zubereitet, es mit einer Prise
Spott und Ironie versehen; ein zeitloses Menschheits-Thema hat er
mit ein wenig Komik gewürzt.

Gespräch mit einem alten Mann
Von Lama Gun-tang Kon-chok Dron-me

Verehrung den Buddhas,
Die das Leben kreisläufiger Wiederkehr verließen
Und enthoben sind seinem innewohnenden Leiden
Von Geburt, Krankheit, Alter und Tod.[6]
Mögen sie uns den Mut und die Kraft schenken,
Uns zu befreien von den Ketten,
In denen wir wandern im Bereich von Samsara.

Vor Zeiten lag einst in öder Wildnis
Ein alter Mann entkräftet am Wege.
Dort traf ihn ein hochmütiger Jüngling an,
Und es kam zu dem folgenden Gespräch:

»O alter Mann! Niemals noch sah ich jemanden,
Ob er nun saß, ging oder arbeitete,
Der ausgesehen hätte wie Ihr.
Sagt mir, was ist es, das Euch so plagt?«

Der alte Mann gab zur Antwort:
»O Jüngling, der du daherkommst
So voller Stolz über deinen kraftvollen Körper,
Höre auf mich! Denn vor vielen Jahren
War ich stärker noch, als du es jetzt bist.

Schneller als ein Pferd konnte ich laufen.
Und wenn ich den Tieren Fallen stellte,
Fing ich selbst noch das wilde Yak des Nordens.
Leicht war ich auf den Füßen und schnell,
Wie die Vögel es sind in den Lüften.
Und schön von Angesicht war ich wie ein Gott.

In prächtige Gewänder hüllte ich mich,
Und mit Edelsteinen war ich geschmückt.
Köstlich waren meine Speisen,
Und ich ritt auf dem schnellsten der Pferde.

Bei jedem Spaß war ich dabei,
Und keiner Lust verschloß ich mich.
Dem Tod und dem Nahen des Alters
Schenkte ich keinen Gedanken.
Gefangen waren meine Sinne bei Tag und bei Nacht
Von dem lärmenden Treiben der Freunde.
Andere Dinge kamen mir nie zu Gesicht.

Doch auf leisen Sohlen
Schlich das Alter mit seinen Leiden heran.
Anfangs sah ich's noch nicht,
Und als ich's dann tat, war's zu spät.
Erblicke ich heute in einem Spiegel mein Bild,
So läßt mich erschrecken, was ich dort sehe.

Erhält man eine tantrische Einweihung,
Wird zuerst der Kopf mit Wasser besprengt.
Dieses sinkt dann im Körper nach unten.[7]
In ganz ähnlicher Weise naht uns der Tod.

Der Scheitel verfärbt sich, wird weiß.
Dann wandern abwärts die Zeichen des Alters.

Weiß wie die Muschel im Meer ist mein Haar.
Nicht ich habe die Farbe herausgewaschen.
Der Herr des Todes hat auf mich gespien,
Mein Kopf ist bedeckt vom Eis seines Speichels.

Die vielen Linien und Runzeln in meinem Gesicht
Sind nicht Falten auf der Haut eines wohlgenährten Knaben.
Lesen kannst du in ihnen, wieviel Zeit schon verging.
Der Hüter der Zeit grub sie ein mir mit eigener Hand.

Was mich dauernd blinzeln läßt,
Ist nicht der Rauch eines Feuers.
Nachgelassen hat die Kraft meiner Augen,
Um etwas zu sehen, muß ich blinzeln.

Gebeugt, wie ich hier stehe,
Die eine Hand hinter dem Ohr,
Stehe ich nicht deshalb so da, weil ich glaube,
Du wirst mir gleich ein Geheimnis zuflüstern.
Nur wie von fern klingt mir alles Geräusch,
Es kostet mich Mühe, etwas zu hören.

Tropfen rinnen mir aus der Nase,
Ohne daß ich dies wollte.
Sie sind das Eis meiner Jugend,
Das die Sonne des Alters zum Schmelzen bringt.
Es sind fürwahr keine Perlen,
Die zur Erde rollen aus einem Halsband.

Meine Zähne habe ich alle verloren,
Und neue wird die Natur mir nicht schenken.
Die Mahlzeiten des Lebens sind alle gegessen,
Das Messer wird daher zur Seite gelegt.

Der ständig aus meinem Mund fließende Speichel
Fließt nicht, um die Erde mit Wasser zu tränken.
Alles, woran ich einst Freude hatte,
Erfüllt mich heute mit Widerwillen.
Und mein Speichel, er tropft ganz von allein.

Daß ich so undeutlich spreche,
Ist nicht in fremder Mundart begründet,
Die ich in fernem Lande erlernte.
An sinnlosem Geschwätz ohne Ende fand ich früher
Und müde ist nun meine Zunge geworden.   [Ergötzen,

Die häßliche Fratze, die du vor dir siehst,
Ist keine vorgebundene Affen-Maske.
Die Maske der Jugend wurde mir wieder genommen,
Für kurze Frist nur war sie geliehen.
Was mir blieb, ist diese knochige Fratze des Todes.

Mein unaufhörlich wackelnder Kopf will nicht sagen,
Daß mir hier irgend etwas mißfiele.
Der Herr des Todes versetzte mir einen Keulenschlag,
Seither kann ich mich auf mein Hirn nicht verlassen.

Wie ich hier gehe, den Kopf zur Erde gesenkt,
Suche ich durchaus nicht eine verlorene Nadel.
Der Juwel meiner Jugend kam mir abhanden.
Nun irre ich umher wie im Nebel,
Mühsam nur mich meines eigenen Namens erinnernd.

Auf allen Vieren richte ich mich empor,
Nicht, weil die Tierwelt mein Vorbild wäre.
Die Beine versagen mir den Dienst,
Mit Hilfe der Arme nur kann ich mich rühren.

Will ich mich setzen, so falle ich hin,
Doch schlechtes Benehmen liebe ich gar nicht.   [gerissen,
Die Fäden, an denen mein Glück einst hing, sind alle

Durchschnitten ist, was mich mit meiner Jugend verband.
So kommt es, daß ich mich ohne Anmut bewege.

Ich tu' einen Schritt vorwärts,
Und schon muß ich stolpern.
Ich will dir damit nicht Eindruck machen,
Will nicht zeigen, was für ein großartiger Mann ich bin.
Schwer drückt mich die Last meiner Jahre,
Sie läßt meinen Schritt so unsicher werden.

Nicht deshalb zittern mir fortwährend die Hände,
Weil sie nach Edelsteinen begierig sind.
Das Auge des Todes ist auf mich gerichtet und lauert,
Mir zu rauben das Kleinod des Lebens.
Furcht ist es, warum ich so zittere.

Die bescheidenen Mahlzeiten, die ich noch esse,
Sind nicht so karg, weil ich ein Geizhals wäre.
Abgenommen hat die Kraft meiner Verdauung,
Und wär' meine Mahlzeit zu üppig, könnt' es mein Tod
[sein.

Die leichte Bekleidung trage ich nicht,
Um aufzutreten bei einem Kostümfest.
So schwach ist mein Körper mit den Jahren geworden,
Daß selbst schon die Kleidung ihm Last ist.

Schwer geht mein Atem.
Doch spreche ich keine Gebete
Zum Wohle anderer Wesen.
Ein Zeichen ist es vielmehr, daß sehr bald schon
Mein Atem einswerden wird mit dem Atem des Himmels.

Die seltsamen Gesten, die ich vollführe,
Sind nicht ehrgeizige Schauspielerei.
Der Todesdämon hält mich umklammert,
Ich kann nicht mehr, wie ich es will.

Zerstreut bin ich bei all meinem Tun,
Und weiß doch aufmerksame Tätigkeit sehr zu schätzen.
Es liegt daran, daß mein Verstand träge geworden ist
Und Gedächtnis und Denkkraft im Schwinden sind.

Du brauchst gar nicht zu lachen über mich,
Denn jedem wird sein Anteil am Alter.
Wenige kurze Jahre nur noch,
Und den ersten Boten des Todes wirst du begegnen.

Noch haben meine Worte auf dich kaum Eindruck gemacht,
Doch nicht mehr lange,
Und in der gleichen Lage wie ich wirst du sein.
Nicht alt werden die Menschen in heutiger Zeit,
Keine Gewähr hast du, so alt zu werden wie ich.[8]
Und solltest du auch die Zahl meiner Jahre erreichen,
Gibt es für dich nicht die kleinste Gewißheit,
Mir dann noch ebenbürtig zu sein
An Kraft des Körpers, der Rede und des Geistes,
Mir, dem schwachen alten Manne,
Der vor dir steht.«

Abscheu packte darauf den Jüngling, und er rief:
»O bedauernswertes Geschöpf, das Ihr seid,
Von den Menschen verachtet und gejagt von den Hunden!
Verbraucht und häßlich ist Euer Körper.
Ich wollte lieber sterben an Eurer Stelle
Als weiterzuleben in solcher Verfassung.«

Da lächelte der alte Mann und sagte:
»Auf ewig möchtest du jung sein,
Und niemals möchtest du altern.
Angenehmer als das Alter sei dir der Tod,
So hast du gesagt.
Doch rückt erst der Augenblick deines Todes heran,
Dann wirst du erfahren:

Gar nicht so einfach ist es,
Einzuwilligen in den Tod, ihm vertrauend entgegen-
Wenn man niemandem ein Leid zufügt,   [zugehen.
Stets sich an seine geistigen Vorschriften hält
Und befolgt die dreifache Anweisung
Von Lernen, Betrachten und Sich-Versenken:
Dann vielleicht mag es leicht sein,
In Frieden zu sterben.

Doch nicht ein einziges Mal
Habe ich mich geistigen Werten gewidmet.
Nun aber, da ich altgeworden bin,
Begrüße ich jeden Tag als eine Gelegenheit,
Mich in den Grundsätzen des Dharma zu üben.
Und lange noch möchte ich leben.«

Als der Jüngling dieses vernahm,
Änderte sich seine Haltung, und er sprach:
»O alter Mann, es trifft zu, was Ihr sagt!
Nach allem, was ich mit eigenen Augen gesehen
Und mit eigenen Ohren gehört habe,
Muß ich Euren Worten meine Zustimmung geben.
Tief sind sie mir ins Herz gedrungen.
Wahrlich, groß sind die Leiden des Alters.
Hochbetagt seid Ihr, und vieles habt Ihr erfahren.
Sagt mir daher ganz offen:
Gibt es nicht irgendwo Mittel und Wege,
Herr zu werden über all diese Schrecken?«

Und wieder lächelte der alte Mann und sprach:
»O freilich, es gibt solche Wege und Mittel,
Und nicht einmal schwer sind sie zu erlernen.
Alles, was jemals geboren ward, muß auch wieder sterben.
Wenigen nur ist vergönnt, alt zu werden.
Leben zu können, ohne jemals zu sterben –
Dazu bedarf es des Nektars der Unsterblichkeit.[9]
Doch den zu erlangen, ist schwierig.

Die Großen dieser Welt –
Alle sind sie dahingegangen.
Buddhas, Bodhisattvas, Heilige, Könige.
Die Gerechten wie auch die Sünder –
Wer immer sie waren, alle mußten sie sterben.
Warum sollte mit dir es sich anders verhalten?

Doch wenn man am eigenen Geist zu arbeiten beginnt,
Dann zieht Freude ein in das Herz,
Wie alt man auch sei.
Und kommt dann der Tod, ist man wie ein Kind,
Das freudig heimkehrt ins Haus seiner Eltern.
Buddha selbst hat uns keine andere Methode gewiesen,
Die tiefer, die gründlicher wäre.

Nimm an meinen Rat, den besten, den ich dir geben kann!
Von Herzen kommt er, nicht nur von den Lippen:
In deiner eigenen Hand liegt dein Schicksal,
Deinem innersten Gefühl mußt du gehorsam sein!«

Der Jüngling erwiderte darauf:
»Recht habt Ihr, ganz ohne Zweifel.
Doch ehe ich mich geistigen Dingen zuwenden kann,
Muß ich zuvor vieles noch ordnen.
Muß sorgen für meine Familie, für Haus und Besitz.
Ist das erst einmal vollbracht,
Dann komme ich wieder und werde erneut mit Euch
                                        [sprechen.«
Da seufzte der alte Mann und sprach:
»Keine Vernunft ist in deiner Haltung.
Auch ich lebte einst mit dem Vorsatz,
Recht bald schon mit geistigem Üben zu beginnen.
Doch die Arbeit, die einen dann hindert,
Sie ist wie der Bart eines Mannes.
Wie oft man diesen auch stutzen mag –

Immer wieder muß man es tun,
Denn stets wächst er nur noch kräftiger.
Jahre vergingen in dieser Weise,
Ein Ende der Arbeit kam niemals in Sicht.
Nichts als Selbstbetrug ist dieses Hinauszögern.[10]
Und zögerst du weiter und weiter,
Dann kannst du alle Hoffnung begraben,
Jemals auch nur den kleinsten Fortschritt zu machen.
Vergeblich ist dann unser Gespräch gewesen,
Und besser wär's, du kehrtest nach Hause zurück.
Ungestört könnte ich dann meditieren.

Voller Bestürzung rief da der Jüngling:
»O alter Mann! Seid doch nicht so grausam zu mir!
Wäre ich denn nicht ein Narr,
Wollte ich alles so einfach verlassen,
Was ich im Leben mir schuf?«

Der alte Mann gab darauf zur Antwort:
»Zu mir magst du ja ruhig so sprechen.
Der Herr des Todes aber, der im Süden wohnt,[11]
Er nimmt keine Rücksicht auf das, was du planst.
Ihm wirst du Rede stehen müssen,
Wenn er kommt, dich zu holen.
Er fragt nicht danach, ob jung du bist oder alt,
Ob reich oder arm,
Ob willig du bist, ihm zu folgen, oder nicht.

Jeder muß diesen Weg alleine gehen
Und unvollendet zurücklassen die Arbeit.
Der Faden des Lebens reißt unversehens,
Ganz wie ein Seil reißt unter zu schwerer Last.

Keine Zeit bleibt dir dann, noch Pläne zu schmieden.
Und wenn du ohne geistiges Wissen stirbst,
Stirbst du in äußerster Hilflosigkeit.

Dann aber wird deine Ansicht sich ändern,
Über den Wert, der vergänglichen Dingen zukommt.

Wäre es daher nicht sinnvoll, sich jetzt gleich
An die Umwandlung des eigenen Geistes zu machen,
Jetzt, da noch Zeit bleibt für seine Formung?
Allein – es ist in dieser Welt
Guter Rat selten zu finden,
Seltener aber noch Menschen,
Die ihn dann auch befolgen.«

Zutiefst erschüttert von diesen Worten
Warf sich der Jüngling vor dem alten Mann zu Boden und
[rief:
»Nicht der erhabenste Guru auf dem herrlichsten aller
[Throne
Und keiner auch der allergrößten Gelehrten und Yogis
Hat je mir solch tiefe Belehrung zuteilwerden lassen.
O alter Mann, ein wirklicher geistiger Freund seid Ihr mir!
Folgen werde ich Eurem Rate.
Sprecht weiter, denn mehr noch
Will ich von diesen Dingen erfahren.«

Und der alte Mann sagte weiter:
»Viele Jahre hab ich zugebracht auf der Erde
Und vieles gesehen in diesem Leben.
Nichts fand ich, das so schwer zu verstehen wäre
Wie die Grundsätze geistigen Lebens –
Wie man auf eine höhere Stufe des Daseins gelangt
Und Befreiung erreicht
Und die Allwisssenheit der Erleuchtung.

Hineinzuwachsen in jene Wahrheit,
Von der uns die Erleuchteten Kunde geben,
Ist wahrlich nicht einfach; und schwieriger noch ist es,
Bemüht man sich erst im Alter darum.
Die jungen Jahre sind es,

In denen man mit der Lehre vertraut werden muß.
Dann wird es leichter von Jahr zu Jahr,
Beständig zu bleiben in der begonnenen Praxis.

Gelangt man zu vollem Verständnis
Auch nur eines einzigen Punktes der Lehre,
Werden dadurch sämtliche Handlungen
Wohltätig beeinflußt.
Keimt erst die Wurzel einer geistigen Erfahrung,
Dann nehmen alle Handlungen des Körpers, der Rede und
des Geistes
Eine spirituelle Ausrichtung an.

Grundlage aller geistigen Schulung ist es,
Die Vorschriften seines Lehrers streng zu befolgen,
Und dann mit der gleichen Sorgfalt,
Die man auf die eigenen Augen verwendet,
An die Ausführung seiner Übungen zu gehen.

Wende dich ab von weltlichen Dingen,
Gib hin dich ganz dem Lernen, Betrachten und Sich-Ver-
senken.
Vor allem aber trachte danach,
Der Lehren Kern zu erfassen,
Wie du ihn findest bei Buddha
Und bei Tsong Khapa, seinem Gesandten in Tibet.[12]

Wenn du für dein Ziel all deine Kräfte aufbietest
Und dir gleichzeitig aneignest die Methoden,
Mit denen du dir Vortrefflichkeit erwirbst;
Wenn du weiterhin deinen Geist
Läuterst von allen üblen Neigungen,
Dann wird dir die Erleuchtung von selbst zufallen.
Und dann erst, mein Sohn, wirst du wissen,
Was wahre Freude ist,
Dann erst wird dein höchstes Streben
Seine Erfüllung finden.«

Derart sprachen beide noch eine Weile zusammen,
Und sie wurden zu geistigen Freunden.
Gemeinsam lebten sie in der Wildnis,
Frei von den acht weltlichen Verstrickungen,
Ein Leben, das vollkommen der Meditation gewidmet war.

Ich bin nun am Ende meiner Geschichte
Von dem alten Mann und dem Jüngling,
Die einst in der Wildnis sich trafen.
Aufgeschrieben habe ich ihr Gespräch,
Um mich selbst und auch andere
In der Praxis des Dharma zu stärken.

Ich selbst, der Schreiber, Kon-chok Ten-pai Dron-me,
Bin kein sehr lebenserfahrener Mann.
Doch war ich im Glauben, dieses Gespräch
Könne von Nutzen sein kommenden Zeiten.
Und so schrieb ich es auf in der Hoffnung,
Den Herzen der Menschen möge daraus
Gutes erwachsen.

IV.
DER TOD DES GYE-RE LAMA

Ein kühner Schnitter ist der Tod;
Er läßt die Sichel gehn,
Die gemähten Halme geben ihm Brot,
Doch auch Blumen dazwischen stehn.
Longfellow: Der Schnitter und die Blumen

Zur Einführung

Ziel des ersten Kapitels dieser Textsammlung war es, sichtbar zu machen, wie das Meditieren über den Tod nach den verschiedenen tibetischen Überlieferungen in der Praxis vollzogen wird und in welchem Zusammenhang es mit dem allgemeinen System der buddhistischen Übungsmethoden steht. Das zweite Kapitel gab uns einen Überblick über die verschiedenen tibetischen Bräuche zum Thema Tod und Sterben, wie sie jeweils im Hinayana-, Mahayana- und Vajrayana-Zweig der buddhistischen Lehre Anwendung finden. Dabei kam eine Vielzahl von Themen zur Sprache, angefangen bei der täglichen Meditation über den Tod bis hin zur Methode der Bewußtseinsumwandlung im Augenblick des Todes; es wurde die Art und Weise behandelt, wie mit einem Sterbenden Kontakt aufzunehmen ist und wie der Umgang mit dem Leichnam sein sollte. Das dritte Kapitel brachte dann einen Dialog über den Sinn, die Notwendigkeit und die Wirkungsweise der Bewußtheit vom Tod als einer Kraft, die geistiges Streben auszulösen vermag.

Im vierten Kapitel gelangt ein ganz anderer Aspekt unseres Themas zur Darstellung: der Tod eines vollendeten Yogi. Seit den Zeiten Buddhas ist dieses Thema von buddhistischen Autoren über Jahrhunderte immer wieder mit Vorliebe behandelt worden. In den Lebensbeschreibungen fast aller großen Meister wird die Art, wie der Tod erscheint und das Sterben sich vollzieht, ausführlich geschildert.[1]

Die Tradition nimmt, wie bereits erwähnt, in den Tagen des Buddha ihren Anfang. Eine ganze Reihe von Berichten aus dem frühen Indien handeln vom Leben und Sterben Buddhas. Zu den bedeutenden zählen das *Lalita-vistara-sutra* und die *Buddhacharita*, wobei letzteres, ein kürzeres Werk in Versform aus dem ersten Jahrhundert, aus der zuerst genannten langen Prosa-Erzählung des *Lalita-vistara-sutra* hervorgegangen ist. Die *Buddhacharita*[2] schildert, wie drei Monate vor dem Tode Buddhas die Erde von einem gewaltigen Beben erschüttert wurde und ein heftiger Sturm sich erhob. Ananda, einer seiner Schüler, richtete daraufhin an den Meister die Bitte, er möge ihm doch die Bedeutung dieser Zeichen enthüllen. Buddha antwortete: »Dieses Beben der Erde gibt kund, daß ich die verbleibenden Jahre meines Lebens hingegeben habe. Nur noch drei Monate, gerechnet vom heutigen Tage, werde ich am Leben sein.« Drei Monate später, als Buddha und seine Schüler ein Gehölz von Mango-Bäumen aufsuchten, trat ein Gutsbesitzer namens Chunda auf sie zu und lud sie zu einem Gastmahl ein. Buddha nahm die Einladung an, verkündete aber dann seinen Schülern, er werde als einziger von den angebotenen Speisen essen. Nach dem Essen befiel ihn ein Unwohlsein, und er drang darauf, den Weg nach der Stadt Kushinagar fortzusetzen. Dort angekommen, nahm er zunächst ein Bad. Hierauf bat er Ananda, er möge ihm ein Ruhelager bereiten. »O Ananda«, sprach er zu seinem tiefbekümmerten Schüler, »meine Zeit ist gekommen, einzugehen in den Frieden. Gehe hin und lasse es die Mallas wissen, denn sie wären gar betrübt, wollte ich ohne ihr Beisein hinscheiden.«

Als seine Anhänger sich vollzählig eingefunden hatten, wandte sich Buddha ein letztes Mal mit einer Rede an sie: »Es ziemt sich nicht, in so freudvoller Stunde betrübt zu sein. Ich sehe Euch weinen, doch gibt es für Euren Kummer einen wirklichen Grund? Ein Weiser sollte uns gelten als ein Mensch, dem es gelang, aus einem brennenden Haus zu entfliehen... Es ist nichts daran gelegen, ob ich hier bin oder nicht; meiner bedarf es nicht zur Befreiung – allein ein Leben nach dem Dharma kann sie erwirken, so, wie auch eine Krankheit nicht geheilt wird durch den Besuch eines Arztes, sondern durch Einnehmen der verordneten Arznei... Meine Zeit ist vollendet, mein Werk ist vollbracht. Nichts ist, das dauert; alles muß enden, währte es auch Jahrtausende. Ein jeder muß Abschied nehmen dereinst. Was ich zu tun vermochte, hab ich getan, für mich selbst und für andere. Länger zu verweilen, wäre ohne Nutzen und Sinn. Lehre und Anweisung habe ich erteilt, wo immer dies möglich war, und was ich Euch lehrte, wird viele Generationen überdauern. Seid daher gefaßt und erkennt: alles, was lebt, unterliegt dem Gesetz der Vergänglichkeit. Nach der ewiggültigen Wahrheit müßt Ihr streben. Wenn das Licht der Weisheit die Dunkelheit des Unwissens vertreibt und die Leerheit aller Erscheinungen offenbar wird, dann wird das Ende des Lebens als ein Friede erscheinen, ein Genesen von schwerer Krankheit. Alles Bestehende muß dereinst vergehen. Darum trachtet stets nach Befreiung. Meine Zeit ist gekommen, von Euch zu gehen.«[3]

Nach diesen Worten sank der Meister in tiefe Meditation und verschied. Wie ein Schiff in schwerem Sturm begann da die Erde zu schwanken, und Donner und Blitz erfüllten den Himmel.

Als später die Mallas sich anschickten, den Leichnam des Buddha zu verbrennen, wollte der Scheiterhaufen nicht Feuer fangen, denn noch war der große Kash-yapa, ein Schüler des Buddha, nicht zugegen. Als er bald darauf eintraf, schossen plötzlich Flammen aus dem aufgeschichteten Holz, obwohl niemand in seiner Nähe stand.

Von solcher Art sind die Geschichten über den Tod des Buddha, wie sie in der *Buddha-charita* erzählt werden.

Auch in dem *Maha-parinirvana-sutra* heißt es, Buddha habe Ananda gegenüber des öfteren Andeutungen gemacht, ein Weiser verfüge über die Kraft, die Dauer des eigenen Lebens nach Wunsch zu bestimmen. Später dann, als er seinen nahenden Tod ankündete und Ananda darüber in Tränen ausbrach, rief ihm der Meister die zahlreichen Gelegenheiten ins Gedächtnis; er sprach: »Wahrlich, Ananda, zu spät ist es nun für alles Flehen.« Bis zu seinem Tode erinnerte er Ananda ständig daran: wäre dieser nur ein einziges Mal auf seine Hinweise eingegangen und hätte die Bitte geäußert, er, Buddha, möge das Ende seines Lebens noch aufschieben, dann wären ihm noch viele Jahre vergönnt gewesen.

So wurde der Tod des Buddha für Ananda zu einer schmerzlichen Schuld.

Zu jener Zeit hatte Buddha 499 Schüler um sich, die Nirvana erlangt hatten, doch war Ananda nicht unter ihnen; so hatte Buddha das erstrebte Ziel nicht erreicht, 500 seiner Anhänger zu Arhants zu machen, welche seine Lehren aufnehmen und sammeln sollten. Die 499 Arhants hätten dann, so wird uns berichtet, Ananda in ihre Mitte gerufen und ihn mit Beschimpfungen überhäuft, indem sie ihm alle Situationen vorhielten, in denen er falsch gehandelt hätte; er sei schuld daran, daß Buddha so früh dahingegangen sei, da er niemals die lebensverlängernde Bitte ausgesprochen habe, als sich ihm dazu Gelegenheit bot. Darauf verstießen sie Ananda aus ihrem Kreis, der darüber so außer sich geriet, daß er in den Garten hinausstürzte und das Bewußtsein verlor. Doch plötzlich durchfuhr ihn die Erkenntnis, was Buddha mit seinem Tun beabsichtigt hatte, und auf der Stelle ward er erleuchtet.

Auf solche Weise widmete Buddha sein ganzes Leben der Unterweisung, selbst sein Tod war ihm noch Mittel, einem seiner Schüler, dem saumseligen Ananda, zur Erleuchtung zu verhelfen. Nun waren die 500 Arhants vollzählig, und auch Ananda war ans Ziel gelangt. Die schwere Schuld, die zu fühlen ihn Buddha mit seiner List bewegt hatte, wurde zur auslösenden Kraft, ihn zur Vollendung zu führen.

Noch aus der Lebenszeit Buddhas sind uns weitere Beispiele überliefert, wie ein ungewöhnlicher Tod anderen Menschen zur Erleuchtung verhalf. König Bimbisara war der großzügigste Gönner des Buddha; er ließ viele Wohnstätten für die Mönche errichten und wurde selber zu einem Schüler Buddhas. Nach langen Jahren des Lernens und Übens erlangte er den Stand eines Arhant. Ajatashatru aber, sein Sohn, fand keinen Gefallen an religiösen Dingen; der König war darüber sehr besorgt, denn er wollte sein Reich nicht einem Prinzen zum Erbe geben, der der Liebe zur Religion ermangelte. Er ließ es daher zu, daß der Bösewicht Devadhatta an seinen Sohn herantrat, denn er war sicher, daß Devadhatta, der den Buddha und dessen Gönner, den König, haßte, Ajatashatra ungute Gedanken eingeben werde. So geschah es, und der Prinz ersann eine Verschwörung zur Ermordung seines Vaters. Als er aber die Nachricht erhielt, sein Plan sei erfolgreich ausgeführt, ergriff ihn heftige Reue. Er verbannte Devadhatta vom Hofe und begann ein religiöses Leben nach dem Vorbild seines Vaters. So gewann König Bimbisara seinen Sohn für das Dharma, indem er seinen eigenen Tod unter ungewöhnlichen Umständen herbeiführte.[4]

Durch die Jahrhunderte kehrt dieses Thema in den buddhistischen Schriften wieder. Es erfreut sich großer Beliebtheit bei den Tibetern und taucht in den Lebensbeschreibungen der berühmtesten tibetischen Yogis auf. Atisha etwa wird in einem Traum geoffenbart, daß er, indem er nach Tibet reise, der Menschheit einen großen Dienst erweise – sein Leben sich aber um zehn Jahre verkürzen werde.[5] Auf ähnliche Weise starb, ebenfalls im 11. Jahrhundert, der hochgeehrte Yogi Milarepa.[6] Bewußt nahm er Speise zu sich, von der er erfahren hatte, daß sie vergiftet war und ihn töten werde. Dadurch gestaltete er sein Sterben zu einem dramatischen Schauspiel, durch das sein Mörder zu einer aufrichtigen Gesinnung bekehrt wurde.

Dieses Motiv liegt der folgenden Geschichte vom Tod des Gye-re Lama zugrunde. Der Ablauf der Handlung ist einfach: Für den Gye-re Lama ist es an der Zeit zu sterben. Doch anstatt nun ganz unauffällig davonzugehen, ist es sein Wunsch, den eigenen Tod zur Bekehrung der Prinzessin Pal-den Zang-mo zu verwenden. Er veranlaßt sie, seine Ermordung zu planen. Sie vollbringt die Tat, wird aber danach so von ihrem Gewissen gepeinigt, daß sie ihr schändliches Tun vor ihren Leuten bekennt und allem Bösen abschwört. Sie wird Einsiedlerin und verbringt ihr Leben in Betrachtung und Andacht nahe der Stätte, wo die Missetat geschah. Am Ende gelangt sie in den Stand der Heiligkeit, überwindet das Böse, das sie zu ihrer Tat getrieben hat und entledigt sich der Schuld, die ihre Hinwendung zum religiösen Leben bewirkt hat.

Das Erstaunliche an dem Text ist, daß er Bericht gibt von einem Yogi, der im 12. Jahrhundert gelebt hat – niedergeschrieben wurde dieser Bericht aber erst vor dreißig Jahren von Ter-ton Dulzhug Ling-pa, einem tibetischen Mystiker, der keinerlei Zugang zu irgendwelchen historischen Quellen besaß. Zu einem besseren

Verständnis dieser Art von Literatur seien daher an dieser Stelle einige Erklärungen eingefügt.

Der dem Namen des Schreibers vorangestellte Titel *Ter-ton*[7] bedeutet soviel wie ›Schatz-Enthüller‹, wobei der ›Schatz‹ in einem Text mystischen Inhalts übernatürlicher Herkunft ist. Derartige Texte werden bisweilen unter Felsen, in Höhlen oder in hohlen Bäumen ›gefunden‹. *Das Totenbuch der Tibeter* ist ein Beispiel dafür. Die ›Finder‹ solcher Texte gelangen auf unterschiedliche Weise in deren Besitz: mitunter entdecken sie ganz konkrete Schriftwerke, ein anderes Mal werden die Texte in Träumen übermittelt und danach aufgeschrieben, oder sie werden zuerst in einer Vision wahrgenommen, bevor sie aufgezeichnet werden.

›Der Tod des Gye-re Lama‹ gehört zur letztgenannten Kategorie. In der Einleitung wird geschildert, wie der Autor mit einigen Schülern das Tal von Lahoul im nordwestlichen Indien durchwandert, als er von jemandem aufgefordert wird, Halt zu machen und die Pilgerstätte auf dem Gye-re-Berg in Augenschein zu nehmen. Der Autor selbst ist ein berühmter Hellseher, obwohl er dies im Text nicht ausdrücklich sagt. Er willigt ein, jenen Ort zu prüfen, und muß dann allerlei Merkwürdiges erfahren – auch, was seine eigenen Reaktionen auf die untersuchten Örtlichkeiten angeht. In der folgenden Nacht hat er einen Traum. Darin erscheint ihm eine *Dakini*. Sie erzählt ihm die Geschichte vom Gye-re Lama und von der Erleuchtung der Prinzessin Pal-den Zong-mo. Dies ist der Inhalt der ersten Texthälfte. Der Autor macht zunächst keinerlei Aufzeichnungen. Doch wenige Monate später kommt er erneut in jene Gegend und legt eine Rast ein nahe der Stelle, wo sich der Mord ereignet hatte, von dem ihm in seinem Traum berichtet worden war. Er findet keinen Schlaf in dieser Nacht, und gegen Morgen fällt er in einen tranceartigen Zustand, in welchem ihm der Gye-re Lama erscheint und die noch ausstehenden Einzelheiten seines Lebens und Sterbens erzählt. Am Ende dieser Vision übermittelt der Gye-re Lama dem Autor ein Gebet sowie eine Meditation zum Gebrauch für alle, die die Pilgerstätte am Gye-re-Berg aufsuchen; hieran knüpft sich eine Aufzählung der verschiedenen Personen, die in der Geschichte vorkommen, und der Orte, an denen sie gegenwärtig wiedergeboren sind.

Nun erst fühlte sich Ter-ton Dul-zhug Ling-pa gedrängt, alle seine Erlebnisse schriftlich niederzulegen.

Der Autor selbst starb vor nicht allzu langer Zeit – in den sechziger Jahren. Merkwürdig wie sein Leben war auch sein Tod. In einem Traum erhielt er den Auftrag, nach Nepal zu gehen, um dort einige ›Schatz‹-Texte ausfindig zu machen; darunter sollten sich auch Reliquien von Buddhas unmittelbaren Schülern befinden. Etliche seiner Anhänger aus Lahoul begleiteten ihn. In Nepal wurde die Gruppe von einer Schneelawine verschüttet und lebendig begraben.

Die Bergkönigreiche jenseits der Nordgrenze Indiens sind magische Stätten. In den meisten von ihnen ist das Tibetische die Sprache für alles Mystische und Geistige, und häufig werden die Begabtesten unter den Studenten zur religiösen Erziehung in die tibetischen Klöster geschickt. Es versetzt uns in Erstaunen, wenn wir Texte wie den hier wiedergegebenen lesen, daß derart mystische, archaische Anschauungen auch heute noch hohe Wertschätzung genießen – ›archaisch‹ nicht im Sinne von ›primitiv‹, sondern von ›zeitlos gültig‹. Ich habe einen meiner Lehrer, Ehrwürden Doboom Tul-ku, der einst mit dem Verfasser unseres Textes in Darjeeling zusammengetroffen war, gefragt, welches sein Eindruck von dem Manne gewesen sei. »Nichts Auffälliges war an ihm – er war wie so viele der Yogis, die man dort trifft«, war die Antwort.

Im Sommer des Jahres 1982 wollte einer meiner Freunde eine kleine Bergtour in Lahoul machen. Ich gab ihm daher eine Übersetzung der Gye-re-Lama-Geschichte und bat ihn, dem Gye-re-Berg einen Besuch abzustatten. Der Berg liegt vier Tagesmärsche abseits der Autostraße, und es gelang meinem Freund, den Ort zu finden. Er suchte alle im Text angeführten Örtlichkeiten auf: die Höhle, die Trümmer der Hütte, die Stupa, die Wiese des Hinterhalts usw. Nichts hatte sich verändert seit den Tagen, da Dulzhug Ling-pa seine Geschichte aufgeschrieben hatte – und wenig wohl auch seit den Tagen des Gye-re Lama. Immer noch sehen Wege und Pässe aus wie ehedem, und auch die Menschen und ihre Lebensweise haben sich kaum verändert.

Tausende von diesen ›Schatz‹-Texten existieren in Tibet, die entweder gefunden oder in Träumen offenbart wurden. Ihr Wahrheitsgehalt ist für den Tibeter in jeder Hinsicht einer auf üblichem Wege gefundenen Wahrheit ebenbürtig.

Stets sind Menschen Irrtümern und Fehlern ausgesetzt, doch nach buddhistischer Anschauung sind es Hellseher nicht mehr als andere Menschen auch – aller Wahrscheinlichkeit nach sogar weniger. Der Historiker arbeitet mit Spuren und Zeugnissen, die die Vergangenheit hinterlassen hat – aus diesen Quellen zieht er seine persönlichen Schlußfolgerungen. Der Hellseher hingegen macht allein von seinem besonderen Talent Gebrauch, in Vergangenheit und Zukunft zu lesen.

Dul-zhug Ling-pa spricht auch einige Prophezeiungen aus; eine lautet: »In acht Jahren wird auf indischem Boden Blut vergossen werden, unser Leben wird dadurch eine Veränderung zum Schlechten erfahren.« Und wirklich: acht Jahre später, im Jahr 1962, marschierten die Chinesen in Indien ein. Und wenn es auch nur eine kurze Auseinandersetzung war, so hatte sie dennoch katastrophale Folgen für die kleinen Königreiche des Himalaya an Indiens Nordgrenze. Plötzlich wurden sie von Heerlagern und militärischen Einrichtungen überschwemmt, die bis heute nicht verschwunden sind. Weite Gebiete durften nicht mehr betreten werden, sie wurden zu Sperrgebieten erklärt. Und natürlich hatte die Unmenge von Soldaten in dieser nur spärlich besiedelten Region schlimme Auswirkungen: vielfach wurden Frauen von ihren Männern getrennt und in entlegene Teile Indiens verschleppt; die meisten jungen Männer wurden zum Militärdienst eingezogen; bisher unbekannte Krankheiten traten auf und vieles mehr. Auch begann die indische Regierung in größerem Umfang als bislang, Maßnahmen zur kulturellen Eingliederung durchzusetzen. Schulen wurden eröffnet, in denen die Kinder nur noch die Sprache des indischen Mutterlandes erlernten und ihnen die eigene kulturelle Identität genommen wird. Überall ereignet sich das gleiche – in Ladakh, Lahoul, Spitti, Kinnaur und in allen buddhistischen Königreichen an der Westgrenze zu Assam und an der Ostgrenze zu Mon. Das hat dazu geführt, daß die Menschen in diesen Gebieten derzeit unter unsicheren und unwürdigen Bedingungen leben müssen.

Die Geschichte vom Tod des Gye-re Lama mit ihrem klassischen buddhistischen Motiv hat für mich eine besondere persönliche Bedeutung – wegen der Umstände, unter denen einer meiner Lehrer starb: er war der frühere Abt des Dalai-Lama-Klosters in Dharamsala. Dieser großartige Lehrer war sechs Jahre lang Abt des Tantrischen Gyu-me-Kollegs gewesen, danach stand er vierzehn Jahre lang dem Nam-gyal Dra-tsang-Kloster des Dalai Lama vor. Eine Herzkrankheit zwang ihn dazu, seine Tätigkeit im Kloster aufzugeben; er lebte zurückgezogen, widmete sich der Meditation und empfing private Schüler. In dieser Zeit lernte ich ihn kennen. Einmal wöchentlich durfte ich ihn aufsuchen, um mit seiner Hilfe meine tibetischen Sprachkenntnisse zu verbessern und mit ihm die unvermeidliche Tasse Butter-Tee zu trinken. Mein mündliches Tibetisch war damals recht dürftig, ich konnte es unter seiner Anleitung beträchtlich verbessern. Er förderte mich nicht so sehr durch linguistische Regeln, sondern vielmehr durch eine veränderte Einstellung, zu der er mir verhalf. Nach etwa einem Monat gab er mir den folgenden Rat: »Ich möchte, daß du in einer ganz bestimmmten Weise vorgehst: Jeden Tibeter, den du auf der Straße triffst – ganz gleich ob Mann oder Frau –, mußt du in ein Gespräch verwickeln; ist eure Unterhaltung erst einmal in Schwung gekommen, dann mach' so lange weiter, bis du dein Gegenüber zum Lachen gebracht hast. Die Tibeter lachen gern, und wenn sie dich als jemanden kennen, der sie zum Lachen bringt, werden sie dich sympathisch finden und sich jederzeit gern mit dir unterhalten, ohne auf die Zeit zu schauen.« Ich folgte seinem Rat wortwörtlich, und innerhalb der nächsten Jahre gelang es mir mehr und mehr, die Eigenart des tibetischen Humors zu entschlüsseln, und dabei lernte ich die Sprache.

So vergingen einige Jahre, in denen ich Rinpoche regelmäßig in seinem kleinen Meditations-Raum besuchte. Manchmal sprach er davon, er wolle mir, sobald es sein Gesundheitszustand zuließe, eine kurze formale Unterweisung geben. Ich kam nur selten darauf zurück – lediglich an jedem Neujahrstag sprach ich die Hoffnung aus, seine Gesundheit möchte sich so weit gebessert haben, daß er mir in dem jetzt beginnenden Jahr die Unterweisung erteilen könne. Dies hatte allerdings mehr den Charakter eines höflichen

Konversationsbeitrages, es war kein wirklich ernstgemeinter Vorschlag, denn ich wußte, daß er keine formalen Unterweisungen mehr gab. Eines Tages aber erklärte er mir ganz unvermutet: »Seit Jahren habe ich nun schon versprochen, dir eine formale Unterweisung zu geben. Die Zeit hierfür ist jetzt gekommen. Wenn du es für richtig hältst, kannst du gerne ein paar Freunde mitbringen.« Es sollte eine Gruppen-Unterweisung werden, also bemühte ich mich um einen Dolmetscher.

Der Tag der Belehrung rückte näher, und als es soweit war, hatte Rinpoche den vorgesehenen Raum auf eine ungewöhnlich formelle Art hergerichtet. Man begann eben mit dem Sprechen von Gebeten, als ich bemerkte, wie Rinpoches Bedienter zur Tür hereintrat. Mir wurde bedeutet, dorthin zu gehen, wo Rinpoche saß, und symbolische Opferhandlungen vorzunehmen mit verschiedenen Gegenständen, die der Bediente auf einem Tablett hereingetragen hatte. Darunter befanden sich eine Stupa als Verkörperung von Buddhas Geist, ein Schriftstück als Verkörperung von Buddhas Rede und eine Statue als Sinnbild von Buddhas Körper. Als ich Rinpoche das Bildnis des Buddha überreichte, konnte ich sehen, wie er ihm beim Aufsetzen auf den Tisch einen leichten Stoß versetzte, so daß es auf den Rücken zu liegen kam. Er richtete es sogleich wieder auf, doch waren sich unsere Blicke begegnet, und er hatte auf meine Bestürzung mit einem wunderbar beruhigenden Lächeln geantwortet.

Die Unterweisung begann, doch nach etwa fünfzehn Minuten fiel mir auf, daß immer, wenn er selber sprach, er vollkommen gesund aussah, ja, er lachte sogar und erzählte komische Geschichten; daß aber, wenn er schwieg und der Dolmetscher das Wort hatte, sein Gesicht alle Farbe verlor, er sich fast unmerklich zusammenkrümmte und die Augen schloß, um sich besser auf seine Mantras konzentrieren zu können, wobei seine Gebetskette schneller als gewöhnlich durch seine Finger glitt. Nach einigen Minuten beugte ich mich vor zu ihm und fragte ihn, ob irgend etwas nicht in Ordnung sei. Ruhig gab er mir zur Antwort: »Ich habe gerade einen Herzanfall.« In diesem Augenblick hörte der Dolmetscher auf zu sprechen, Rinpoche nahm wieder seine aufrechte Haltung ein und fuhr mit der Unterweisung fort, als wäre nichts geschehen.

132

Als er dann erneut innehielt, beugte ich mich wieder zu ihm hinüber und fragte ihn: »Um Himmels willen, wäre es nicht besser, die Unterweisung auf der Stelle abzubrechen?« Er schaute mich lange und eindringlich an und erwiderte: »Das mußt du entscheiden – wir können weitermachen oder aber die Belehrung zu einem späteren Zeitpunkt zum Abschluß bringen.« Sofort ließ ich die Veranstaltung abbrechen und bat alle, den Raum zu verlassen. Rinpoche begab sich zu seinem Ruhelager und setzte sich nieder zum Meditieren. Etliche seiner Mönche eilten herbei und stimmten Gesänge an in tiefen, getragenen Tönen. Rinpoche selbst verharrte den ganzen Abend reglos und setzte seine Meditationen fort. Tags darauf ging ich hinüber zu seinem Haus. Sein Befinden erlaubte es nicht, mich zu sehen, doch ließ er mir eine Botschaft zukommen. »Rinpoche ersucht dich, seine Unterweisung im Gedächtnis zu bewahren«, teilte mir sein Bediener mit. Auch in der folgenden Nacht fuhr der Lama fort zu meditieren. Sein Atem setzte aus, sein Herz hörte auf zu schlagen, und alle Körperfunktionen stellten ihre Tätigkeit ein, noch wies er nicht alle Symptome des Todes auf. Die Methode, nach der er meditierte, hat den Namen *tuk-dam*, der Yogi zieht sich dabei zur Todes-Meditation in sein Herz zurück.

Drei Tage lang saß Rinpoche in dieser Haltung, ohne daß die Zeichen des Todes sich vollständig einstellten. Erst dann neigte sich sein Kopf zur Seite, und der Sterbevorgang war beendet. Die Form seines Sterbens war die des vollkommenen Yogi. Zu jener Zeit hielten sich sämtliche Mönche des Tantrischen Gyu-me-Kollegs in der Stadt auf, um vom Dalai Lama Belehrungen zu empfangen. Da Rinpoche beiden Klöstern viele Jahre als Abt vorgestanden hatte, bedeutete dies, daß fast alle seine Schüler anwesend waren. Ihnen allen war es gestattet, bei Rinpoches Todes-Meditation zugegen zu sein, welche ein Zeugnis seiner Erleuchtung war. Ich selbst war der einzige westliche Mensch, der über den Zeitpunkt seiner Einäscherung benachrichtigt wurde.

An dem festgesetzten Tag machte ich mich um drei Uhr in der Frühe auf den Weg zum Tempel. Das Wetter war ungewöhnlich. Kaum jemals hatte ich in Dharamsala einen so gewaltigen Sturm erlebt, Blitze zuckten und Donner krachten unaufhörlich, doch es fiel nicht ein einziger Regentropfen. Die Mönche aus beiden Klöstern hatten sich eingefunden. Der Leichnam Rinpoches wurde ins Freie getragen und vor dem Tempel aufgebahrt. Alle opferten glückverheißende weiße Tücher. Hierauf traten wir den langen Weg an, der bergauf führt zum Retreat-Zentrum, wo die Verbrennung erfolgen sollte. Unterwegs gesellten sich viele Tibeter zu uns, sie kamen aus ihren Häusern und legten ebenfalls weiße Tücher zu Füßen des Toten nieder. Das Verbrennungs-Ritual begann, das Feuer wurde entzündet und der Leichnam ging in Flammen auf. Doch da geschah etwas Seltsames: Mit einem knakkenden Geräusch brach der Brustkorb des Toten auseinander, und das Herz schnellte heraus. Es schien mehrmals zu zucken, dann fiel es zur Seite wie eine welkende Blume.

Ich hätte diese Begebenheit nicht erzählt, wenn es darin nicht so viele Eigentümlichkeiten gegeben hätte und sie nicht in so innigem Zusammenhang mit dem buddhistischen Grundmotiv des bewußt und willentlich vollzogenen Sterbens als Mittel einer Belehrung gestanden hätte. Am nächsten Morgen begab ich mich zum Hause von Rinpoche. Alles, was geschehen war, hatte mich verwirrt, und es erfüllte mich mit tiefem Schmerz, einen so einzigartigen geistigen Freund verloren zu haben. Auch wurde ich das Gefühl einer persönlichen Schuld nicht los, da ich so unmittelbar einbezogen war in das Sterben meines Lehrers. Ich sprach über meine Empfindungen zu dem Bedienten. »Vieles an diesem Ereignis ist höchst sonderbar«, gab er mir zur Antwort. »Einen Tag, bevor Rinpoche die Zusage machte, dir die Belehrung zu geben, bat er mich zu sich und sprach davon, wie das Spiel der Wolken am Himmel ihn plötzlich mit dem Gedanken an die Vergänglichkeit aller Dinge erfüllt habe. Das habe ihn zu dem Entschluß bewegt, in einer letzten Verfügung denjenigen seiner Schüler zum Abschied einen Rat zu erteilen, die nach seinem Hinscheiden weiterhin seiner Führung bedurften. Sein Tod war ihm für dieses Jahr prophezeit worden. Am Vorabend der Belehrung erlitt er einen leichten Herzanfall. Ich bat ihn daher, die Belehrung abzusagen, doch bestand er darauf, sie wie vereinbart zu halten. Am Vormittag hatte er einen weiteren Anfall, doch er war noch immer nicht bereit, auf die geplante Unterweisung zu verzichten. Am Morgen dieses Tages wurde ein Regenbogen sichtbar, der in einem der Fenster seines Hauses zu enden schien. Der Dalai Lama, der währenddessen mit den Mönchen im Tempel Gebete sprach, forderte die Anwesenden auf, dafür zu beten, daß sie in künftigen Leben niemals von so großen Lehrern, wie Rinpoche einer war, getrennt sein möchten. Alle, die in den letzten dreißig Jahren Rinpoches Schüler gewesen sind, befinden sich zur Zeit in der Stadt; offenbar hat er gewünscht, daß sie bei seinem Tod anwesend sind. Es scheint ihm ein tiefer Wunsch gewesen zu sein, dir jene Belehrung zu geben. Sein ganzes Leben war dem Lehren gewidmet, und auch im Sterben noch zu lehren, muß ihm sehr am Herzen gelegen haben.«

Als ich später auf dem Tonband die Worte vernahm, die Rinpoche gesprochen hatte, unmittelbar, bevor ich die Unterweisung hatte abbrechen lassen, war ich seltsam berührt. Sie lauteten: »Unablässig sollten wir über den Tod meditieren und uns stets der Vergänglichkeit aller Dinge bewußt sein. Das wird uns die Fähigkeit verleihen, uns mit aller Kraft anzustrengen, bessere Menschen zu werden und vom Bösen abzulassen. In dieser Weise werden wir die Gebete und die hohen Ziele der Buddhas und Bodhisattvas der Vergangenheit verwirklichen.« An dieser Stelle hatte ich den Vorschlag gemacht, eine Pause einzulegen. Seine Antwort war: »Das mußt du entscheiden – wir können weitermachen oder aber die Belehrung zu einem späteren Zeitpunkt zum Abschluß bringen.«

Buddha selbst hatte das Vorbild gegeben, als er das bewußt vollzogene Sterben im Kreise seiner Schüler als Mittel der Belehrung benutzt hatte. Seinem Beispiel sind viele Dalai Lamas gefolgt. Als der Erste Dalai Lama in seinem 83. Lebensjahr stand, rief er seine Schüler zu sich, und in einem großen Saal des Ta-shi-Lhunpo-Klosters teilte er ihnen mit, daß er nun sterben werde. Einige seiner Schüler beschworen ihn, doch die ihm gegebenen Kräfte dafür einzusetzen, sein Leben zu verlängern; andere baten ihn, einen Arzt holen oder sonst irgend etwas tun zu dürfen, damit sein Leben noch erhalten bliebe. Er aber sagte: »Haltet euch stets an die Lehren des Buddha und nutzt sie zum Heil aller lebenden Wesen für die Höherentwicklung eures Bewußtseins. Bedenket immer die Lehren des Ta-shi-Lhun-po-Klosters und müht euch nach Kräften, gemäß der wahren Lehre des Buddha zu leben, zu meditieren und andere zu unterweisen. Nur so könnt ihr meinen Wünschen genügen.« Darauf versenkte er sich in eine tantrische Form der Meditation. Sein Atem setzte aus, sein Herz hörte auf zu schlagen; doch er blieb dreißig Tage in dieser Haltung, ohne irgendwelche Anzeichen von Tod. Sein Körper verwandelte sich, wurde wieder zu dem eines jungen Mannes und sandte Strahlen von solcher Leuchtkraft aus, daß nur wenige seinen Anblick zu ertragen vermochten. Auf diese Weise starb der Erste Dalai Lama – so wird in den meisten Lebensbeschreibungen sein Tod geschildert.[8] Seine sterbliche Hülle wurde einbalsamiert und in ein goldenes Behältnis gelegt. Jeder der nachfolgenden Dalai Lamas erwies sich bei seinem Tod ebenso als ein Meister des bewußten Sterbens und vermochte sein Hinscheiden in ein wirksames Mittel der Belehrung zu verwandeln.

Dul-zhug Ling-pa zeichnete eine ganze Anzahl von Texten übernatürlicher Herkunft auf; darunter ist der ›Tod des Gye-re Lama‹ der umfangreichste. Ich war in den Besitz der gesammelten Werke von Dul-zhug Ling-pa erstmalig durch meinen Freund David Lewiston gekommen. Er hatte sich als Toningenieur durch eine Reihe von Aufnahmen traditioneller Volksmusik einen Namen gemacht, und wir arbeiteten gemeinsam an einer Aufnahme mit tibetischen Gesängen. Lewiston war damals gerade mit Ta-shi Tse-ring von einer Reise nach Lahoul zurückgekehrt, wo er Material für sein Buch über die untergegangenen Königreiche des Himalaya gesammelt hatte. Ta-shi hatte eine Abschrift der gesammelten Werke Dul-zhug Ling-pas beschafft, da er der Ansicht war, eines der darin enthaltenen ›Lieder der Erfahrung‹ – eine Art mystischer Yogi-Dichtung – könne für das Kapitel des geplanten Buches über Lahoul brauchbar sein.

Dul-zhug Ling-pa hatte – obwohl er aus Ost-Tibet gebürtig war – einen Großteil seines Lebens in Lahoul verbracht. In typischer Weise verkörperte er den wandernden Yogi, dem man so häufig in den Himalaya-Königreichen begegnet. Ich fand Gefallen an der Geschichte vom Gye-re Lama und fertigte eine Übersetzung an. Sie ist ein ausgezeichnetes Beispiel für jene Gattung von Literatur, die das bewußte Sterben eines Yogi zum Thema hat.

Der Tod des Gye-re Lama
Bericht von Ter-ton Dul-zhug Ling-pa

Die erstaunliche Geschichte, die ich hier zu berichten habe, nahm ihren Anfang am fünfundzwanzigsten Tag des Siebenten Mondes im Jahr des Hölzernen Pferdes.[9] Ich, der Schreiber, Dul-zhug Ling pa, befand mich auf dem Weg durch die Pata des Tales von Lahoul, als mir am Himmel eine goldene *Dakini* erschien und die folgenden Worte zu mir sprach:

»Sei gegrüßt, o erhabener Yogi! Ausersehen bist du, die Geschichte des berühmten Kumara Seng-ha[10], eines *Maha-siddas* aus vergangenen Tagen, aufzuzeichnen.«

Nach diesen Worten entschwand sie, indem sie sich vollständig auflöste.

Wir setzten unseren Weg noch eine Weile fort, bis wir zu einer Pilgerstätte gelangten, die unter dem Namen ›Gye-re-Berg‹ bekannt ist. Einer meiner Begleiter namens Ka-tang, der ein überzeugter Anhänger der Lehre war, trat dort auf mich zu und sprach mich an: »Einer alten Legende nach soll dieser Ort in einer ganz besonderen Beziehung zu Lama Gye-re stehen, einem berühmten Weisen aus vergangener Zeit, der wegen seiner mystischen Fähigkeiten in hohem Ansehen stand; auf dem Berg sind noch die Überreste der Hütte erhalten, in der er meditiert hat; und unterhalb der Hütte befindet sich eine Höhle, wo er viele Jahre meditierend zugebracht hat. Doch sind seit jener Zeit viele Jahrhunderte vergangen, und heutzutage weiß man kaum noch etwas über ihn, außer, daß er hier auf dem Berg seinen Aufenthalt hatte und zahllose Menschen der Praxis des Dharma zuführte. Seht euch die Stätte einmal genauer an und versucht, mit Hilfe eurer besonderen Seelenkräfte herauszufinden, ob ihr in dieser Sache nicht noch Weiteres in Erfahrung bringen könnt.« Derart angeregt durch die wundersame Erscheinung der goldenen *Dakini* und die Worte meines Schülers, begannen wir bergauf zu steigen zu dem Ort, an dem der Gye-re Lama geweilt hatte. Neben der verfallenen Meditations-Hütte fanden wir einen rechteckigen Felsblock, in den sich ein menschlicher Fußabdruck eingegraben hatte. Allem Anschein nach war er vor uns noch von niemandem bemerkt worden, und ich muß gestehen, daß sein Anblick in mir tiefe Ahnungen karmischer Zusammenhänge wachrief.

Etwas weiter wegabwärts stießen wir auf einen mächtigen Felsblock, der drei Einprägungen aufwies. Ich bat einige meiner Männer, den Stein herumzuwälzen, und entdeckte dann auf seiner Unterseite den vollständigen Abdruck eines menschlichen Körpers. Unzweifelhaft müsse dieser, so erklärten einige der Anwesenden, vom Körper des Gye-re Lama herrühren.

Unweit dieses Felsstücks lag ein Stein, der mitten entzweigebrochen war. In die beiden Hälften hatte sich der Rumpf eines Menschen eingedrückt.

Alle diese Felsblöcke – der mit der Fußspur, der mit dem vollständigen Körperabdruck und die beiden Hälften mit der Einprägung des Rumpfes – stellten wir voller Ehrfurcht am Wegrand auf. Dreizehn meiner Leute sprachen Gebete, brachten Blumengaben und das Mandala dar und meditierten über das, was sie gesehen hatten. Ich selbst hielt noch weiter Umschau auf dem Berg und in der näheren Umgebung, wobei ich mich innerlich den befreienden Taten der Vollendeten vergangener Zeit verband. Wir waren alle von einem tiefen religiösen Empfinden durchdrungen.

Am selben Abend erreichten wir Kun-khen-gyer. Wir waren frohgestimmt und vergnügt miteinander, und ich ging frühzeitig schlafen. Gegen Mitternacht hatte ich einen Traum, in dem mir ein junges Mädchen erschien. Es war kostbar gekleidet, trug reichen Schmuck und wandte sich an mich mit folgenden Worten:

»O Verehrungswürdiger, der heutige Tag hat Euch Dinge zu Augen gebracht, die wahrlich der Andacht wert sind. Jene Spuren, die Ihr in den drei Steinen eingegraben fandet, stammen tatsächlich vom Körper des heiligen Gye-re Lama, der eigentlich Kumara Seng-ha hieß und ein Schüler des *Maha-ssidha* Kangra Ri-pa war, des Eremiten vom Berge Kangra.[11] Ich möchte Euch die Geschichte dieses Heiligen erzählen. Vernehmt sie in Aufmerksamkeit, um sie hernach an andere Menschen weiterzugeben.«

Und sie begann, mir die nachstehende Geschichte zu erzählen. In Ta-shi Gang lebte einstmals ein Gönner des Dharma, Ta-shi Pal-den geheißen. Mit ihm unter einem Dach wohnte der Gye-re Lama. Eines Tages zog er Ta-shi Pal-den ins Vertrauen:

›Für mich ist die Zeit gekommen, da ich sterben muß. Bald schon werde ich aus diesem Land scheiden und eingehen in das Land der unaussprechlichen Glückseligkeit. Es naht die Stunde des Abschieds, und in diesem Leben werde ich meinen Schülern nicht mehr begegnen.‹

Ta-shi Pal-den war aufs Äußerste bestürzt und bat flehentlich: ›O ehrwürdiger Lehrer, möget Ihr noch viele Jahre leben! Ihr zählt erst 47 Jahre und erfreut Euch der besten Gesundheit. Nicht einmal sprechen solltet Ihr von solchen Dingen!‹

Der Lama antwortete: ›O teurer Freund, die Worte eines alten Trunkenbolds sind ohne Bedeutung. Schenkt ihnen keine Beachtung. Laßt uns lieber noch eine Schale Wein leeren und miteinander glücklich sein. So manches Jahr habe ich in der Einsiedelei des Gye-re-Berges zugebracht. Morgen werde ich aufbrechen in das Land Nepal, um niemals wiederzukehren. Wer aber seinen Glauben und sein Vertrauen in mich gesetzt hat, dem soll von meinem sterblichen Leib an Reliquien zuteil werden, was immer er davon begehrt.‹

Tränen des Schmerzes weinte da der Gönner, und inständig bat er den Lama, doch von seinen geheimen Kräften Gebrauch zu machen, um so seine Lebensdauer zu verlängern.

Doch der Yogi erwiderte ihm: ›O teurer Ta-shi, Ihr dürft Euch nicht um Eure Ruhe bringen. Ich werde es nicht erlauben, daß Ihr absinkt zu den unteren Daseinsbereichen. Für mich ist es Zeit, Euch Lebwohl zu sagen. Nach Ablauf von fünf Lebensspannen werde ich mich an diesem Ort erneut manifestieren, und ein weiteres Mal werden wir dann zueinanderfinden. Nicht mehr lange, und ich werde nach Nepal ziehen und Euch in diesem Leben nie mehr begegnen. Laßt Euch dadurch jedoch nicht betrüben. Es gibt keinen Grund zur Trauer. Alles Lebendige muß dereinst den Tod erleiden. Der Buddha selbst ging von hinnen, wie noch alle gegangen sind – die Heiligen und die *Maha-siddhas* in Indien und Tibet. Ob Bettler oder König, Heiliger oder Sünder – alles, was Atem hat, wird einst dem größten unserer Feinde, dem mächtigen Herrscher des Todes, in den gierigen Rachen fallen. Daran müßt Ihr stets denken und Euch ganz dem Dharma hingeben. Seid ohne Furcht. Auch nach meinem Tode werde ich über

Euch wachen und Euch Hilfe zusenden aus dem Reinen Land der Glückseligkeit.‹

Am Tage darauf sattelte der Lama seinen blauen Hengst und ritt in die Ferne.

In der Gegend von Gye-re lebten zu jener Zeit achtzehn Nomaden-Familien, deren Oberhaupt Jowo So-nam Tob-ten war. Er hatte eine Tochter, die Prinzessin Pal-den Zang-mo, die außer ihrem Besitz an Geld und Gütern auch über große Macht verfügte. Der fruchtbarste Streifen Land, der ihr gehörte, war die Lotus-Weide; und jedes Jahr zur Zeit des Pflügens kam der Lama geradewegs über diese Wiese geritten, wenn ihn seine Pflichten im Dienste der Gemeinschaft riefen. Für die Prinzessin war das ein gewaltiges Ärgernis. Sie scharte neun kräftige junge Männer aus jener Gegend um sich, versah sie mit Speise und Wein, und heckte mit ihnen einen teuflischen Plan aus.

›Hört mich an, Männer von Gye-re‹, sprach die Prinzessin. ›Wißt ihr jemanden im Tale des Myere-Flusses, in Taralokinatha oder in Maruta[12], der meinen Vater an Reichtum und Macht überträfe? Allein, der Gye-re Lama tritt das Vertrauen meines Vaters ständig mit Füßen. Ich habe ihm große Summen gegeben, damit er Gebete spreche für die Toten, doch kennt er keine Bescheidenheit, weder Ehrerbietung noch Scham. Ihr selbst habt mit eigenen Augen gesehen, mit welchem Hochmut er sein Pferd auf unserer allerbesten Wiese hin- und hertraben läßt. Im vorigen Jahr habe ich ihn deshalb zur Rede gestellt und aufgefordert, in einem Bogen um die Wiese herumzureiten – und nicht darüber hinweg. Doch verächtlich hat er mir geantwortet, bis zu seinem Tode werde er über unser Land reiten, ja, er lachte mich aus und sagte: ›Was wäre denn, wenn ich auf den Einfall käme, mein Pferd ganz einfach über dich hinwegreiten zu lassen? Wie wolltest du das verhindern?‹ So trieb er längere Zeit seinen Spott mit mir. In diesem Augenblick weilt er in Nepal, und schon in Kürze wird er wieder diesen Weg nehmen – wir wollen ihm eine Falle stellen. Laßt uns eine Grube ausheben, groß genug, daß Pferd und Reiter Platz darin finden. Dann wollen wir sie mit Astwerk und Gras bedekken, so daß von ihr nichts zu sehen ist. Laßt es uns so anstellen, daß, nachdem unsere Beute in die Grube gestürzt ist, ein großer

140

Haufen Steine ins Rollen kommt und Mann und Roß unter sich begräbt.‹

Die Prinzessin fuhr fort, so zu reden, bis die jungen Männer einwilligten.

Unterdessen kehrte der Lama aus Nepal zurück. Auf dem Weg zu seiner Einsiedelei erschien ihm eine lokale Gottheit und warnte ihn vor den Gefahren, die auf ihn lauerten.

›Kye! Wandernder Lama, heute solltest du keine Reise unternehmen! Tust du es dennoch, wird dich die böse Hexe Pal-den Zangmo in der Falle, die sie dir gestellt hat, fangen. Reite nicht weiter, ich beschwöre dich! Wenn aber deine Reise keinen Aufschub duldet, so laß die äußerste Vorsicht walten, ich werde dich beschützen.‹

Der Lama entgegnete ihr: »O erhabene Gottheit, welche die Kräfte des Guten lenkt! Sorgt Euch wegen dieser Sache nicht! Die feinen Fäden dieses Gewebes sind mir besser bekannt als Euch. Es ist wahr, die Prinzessin war in einem früheren Leben eine böse Hexe, und damals habe ich sie in einer Falle getötet von genau der Art, wie sie mir jetzt gestellt ist. Damals stürzte sie in meine Grube und wurde von Felsbrocken erschlagen; genauso muß ich jetzt in ihre Grube fallen. Ohne daß es ihr bewußt ist, nimmt sie nun Rache an mir. Seid dennoch wohlgemut und trauert nicht. Meine Schüler haben einen hohen Stand geistiger Erkenntnis erreicht, mein Lebenswerk ist vollendet. Nicht die Grube und auch nicht die Steine sind es, die mein Ende herbeiführen, habe ich doch die Herrschaft über die Elemente errungen. Geburt und Tod haben im Lichte der Erkenntnis Läuterung erfahren. Es ist mein eigener Entschluß, mein Sterben in dieser Gestalt zu vollziehen und dadurch andere für die heilige Lehre zu gewinnen.‹

Mit diesen Worten bestieg er sein Pferd, durchquerte den Fluß und machte sich auf den Heimweg zu seiner Einsiedelei.

Immer näher kam er der Lotus-Weide, schon vernahmen die Prinzessin und ihre Komplizen die klingenden Glöcklein am Zaumzeug des Pferdes; und sie frohlockten, da ihr Plan so vortrefflich zu gelingen schien.

Wie zu erwarten, stürzte der Lama in die Grube. Ein mächtiger Felsbrocken rollte auf ihn herab, doch dank seiner übernatürlichen

Fähigkeiten blieb er unverletzt. Nur der Stein brach beim Zusammenprall mit seinem Körper in der Mitte auseinander und in seinen beiden Hälften hatte der Rumpf des Lamas tiefe Einprägungen hinterlassen. Der Lama stieß die Brocken zur Seite und half seinem Pferd aus der Grube heraus. Ein weiterer Felsblock fiel herab, um einiges größer noch als der erste; der Lama wurde zu Boden geworfen und vollständig unter dem Stein begraben. Wieder blieb er unverletzt, nur sein Körper drückte sich vom Kopf bis zu den Knien in den Felsen ein und hinterließ klaffende Höhlen an den Stellen, wo Arme und Beine herausgeschaut hatten.

Und ein dritter Stein fiel, diesmal auf seinen rechten Fuß. Jetzt war der Augenblick gekommen, da sich der Lama dem karmischen Gesetz des Geschehens fügte und zuließ, daß das Drama des Todes seinen Verlauf nahm. Blut quoll aus seinem Körper, strömte über das Gestein und zeichnete Spuren und Muster auf seinem Wege.

Göttliche Geister und himmlische Wesen in großer Zahl versammelten sich am Himmel über dem tragischen Schauspiel und begannen zu wehklagen. Unzählige *Dakas* und *Dakinis* erschienen und erfüllten die Gegend von Gye-re mit Klagegesängen und einer Musik, die von allen achtzehn Sippen vernommen wurde.

Auch die Prinzessin Pal-den Zang-mo hörte diese Klänge, und es ergriff sie eine tiefe Furcht.

Sie dachte: ›Die Himmel sind erfüllt von wundersamen Melodien der Geister, und auf Erden geschehen Zeichen und Wunder. Gewiß verkünden sie den Tod des Lamas und den seines Pferdes. Vielleicht aber wollen diese Zeichen besagen, daß der Lama unter dem Segen der Buddhas und Bodhisattvas stand, der Meditationsgottheiten und der Dharma-Beschützer. Ich will hoffen, daß nicht gar zu großes Ungemach über die Menschen meines Stammes hereinbricht als Folge meiner schlimmen Tat.‹

Den ganzen Tag über quälten sie solche Gedanken, und in der Nacht tat sie kein Auge zu; sie warf sich auf ihrem Lager hin und her, als wäre sie von Sinnen oder von einem bösen Geist besessen. Als der Morgen kam, faßte sie den Entschluß, die achtzehn Familien auf der Lotus-Weide zu versammeln.

Als alle dort zusammengekommen waren, gewahrte die Prinzessin zu ihrer Überraschung, daß das Pferd des Lamas wohlauf war und friedlich am Rande der Grube graste. Unten, auf den Boden der Grube hingestreckt, sah man den Körper des Lamas unter großen Felsbrocken in einem Meer von Blut liegen.

Unter großen Mühen hob man die Steine an, und Füße und Schultern des Lamas wurden sichtbar. Tief hatte sich der Körper in die Steine eingegraben. Dann wälzten die jungen Männer den Felsen zu Seite, der auf dem Rumpf gelegen hatte, und zu ihrer Verwunderung sahen sie, daß der Körper nicht zerschmettert war; er hatte sich tief in den Felsen eingedrückt, so tief, daß er mit ihm verwachsen schien. Und als man ihn vom Felsen löste, blieb ein Abdruck über die ganze Länge des Steins zurück.

Ein ehrfürchtiger Schauer erfaßte die Anwesenden. In tiefer Trauer wiegten sie die Köpfe, argwöhnische Blicke trafen die Prinzessin Zang-mo.

Entsetzen packte sie angesichts ihrer verbrecherischen Tat. Sie fiel vornüber, ihr Körper zuckte unter heftigem Schluchzen. Der Gaumen wurde ihr trocken, Tränen rannen aus ihren Augen, und schließlich sprach sie zu der Menge:

›Ich bitte euch, hört mich an! Wie ihr alle wißt, bin ich die Tochter von So-nam Tob-ten. Der Stolz, der aus Überfluß und Macht erwächst, und mangelnde Weisheit, haben mich zu dieser furchtbaren Untat hingerissen. Nun bin ich von Furcht erfüllt, daß die Schutzgottheiten dieses Heiligen unser aller Glück und Wohlstand vernichten werden.

Vordem hielt ich diesen Lama für einen eitlen, glaubenslosen Mann, dem keine schützende Gottheit Beistand gewährte und der jeglicher geistigen Tugend ermangelte. Doch als ich in dieser Nacht die Gottheiten weinen und wehklagen hörte in allen vier Richtungen, erkannte ich meinen Irrtum. Die Himmel waren von Klang erfüllt, die Erde bebte; da wurde mir klar, welch hohen Rang dieser Meister einnahm. Jetzt, da er tot ist und sein Leichnam vor mir liegt, weiß ich ihn zu würdigen und erkenne, daß er ein Heiliger war, der die vollkommene Erleuchtung hatte. Unerträglich lasten Schmerz und Reue auf meinem Geist, und für alle Zeiten wird mir diese Erinnerung Qualen bereiten.‹

Ein Schwindel befiel die Prinzessin, und sie verlor das Bewußtsein. Ihre Diener beträufelten ihr Herz mit Wasser und kühlten ihr das Gesicht. Als sie wieder zu sich kam, trat ein Freund der Familie, Ye-she Zang-po, aus der Menge hervor, sie zu trösten.

›Hört, Prinzessin Pal-den Zong-mo, diese meine Worte, die aus tiefstem Herzen kommen! Laßt Euch durch sie nicht kränken, sondern vernehmt sie offenen Sinnes!

Aristokraten sind in der Regel hochmütige Menschen, und Ihr seid da keine Ausnahme. Das ist der Grund, weshalb es Euch bisweilen schwerfällt, die guten Eigenschaften anderer Menschen zu achten. Der Gye-re Lama ist wahrlich ein wunderbarer Mensch gewesen. Als er vor vielen Wintern an diesen Ort kam, um in der von den sechzehn Arhants[13] gesegneten Höhle seine Meditationen aufzunehmen, trug er nichts weiter bei sich als einen Sack Brennholz, ein Koch-Gefäß und ein Bündel mit Nahrung. Das waren seine sämtlichen Vorräte, mit denen er einsam und zurückgezogen den Winter durchlebte – vom achten Monat eines Jahres bis zum fünften des folgenden. Seine einzige Bekleidung bestand in einem groben Leinentuch, seine ganze Habe war eine Matte, auf der er meditierte. Er erwartete keine Hilfe von den Menschen und bat niemals darum.

Winter für Winter lebte er auf die gleiche Art. Zwanzig Jahre und fünf Monate hat er hier zu unserem Segen gewirkt. Schon seine Lebensweise läßt erkennen, daß er ein *Maha-siddha* war, der in allem, was er tat, ein Ziel verfolgte – auch dann, wenn er so hochmütigen Sinnes über Eure Wiese ritt. Ein großer Bodhisattva ist er gewesen. Niemals würde er eine Regung von Rachsucht verspüren, auch nicht bei einer so schwerwiegenden Tat wie der Euren.

Eine böse Tat läßt sich nicht rückgängig machen. Wenn Ihr aber Bedauern empfindet und von ganzem Herzen bereut, dann gesteht Euer Vergehen rückhaltlos vor Euch selbst ein und unterwerft Euch Reinigungsritualen. Für die Zeremonie der Einäscherung laßt eine Stupa errichten, und übergebt den Leichnam unter höchsten Ehrerweisungen dem Feuer.

Habt Ihr das in gehöriger Weise getan, dann wird Euer Herz vom negativen Karma geläutert sein, und die Gottheiten können einen Strom helfender Kräfte zu Euch lenken. Die schützenden Gotthei-

ten werden dann nicht mehr nach Rache dürsten für diese Missetat. Ich bitte Euch, diesen einfachen Rat anzunehmen.«

Glaube und Vertrauen kehrten bei diesen Worten in das Herz der
Prinzessin zurück, und sie rief aus: »O Ye-she Zang-po, der Ihr
Euch schon seit langem der Hochachtung und tiefen Liebe meines
Vaters erfreut! Schon oft habe ich mich in meinem Leben auf Eure
Hilfe und Führung verlassen können. Alles, was Ihr empfehlt,
heiße ich gut und willkommen. Meine Leute und mein Besitz
stehen Euch zu Diensten. Ich bitte Euch, helft mir, die nötigen
Vorkehrungen für das Kommende zu treffen, die vorgeschriebe-
nen Gebete auszuwählen und den Scheiterhaufen für die Einäsche-
rung vorzubereiten.‹

Unter Tränen schichteten die jungen Männer das Holz auf.
Andere wiederum gingen fort, um alles Notwendige für das Ritual
zu beschaffen. Es fanden sich dreizehn Mönche ein, die sieben
Tage lang die vorgesehenen Gebete sprachen. Auch aus der
Gegend von Maruta strömten die Menschen herbei, um Segnun-
gen zu empfangen von des Lamas sterblicher Hülle.

Schließlich war der Zeitpunkt herangerückt, um das eigentliche
Verbrennungsritual zu begehen. Man war gerade an der Stelle der
Liturgie angelangt, wo das Feuer entzündet werden sollte, da
schossen Flammen aus dem Leichnam hervor. Rasch erfaßten sie
das aufgeschichtete Holz, und binnen kurzem stand der ganze
Scheiterhaufen in Flammen, die zum Himmel emporloderten.

Plötzlich entschwand der Körper des Lamas, und über dem Scheiterhaufen erschien eine Lichtkugel in den Farben des Regenbogens. In ihrem Mittelpunkt saß die strahlende Erscheinung eines
achtjährigen Kindes. Jedermann konnte es sehen, wie es von oben
der Menge zulächelte und im Ton sanften Mitgefühls zu sprechen
begann:

O Pal-den Zang-mo und alle,
Die Ihr an diesem Ort versammelt seid!
Gebt gut acht auf das,
Was ich Euch nun zu sagen habe!

Haltet frei den Geist von negativen Gedanken
Über die Gurus und die Meister des Dharma,
Laßt leiten Euch von Ehrfurcht
Und von klarem Erkennen,
Die beide dem positiven Streben entstammen.

Laßt ab von allem nichtigen Tun
Und beschreitet entschlossen den Pfad.
Kostbar ist die menschliche Geburt, die Euch wurde,
Mit geistigem Sinn sollt Ihr sie erfüllen.
Haltet vor Augen Euch die Wirklichkeit des Todes
Und das jammervolle Rad des Elends,
In dessen Kreisen gefesselt sind
Die Wesen der sechs Bereiche.

Das Wissen um die karmischen Gesetze
Von Ursache und Wirkung
Möge Euch Weisheit lehren.
Lösen möge sich Euer Geist
Von allem Verhaftetsein:
Dann ist Euer Weg wohlgegründet.

Einem menschlichen Körper gleicht der geistige Weg.
Fest steht er auf den Beinen des Nicht-Anhaftens,
Der mitfühlende Geist eines Buddha ist seine Mitte.
Das unverfälschte Erkennen aller Erscheinung
Ist der obenauf thronende Kopf.
Des Weges Inbegriff sind diese drei,
Sie zu erlangen müßt Ihr Euch mühen.

Diese drei sind es, mit denen Ihr einlöst
Das Versprechen von Hinayana, Mahayana und Vajrayana.
Unerläßlich sind sie für das geistige Suchen,
Sie zu vollenden müßt Ihr bestrebt sein.

Voll Freude ist wahrlich der Geist,
Wenn er ohne Anhaften dahinströmt.

Entwindet Euch daher den acht Belangen der Welt,
Denn sie binden den Geist in negativem Empfinden.

Die seelischen Gifte, die fünf Plagen des Geistes –
Anhaften, Zorn, Neid, Stolz und Unwissen –
Sie sind die wahren Feinde des Menschen,
Und sie zu besiegen sei Euer vornehmstes Ziel.

Laßt alles Tun, das wenig Früchte nur bringt,
Und wandert den Weg zu geistiger Freude.
Gar rasch verfliegen die Dinge des Lebens –
Was von dauerndem Wert ist,
Soll allein Euch bekümmern.
Die drei Juwelen der Zuflucht
Müssen stets Euch begleiten.
Und erfüllt müßt Ihr sein
Von dem mitfühlenden Geist eines Buddha.
Was falsch ist an Euch und unvollkommen –
Ihr müßt es betrachten gewissenhaft
Und fördern in Euch die Kräfte des Guten.

Der Guru ist die Verkörperung
Der Buddhas der zehn Richtungen.
Jeden zynischen und negativen Gedanken über ihn
Sollt Ihr vermeiden.
Nicht für einen einzigen Augenblick
Darf von Euch weichen die klare Erkenntnis,
Daß das Handeln des Gurus klug bedacht ist
Und dem Geist seiner Schüler zur Führung dient.

Einweihungen und Segnungen empfangt,
Sooft Ihr nur könnt, bis Euer Geist
Von ihnen ganz durchdrungen ist.
Beirren dürfen Euch niemals
Vorurteil und Aberglaube.
Immerdar muß Euer Geist
Offen und klar sein.

Dies ist es, was ich Euch zu künden hatte.
Möget ihr nun danach handeln.
Von meiner Heimstatt im Reinen Land der Glückseligkeit
Werde ich Euer Streben segnend begleiten.

Nicht darf mein Tod Grund sein zu Trübsal.
Wenn Ihr dem Beispiel der Gottheiten folgt,
Werdet große Freude Ihr mir bereiten.
Bis zur Erleuchtung werde ich bei Euch sein
Und Gebete sprechen,
Auf daß günstige Zeichen erstehen für Euch.

Die Ansprache des Kindes war damit beendet, es verwandelte sich in eine leuchtende Kugel und entschwand himmelwärts.

Die Zuhörer fielen zur Erde nieder, Fischen gleich, die man aus dem Wasser gezogen hat. In gläubiger Inbrunst sandten sie dem Kinde klagende Rufe nach, dorthin, wo sie es noch eben vernommen hatten.

Da der Lama auf der Lotus-Weide getötet worden war, erhielt diese jetzt einen neuen Namen, sie wurde zur ›Weide des Hinterhalts‹, eine Bezeichnung, unter der sie noch heute bekannt ist. Getreidekörner und andere Opfergaben wurden in die Grube geworfen. Zuoberst legte man den Felsen mit dem Körper-Abdruck, so daß dieser nach unten zu liegen kam. Oben auf dem Berg wurde eine Stupa errichtet, die dem Haus des Fürsten Jowo So-nam Tob-ten zugewandt war. Dort wurden die Aschereste des Scheiterhaufens aufbewahrt. Seit jener Zeit kamen die Bewohner der Gegend jedes Jahr für drei Tage zusammen, um am Fuße der Stupa zu meditieren und Gebete zu sprechen.

Die Prinzessin Pal-den Zang-mo aber tat Buße. Als Zeichen der Sühne ließ sie den Stein mit dem Abdruck des Fußes auf der Wegesmitte aufstellen, damit jeder Vorübergehende ihn erblicken und Andacht davor halten konnte. Tag für Tag ging sie zu diesem Stein und verbrachte dort einige Zeit in Gebet und Betrachtung. Sie behielt diesen Brauch bei, bis ihr höchste geistige Vollendung zuteil wurde.«

Hier endet der erste Teil der Geschichte vom Gye-re Lama mit der

Erzählung von seinem ungewöhnlichen Tod, so wie sie mir (dem Dul-zhug Ling-pa) eine goldene *Dakini*, in einem Traum übermittelt hat. Als sie ihre Erzählung beendet hatte, löste sie sich in Licht auf und entschwand.

Ich machte damals keinerlei Aufzeichnungen von dem, was sich ereignet hatte, sondern setzte meine Reise am nächsten Tage fort. Wenige Monate später kam ich abermals durch die Gegend von Myere. Wir blieben diesmal zur Nacht am Rande der ›Weide des Hinterhalts‹. Ich teilte das Lager mit meinem Sohn Kun-zang, der damals neun Jahre alt war. Er war unruhig, ich selbst verbrachte die Stunden zwischen Wachen und Schlafen. Ich dachte darüber nach, was ich vom Gye-re Lama in meinen Träumen und Erlebnissen erfahren hatte, und mir kam der Gedanke, es könnte sinnvoll sein, alles das aufzuschreiben, zumal einige meiner Schüler davon gesprochen hatten, daß eine Lebensbeschreibung dieses hervorragenden Yogi noch ausstehe. Am nächsten Morgen reisten wir weiter, bis wir die Einsiedelei von Patanam erreichten, wo wir die Nacht verbringen wollten.

Am folgenden Morgen erschien mir der Gye-re Lama erneut in einer Vision. Es war in der Dämmerung beim Wechsel des Lichts. Der Lama war jetzt ein Knabe von sechzehn Jahren, er schwebte in einem Lichterkranz vor mir im Raum. Sein Gesicht war weiß mit einem rötlichen Anflug, das lange Haar war aufgebunden zu einem Knoten, wie ihn Yoga-Übende tragen, und seinen Körper umschlang ein Meditations-Band. Bekleidet war er lediglich mit einem schmalen Lendentuch aus Baumwolle. In der Rechten hielt er einen Vajra, in der Linken einen mit Ambrosia gefüllten Schädelbecher; seine Füße waren wie beim Vajra-Tanz gestellt. Er schaute mich an und sprach: »O mächtiger Yogi! Ihr sollt einen weiteren Abschnitt aus dem Leben von Kumara Seng-ha erfahren, um dann anderen davon Kunde zu geben.«

Hierauf begann er, mir das folgende zu enthüllen:

»Zu jener Zeit, da der große Guru Padma Sam-bhava[14] im Samye-Kloster lebte, war ich selbst, der Gye-re Lama, als Gon-lui-wang-po inkarniert. Im darauffolgenden Leben wurde ich als Ra-shak Ter-ton wiedergeboren. Und in dem Leben danach wurde ich zum Gye-re Lama Kumara Seng-ha.

Als Gye-re Lama wurde ich in Do-zang (›Kupferfelsen‹) geboren. Ein riesiger Kupferfelsen – in der Form einer Trommel, mit der man die *Dakinis* anruft – hatte dem Ort seinen Namen gegeben.

Do-zang bestand aus acht Dörfern. Das Dorf, wo ich geboren wurde, war etwas ärmlicher als die übrigen. Mein Vater hieß Tobgyal, meine Mutter Pal-zom Kyi-pa. Meine Eltern hatten drei Söhne, von denen ich der jüngste war.

Im Alter von sechs Jahren konnte ich lesen und schreiben, und ich ging von zu Hause fort, um Schüler von Gyal-wa Go-tsang[15] zu werden. Bei ihm erlernte ich die vorbereitenden und grundlegenden Übungen. Auch erhielt ich Initiationen in die vier Klassen des Tantra. Zu meiner geistigen Erziehung gehörte eine fünfjährige intensive Schulung unter Anleitung meines Lehrers auf dem Berg Tilbu.[16] Danach begab ich mich für ein Jahr auf Pilgerschaft zu den heiligen Stätten Indiens.

Im Anschluß daran ging ich in die Stadt Kangra. Auf dem dortigen Berg pflanzte ich an einer geschützten Stelle – unmittelbar oberhalb des Platzes, wo die Strohflechter arbeiten – das Siegesbanner des Drei-Jahres-Retreats auf. Hier war es auch, daß ich dem *Maha-siddha* Kangra Ri-pa begegnete, dem ›Eremiten vom Kangra-Berg‹. Unter seiner Anleitung vollendete ich die inneren und äußeren Übungen des geheimen Vajrayana.

Ich kehrte darauf nach A-zha und Zang-ling zurück, wo ich jeweils für ein Jahr blieb, meditierte und Unterweisungen gab.

Eines Tages erschien mir in einer Vision eine *Dakini*, die mir auftrug, nach Tibet zu gehen; und so machte ich mich auf und reiste sieben Jahre lang in den vier Provinzen Zentral-Tibets umher, wo ich längere Zeit in Sam-ye, Chim-pu, Lho-drak, Kharchu, Ol-kar, Dvak-po, Tsang-rong, Sa-kya und auf dem Kailash-Berg[17] verbrachte. Überall hißte ich das Siegesbanner und führte viele, die auf dem geistigen Weg waren, zu höheren Ebenen der Verwirklichung. Von dort wandte ich mich nach Nepal, wo ich ein Jahr lang zum Wohl des Dharma und der lebenden Wesen wirkte.

Ein weiteres Jahr hielt ich mich in den Bergen von Kaschmir und Pang-ge auf und widmete mich dort der Lehre und den Menschen. Auch übte ich das *Karma-mudra*[18] mit vielen himmlischen, irdischen und mit Naga-Frauen. Ich erlangte den Stand eines Wissenden, dem Macht gegeben ist über Leben und Tod.

Es war nun an der Zeit, den Bewohnern des Mye-re-Tales geistige Zügel aufzuerlegen. In dieser Absicht baute ich eine Hütte zum Meditieren auf dem Gye-re-Berg. In unmittelbarer Nähe gab es eine kleine Höhle, wo ich jeden Sommer für einen Monat lebte. Unweit davon befand sich eine weitere Höhle, die den Namen ›Glänzende Quelle der Wahrheit‹ trug. Sie lag in der Nähe eines türkisfarbenen Weihers am Fuße der Schneeberge, und man sagte von ihr, sie stünde unter dem Segen der Sechzehn Arhants. Winter für Winter lebte ich in dieser Höhle, vom achten Monat bis zur ersten Hälfte des fünften Monats im folgenden Jahr.

Als ich in meinem fünfunddreißigsten Lebensjahr stand, kam aus Nepal ein Yogi, Jig-me Tse-king, der ebenfalls auf dem Gye-re-Berg seine Übungen aufnahm.

Eines Tages erhielt ich eine Einladung, nach Nepal zu gehen und dort zu lehren. Mit Hilfe meiner magischen Fähigkeiten flog ich dorthin, drehte für drei Monate das Rad des Dharma und flog wieder zurück. Für diese besondere Art zu reisen erhielt ich den Beinamen ›Fliegender Lama‹. Die Bewohner Nepals waren recht wohlhabende Leute, und sie waren auf einem hohen Stand des Wissens. Beim Verlassen des Landes nahm ich Körner von einigen Getreidesorten mit und gab sie den Bewohnern der fünf Dörfer von Ta-shi Gang. Ihre Ernten erbrachten in den nächsten fünf Jahren einen Ertrag, der um das Dreifache höher als die normale Ernte war.

Nach meiner Rückkehr aus Nepal lebte ich auf einer der weiten Ebenen des Gye-re-Berges, vollzog Räucher- und Goldgefäß-Opfer zur Versöhnung der acht Arten lokaler Geister. In dieser Zeit hatte ich eine Vision von Gesar[19] und auch von Druk
lhamo[20]. Letztere Gottheit, bekannt als die ›Drachenkönigin‹, bot mir einen mit dem Nektar der Unsterblichkeit gefüllten Schädelbecher an. Fortan hieß jene Ebene die ›Wiese der Drachenkönigin‹.

An der Quelle des Flusses, der die Ebene durchfließt, lag eine Höhle, in der ich mehrere Schatz-Texte verbarg mit Anweisungen, die den Nektar der Unsterblichkeit und Yoga-Methoden zur Verlängerung des Lebens betrafen.[21]

Zwanzig Jahre und fünf Monate habe ich insgesamt in dieser Weise in der Gegend von Gye-re gelebt und für das Wohlergehen der Menschen und anderer lebender Wesen gewirkt. Am Ende habe ich dann für mein Sterben die Form gewählt, wie sie dir die goldene *Dakini* geschildert hat. Doch davon weißt du schon, und ich brauche dir die Geschichte nicht noch einmal zu erzählen.«

Als der Lama geendet hatte, stellte ich ihm die Frage:

»Kye! O Herr aller *Maha-siddhas*, erstaunlich ist die Geschichte Eures Lebens und Eurer Befreiung! Doch sagtet Ihr, daß Ihr nach Ablauf von fünf Lebensaltern Euren Schülern wieder erscheinen würdet. Nun sind aber die Menschen aus jener Zeit längst dahingegangen, und ich frage Euch, wie jene Prophezeiung in Erfüllung gehen soll? Ich bitte Euch, sagt mir, welches Eure fünf Wiederverkörperungen gewesen sind.«

Der Lama antwortete: »Es waren diese fünf: Zuerst war ich Kumara Seng-ha, der zu A-zha geborene Gye-re Lama. Danach wurde ich als Rang-rig Re-pa in Palding wiedergeboren. In meiner dritten Wiedergeburt war ich Nam-kha Rig-zin Wang-drak aus Chong-gyal. Hierauf wurde ich als Khan-dong So-nam Wang-du in Ost-Tibet wiederverkörpert. Und in meiner fünften Inkarnation war ich Kha-jo Ling-pa aus Zal-mo Gang-gyu.

Kye! O mächtiger Bewahrer des Wissens, hört auf meine Worte! Nun werdet Ihr erfahren, wie meine ehemaligen Anhänger von meiner Geschichte Kenntnis erhalten und mich der Weissagung gemäß wiedersehen werden. Lama Kumara Seng-ha ist zur Zeit als Samanta inkarniert und weilt in dieser Gegend. Meine Gebete und die strenge Disziplin meiner Schüler, die unbeirrt den Verpflichtungen des tantrischen Weges nachgekommen sind, haben bewirkt, daß alle meine Anhänger, die während vergangener Leben in enger karmischer Verbundenheit mit mir standen, gegenwärtig hier in der Gegend wiedergeboren wurden.

Wer diese nun sind? Kumara Seng-has Gönner führt derzeit den Namen Ka-thang. Kumara Seng-has wichtigster Schüler wurde als Dorje Zang-po zu A-zha wiedergeboren, und man kennt ihn unter dem Namen Jang-chub.

Hauptmann Jowo So-nam hört jetzt auf den Namen Tse-ring Nam-gyal, seine Frau heißt heute Ram.

Der blaue Hengst des Lamas trägt augenblicklich den Namen Kanu. Der Schüler des Lamas aus dem Grenzstrich zwischen Drak und Kong erlangte Wiedergeburt als Vidya-dhara Dipa.

Die Prinzessin Pal-den Zang-mo schließlich wurde als Mädchen namens Cho-kyi wiedergeboren; sie lebt nahe der ›Weide des Hinterhalts‹.[22]

Wenn überdies jemand die Abdrücke meines Körpers auf den Steinen sieht, die Stätten aufsucht, an denen ich meditiere oder Kenntnis erhält von meiner Lebensbeschreibung, und wenn er dabei ein Gefühl tiefer Gläubigkeit in sich verspürt, dann ist das ein verläßliches Zeichen, daß er in einem vergangenen Leben einer meiner Schüler oder Gönner war. Die meisten Männer und Frauen, die heute im Tale des Myere-Flusses leben, waren einst Schüler oder Gönner von Lama Kumara Seng-ha. Ihnen allen gilt auch weiterhin mein Mitgefühl.

Alle, die in enger karmischer Verbindung mit mir stehen, sollten den festen Brauch begründen, jedes Jahr am zehnten Tag des sechsten Monats Ur-gyen, die Gottheit des Wohlstands, anzurufen. Desgleichen sollten sie am Eingang des Tals eine Stupa von Maras Niederlage errichten und all ihre Kraft daransetzen, das Böse zu bezwingen.

Mit Sorgfalt und Eifer sollten sie die Yogas des *Vajrakiliya-Tantra*[23] üben und mit diesen und anderen Methoden das Land vor Krieg, Krankheit und Gewalt zu bewahren suchen. Das Laienvolk sollte sich im Rezitieren der Mani-Tara- und Vajra-guru-Mantras[24] üben. Wird dieser Rat befolgt, so wird in den nächsten acht Jahren bei euch Wohlstand herrschen. Krankheiten, ja selbst Anzeichen bevorstehender Krankheiten und negativer Energien werden gleichermaßen verschwinden.

Werden jedoch keine Anstrengungen unternommen, um negative Einflüsse abzuwenden, dann wird das Leiden von Jahr zu Jahr zunehmen. Ansteckende Krankheiten werden ihren Weg in das Tal finden, und die Kräfte der Finsternis werden zunehmend an Macht über die Menschen gewinnen. Die Menschen werden den geistigen Weg vernachlässigen und in sündiges Tun verfallen. Sie werden verstört sein und von schlimmen Gedanken geplagt. Viele werden sich der Religion der Barbaren (d. h. dem Islam)[25] zuwenden, und die Lehren des Buddha werden kein Gehör mehr finden. Die Erde wird von den Bergen hinabgeschwemmt werden und die Flüsse verunreinigt sein. Zuletzt werden die jungen Leute die Täler verlassen und zu anderen Orten ziehen. Die Dörfer werden veröden.

Und wenn auch den Drei Juwelen der Zuflucht tiefes Mitleid für alle Lebewesen innewohnt, so vermögen sie doch nur wenig auszurichten in Zeiten, die erfüllt sind von negativen Zeichen; auch wenn die Menschen bestrebt sind, das Negative zu bekämpfen – wie schnell sind sie davon abgelenkt und verfallen Skepsis und Unglauben.

Es ist schwierig, einen nennenswerten geistigen Fortschritt zu machen, wenn es einem an Vertrauen fehlt. Daher gilt es, Zweifel und Ängstlichkeit zu meiden. Wer einer höheren Glückseligkeit teilhaftig werden will, der muß die gespaltene Haltung des Zögernden und Zweifelnden überwinden und unverwandt nach den Methoden üben, mit denen negative Einstellungen abgewendet werden. Unfehlbar werden dann für acht Jahre Tugendhaftigkeit, Glück und Wohlstand einkehren.

Danach aber wird für die Königreiche im Himalaya eine schwierige Zeit anbrechen. In acht Jahren (d.h. 1962) wird auf indischem Boden Blut vergossen und unsere Lebensbedingungen werden sich verschlechtern. Immer weniger Menschen werden sich an die Lehren halten, und die Mächte des Bösen werden erstarken.

Alle Menschen, die auf das Dharma vertrauen, sollten sich daher unverzüglich auf den geistigen Weg begeben. Den Anweisungen ihrer Lehrer müssen sie Folge leisten und die Pflichten des tantrischen Weges so ernst nehmen, als gälte es ihr Leben. Sie müssen sich abkehren von falschen Einstellungen, unbeirrbar auf ihrem Weg voranschreiten und positive Kräfte erzeugen, indem sie den Drei Juwelen Gaben darbringen und den Bedürftigen mit Großzügigkeit begegnen. Stets voller Mitgefühl und in der geistigen Freiheit des Nichtverhaftet-Seins müssen sie die zehn Pfade der Tugend wandeln und Herr werden über das Böse, indem sie sich ganz der spirituellen Praxis zuwenden.

Die Methoden, mit denen man Zufriedenheit in diesem und dem folgenden Leben erlangt und außerdem jede Stufe der geistigen

Vollkommenheit erreicht, bedingen die ständige Verbundenheit mit den heiligen Lehrern sowie unablässige Selbstdisziplin. Diesen beiden Punkten wird einer, der vom Schicksal begünstigt ist, stets seine ganze Aufmerksamkeit schenken. Samaya!«

Als der Lama seine Weissagungen beendet hatte, bat ich ihn, mir ein Gebet mitzuteilen, mit dem ihn seine Anhänger anrufen könnten. Er übermittelte mir das folgende Gebet und erklärte, es sei geeignet, ihn anzurufen als einen, der untrennbar mit Guru Padma Sam-bhava verbunden sei – doch könnten sich des Gebets auch Menschen bedienen, die sich aufgrund karmischer Zusammenhänge mehr zu anderen Lehrern hingezogen fühlten. Sie müßten dann einfach die entsprechenden Wörter und Namen in dem Gebet austauschen.

Das Gebet lautet:

»O Padma Sam-bhava, lotusgeborener Guru, Du höchste Kostbarkeit aus dem Lande Ur-gye, Verkörperung aller Heiligen und Gelehrten Indiens und Tibets, der Tathagatas der drei Zeiten, Herrscher über *Dakas* und *Dakinis*, König der Wächter und Dharma-Beschützer! Lehrer, dessen Freundlichkeit und Güte zu den Menschen der Himalaya-Königreiche die aller anderen Buddhas in diesem nichtswürdigen Zeitalter übertrifft! Du bist es, den ich um Zuflucht bitte bei Tag und bei Nacht ohne Unterlaß!«

Dies sei, so fuhr der Lama fort, ein kurzes Gebet, um den Gye-re Lama in Einheit mit Guru Padma Sam-bhava anzurufen. Sollte aber jemand nach einem längeren Ritual verlangen, das sich ausschließlich an den Gye-re Lama wende, dann möge er von dem nachstehenden Text Gebrauch machen.

> Namo! Höchste Ehrerbietung den Drei Juwelen!
> Zum Heile aller lebendigen Wesen
> Erwecke ich in mir den Bodhi-Geist
> Selbstlosen Tuns.

> Vor den Drei Juwelen, den Gurus,
> Den Gottheiten und den beschützenden Wesen
> Bekenne ich all meine Schwächen und Fehler,
> Alle Missetaten, die ich je beging.

Eure unsagbare Erhabenheit erfüllt mich mit Jubel.
Das Rad des Dharma zu drehen bitte ich Euch.
Möget Ihr diese Welt niemals verlassen
Und helfend und lehrend stets bei uns sein.

Die schöpferischen Kräfte,
Welche mein Gebet erzeugen hilft,
Seien dem höchsten der Ziele gewidmet:
Zu leeren den Ozean samsarischen Daseins.

Voll Staunen sehe ich vor mir
Im Herzen eines kraftvollen Regenbogens
Den Erhabensten aller Juwele thronen,
Kumara Seng-ha, Beschützer aller lebendigen Wesen.

Von jugendlicher Schönheit ist er,
Sein Haar ist zu einem Knoten gebunden.
Weiß glänzt seine Haut mit einem Schimmer von Rot.
Überaus wohltuend ist sein Anblick.

In der Rechten hält er einen goldenen Vajra,
In der Linken den Schädelbecher mit Nektar gefüllt.
Von einem leinernen Tuch ist er umhüllt
Und das rote Band des Meditierenden ziert ihn.
Königlich ist seine Haltung,
Wie er dort sitzt auf dem Throne von Sonne und Mond,
Er, der aller Zufluchten Inbegriff ist.

Kye! O edelgeborener Lama!
Voller Erbarmen laßt auf uns ruhen den Blick,
Die wir elendes Schicksal und schweres Karma ertragen.
Helft uns heraus aus Betrübnis und Kummer!

Schenkt Frieden der Welt und ihren Bewohnern,
Beseitigt Kriege, Krankheiten, Gewalttat und Schwachheit.
Voller Mitgefühl, Liebe und Gnade schaut auf uns,
Auf die Wesen, die ohne Zuflucht und Schutz sind.

Rettet uns aus dem Tal des Leidens,
Bewahrt uns vor den Fluten der acht samsarischen
Schrecken.
Zur Insel der Erleuchtung geleitet uns hin.
Das Erkennen der tiefsten Wahrheit
Laßt zu uns'rer Behausung werden,
Die unerschütterlich ruht auf dem Grunde
Von Liebe, Mitgefühl und Nicht-Verhaftetsein.

Mögen gar bald schon alle Lebewesen
Das hohe Ziel der Erleuchtung erreichen,
Zu ihrem Heile und dem aller Wesen.
Segnet uns, auf daß noch in diesem Leben
Wir die Stufe eines Meisters ersteigen,
Welcher erlangt hat die drei *kayas* eines Buddha.

O Quell aller Hoffnung,
Spender von Liebe und Mitgefühl!
Gewähret uns Euren Segen,
Auf daß unsere Gebete Erfüllung finden.

Möge die innerste Natur aller lebendigen Wesen
Zusammen mit einer neuen hohen Bewußtheit
Einswerden mit dem inneren Guru,
Dem ursprünglichen Buddha,
Den alle wir in uns tragen.

Mögen alle Lebewesen zur Vollendung gelangen,
Zu der Freiheit, die an nichts sich mehr klammert,
Nicht an Samsara und auch an Nirvana nicht
Und die offenbar wird in der Welt der Formen
Als ein Regenbogen von prächtiger Farbe.

Dies ist das Gebet, das mir der Lama mitgeteilt hat. Er fügte
hinzu, daß nach Beendigung des Gebets die Gläubigen das
Namens-Mantra von Kumara Seng-ha rezitieren und sich der
machtvollen Wirkung des Gebets bewußt sein sollten. Sie sollten

Gaben darbringen und glückverheißende Substanzen. In dieser Weise würden sie ihrem Herzen ein unverlöschliches Siegel einprägen.

Das Namens-Mantra lautet: Om ah hum vajra maha-guru Kumara Seng-ha sarva siddhi hum.

Das waren die Worte, die der Lama zu mir gesprochen hat – aus der Sphäre der Selbst-Bewußtheit, jenseits allen Denkens und aller Worte.

Schlußbemerkung: Dieser Bericht über Leben und Sterben des Gye-re Lama Kumara Seng-ha, über die Pilgerstätte am Gye-re-Berg, wo der Lama einst meditierte, sowie das an den Lama gerichtete Gebet wurden niedergeschrieben von dem Schatz-Enthüller Ter-ton Dul-zhug Ling-pa unter Mithilfe des Schreibers Nga-wang Tub-ten. Um diese Niederschrift hatten mich zunächst einige meiner Schüler gebeten, darunter Jang-chub und So-nam Drak-pa. Von meinem väterlichen Lehrer erhielt ich den Rat, alle Träume, Visionen und ähnliches, was den Gye-re-Berg betraf, aufzuzeichnen. Der Gedanke einer derartigen Aufzeichnung ging mir während der Errichtung der Stupa zu Myere ständig durch den Sinn, und als mich einige meiner Schüler dann drängten, ich solle doch aufschreiben, was mir geoffenbart worden war, hielt ich es für richtig, dies zu tun. Möge mein Bericht helfen, das Gute in der Welt zu fördern, möge er beitragen zur geistigen Entfaltung der Menschheit.

V.
SELBSTBEFREIUNG
IM ERKENNEN DER ANZEICHEN
DES TODES

Und siehe, ein fahles Pferd.
Und der darauf saß, des Name hieß Tod.
Offenbarung: 6/8

Zur Einführung

Die Tibeter scheinen seit jeher eine Vorliebe für das Magische und Geheimnisvolle besessen zu haben. Obgleich sie vertraut sind mit der hohen Logik, die an den philosophischen Schulen von Nagarjuna und Dharmakirti gelehrt wurde, erfreuen sich bei ihnen naturseelenkundliche Verfahren der Erkenntnisgewinnung nach wie vor eines starken Interesses. Vielleicht ist dies gar nicht so verwunderlich, haben doch die frühen Logiker in Indien – darunter auch Nagarjuna selbst – eine Anzahl von Schriften zu Themen der naturmystischen Wissenschaften verfaßt: zur Alchimie, zu den mantischen Künsten usw. Sie führten eine Art Doppelleben zwischen konservativer Klösterlichkeit und der mitternächtlichen Ausgelassenheit tantrischer Rituale.[1]
Zahlreiche Formen der Wahrsagekunst gediehen im Lande des Schnees: Würfel, Gebetskranz-Perlen, Wolkenbildungen, Träume und Stern-Konstellationen wurden herangezogen, um Aussagen über die Zukunft zu machen. Hierher gehört auch die Wissenschaft (tib.: *rigpa*) der Beobachtung von Todesvorzeichen (tib.: ›chi-bai-mtshan-rtags-pa‹); ihr wurde von den tantrischen Yogis und Yoginis ein hoher Rang zuerkannt. In Indien wie auch in Tibet sind zu diesem Thema im Laufe der Jahrhunderte eine Vielzahl von Handbüchern und Kommentaren geschrieben worden, die auch heute noch weit verbreitet und sehr beliebt sind. Die drei gebräuchlichsten Versionen dieser Textgattung sind: die

kurze Charakteristik der Anzeichen des Todes sowie die Yogas zur Verlängerung des Lebens und zur Bewußtseins-Umwandlung: sie stammen aus der Milarepa-Linie und wurden vom Ersten Dalai Lama aufgezeichnet[2]; ferner die ›Selbstbefreiung im Erkennen der Anzeichen des Todes‹ – eine Nying-ma-Überlieferung, die von Karma Ling-pa niedergeschrieben wurde; und schließlich Lama Langdols ›Analyse der Anzeichen des Todes‹.[3]

Alle drei sind in Tibet entstanden, die erste zu Anfang des 14. Jahrhunderts, die zweite im 15. Jahrhundert und die dritte dreihundert Jahre später. Schon vorher hatte es viele solcher Texte gegeben – gleichzeitig und auch später wurden ähnliche verfaßt, doch waren sie nie von vergleichbarer Bekanntheit.

Der Erste Dalai Lama weist in seinem Werk auf zwei der Hauptquellen im indischen Buddhismus hin, die für das tibetische System maßgeblich werden sollten: *Das Tantra des Dreifach Unbewegten Vajra*[4] und *Das Tantra von der Quelle mystischer Verbundenheit*[5]. Ausgiebig werden diese beiden von ihm zitiert, um deutlich zu machen, daß die tibetischen Gebräuche zur Vorhersage des Todes-Zeitpunktes nicht im Lande selbst erwuchsen, sondern in Indien ihren Ursprung haben.

Ich habe für dieses Kapitel den Text von Kar-ma Ling-pa ausgewählt. Die indischen Quellen sind darin nicht angeführt – das Werk stammt aus einer späteren Zeit als das des Ersten Dalai Lama, doch dürfen wir annehmen, daß es sich ebenfalls aus dem indischen Buddhismus herleitet, zumindest aber jene Aspekte, die in beiden Schriften eine gleichartige Erklärung finden.

Kar-ma Ling-pa ist einer von Tibets bekanntesten *Ter-tons*, ein ›Schatz-Enthüller‹ (siehe Vorbemerkung zu Kapitel IV). Das *Karling-zhi-tro*[6] umfaßt achtunddreißig Schriften zu den friedlichen und rasenden Gottheiten, die auch im *Totenbuch der Tibeter* erscheinen. Kar-ma Ling-pa war es, der das *Totenbuch der Tibeter* ›enthüllte‹, so daß er, zumindest als Autor, auch im Westen schon recht bekannt ist. Über sein Leben und Werk ist – mit Ausnahme des Totenbuches – bisher kaum etwas veröffentlicht worden, obwohl das von seiner Hand stammende Material überaus reichhaltig ist.

Der Text ›Selbstbefreiung im Erkennen der Anzeichen des Todes‹, der im folgenden wiedergegeben wird, bildet eine Art Vorspann zu den Standardausgaben des *Totenbuchs* und wird bei dessen wissenschaftlicher Erörterung meist mit herangezogen.

Sobald die Vorzeichen auftraten, die den sicheren Tod ankündigten, begann der dieser Tradition zugehörige Yogi, sich intensiv mit dem *Totenbuch* und gleichzeitig mit den Yogas zur Umwandlung des Bewußtseins zu befassen.

Der Erste Dalai Lama begründet und rechtfertigt den Brauch, nach Anzeichen des Todes zu forschen, folgendermaßen: »Über die kostbare Form eines menschlichen Lebens zu verfügen, stattet uns mit der Gelegenheit aus, den geistigen Weg zu beschreiten und dadurch für uns und für andere den höchsten Sinn zu verwirklichen. Das Leben ist von unvergleichlichem Wert, wenn man es recht zu nutzen weiß. Aus diesem Grund gibt es Anleitungen, wie nach den Anzeichen des Todes Ausschau zu halten sei. Die lebensverlängernden Yogas werden gelehrt, weil – bei noch unbestimmten Todesanzeichen – mit ihrer Hilfe der Tod abgewendet werden kann. Wenn dann wirklich das Lebensende herannaht und man dem Tode ins Auge sehen muß, benötigt man eine Methode, mit der man im Sterben den Geist lenken und seine Umwandlung herbeiführen kann, um so eine geeignete Wiedergeburt zu fördern. Die Beobachtung der Anzeichen des Todes muß deshalb einhergehen mit einem Studium der lebensverlängernden Yogas – wie auch der Methoden zur Umwandlung des Bewußtseins, für den Fall, daß das Leben unwiderruflich zu Ende geht.[7]

In den einleitenden Versen seines Textes bemerkt Kar-ma Ling-pa: »Wir Menschen begegnen zwei Arten von Tod: dem verfrühten Tod infolge ungünstiger Umstände und dem Tod als natürliches Ende unseres Lebens. Ein verfrühter Tod kann durch die Übungen zur Verlängerung des Lebens abgewendet werden. Ihr Nutzen ist hingegen gering, falls das natürliche Ende unseres Lebens bevorsteht. Man ähnelt dann einer Butter-Lampe, die ihr gesamtes Öl verbraucht hat – man ist ohne Hoffnung und wird in Kürze erloschen sein.«

Und weiter erklärt der Erste Dalai Lama[8]: »Dreierlei Ursachen gibt es für den Tod: Erschöpfung der Lebensdauer, Erschöpfung der positiven, verdienstvollen Energien und Erschöpfung der das

Leben tragenden karmischen Kräfte. Für jede dieser Todesursachen gibt es ein Gegenmittel. Ist der bevorstehende Tod durch eine oder zwei der genannten Ursachen bedingt, kann er durch geeignete Methoden abgewendet werden. Kommen jedoch alle drei zusammen, läßt sich der Tod durch keinerlei Maßnahme mehr verhindern. Was einzig zu tun bleibt, ist, sich innerlich auf den Tod vorzubereiten, indem man die Yogas zur Bewußtseins-Umwandlung übt.«

Die buddhistische Auffassung von der Natur der menschlichen Lebensdauer findet hier klaren Ausdruck. Danach ist unsere Lebenszeit nicht im voraus festgesetzt in dem Sinne, daß mit unserer Geburt bereits der Moment unseres Todes bestimmt wäre. Vielmehr verhält es sich so, daß in unserem Leben Phasen der Gefährdung auftreten. Diese sind es, worauf die Anzeichen hindeuten – ähnlich einer negativen astrologischen Konstellation, die auf einen schwierigen Lebensabschnitt hinweist. Es muß sich in diesem Zeitraum nicht unbedingt eine Katastrophe ereignen, doch ist es ratsam, in den entsprechenden Perioden höchste Vorsicht walten zu lassen. Sonst könnten ungünstige Umstände auftreten.

Der Text von Kar-ma Ling-pa stellt ein Kompendium dar, worin sich verschiedene Systeme und Methoden zur Voraussage jener kritischen Lebensphasen finden. Meist pflegte ein Yogi von der einen oder anderen dieser Methoden Gebrauch zu machen. Wir erhalten Einblick in eine so große Zahl von Techniken und Übungen, daß wir uns bei der Lektüre bisweilen wie erdrückt fühlen durch die bloße Menge des Dargebotenen und kaum noch in der Lage sind, vor lauter Bäumen den Wald zu erkennen. Wir dürfen aber nie vergessen, daß der Text nicht allein als Ratgeber für einen Yogi gemeint ist, der selber eine Deutung vornehmen will, sondern daß hier der Versuch gemacht wird, die Überlieferung als ganze zu sammeln und für die Nachwelt zu bewahren.

Zu beachten ist, daß das Erscheinen derartiger Anzeichen nur dann von Bedeutung ist, wenn vorher die einleitenden Rituale durchgeführt wurden, die der Erweckung der prophetischen Fähigkeiten dienen. Darauf wird im Text mehrfach hingewiesen. Werden derartige Zeichen von jemandem wahrgenommen, ohne daß er zuvor die Rituale ausgeführt hat, so haben sie sehr wahrscheinlich nichts Ernsthaftes zu bedeuten. Einen praktischen Wert haben diese Methoden daher nur für Eingeweihte, die die Voraussetzungen zum Ausüben der Rituale erfüllen. Ansonsten bleibt alles pure Gedankenspielerei. Dennoch werden einige Aussagen – etwa über die Todeserfahrung – das Interesse der Thanatologen finden. Dieser Abschnitt erhellt die Ausführungen über den Ablauf des Sterbens, wie sie im zweiten Kapitel zu lesen waren. Noch umfassender treten hier die buddhistischen Anschauungen von den Erfahrungen eines Sterbenden zutage.

Das tibetische System zur Weissagung des Todeszeitpunktes gibt einen Einblick in die buddhistische Anschauung vom Wesen des Lebens und von der Beziehung des Menschen zu der ihn umgebenden Welt. Der Prozeß von Leben, Sterben und Wiedergeburt wie auch das Verhältnis von Körper zu Bewußtsein kommen in Kar-ma Ling-pas Text in einigen ihrer wichtigsten Aspekte zur Sprache.

In seinem Vorwort zum *I Ging*[9], dem chinesischen Buch der Weissagungen, stellt C. G. Jung einige interessante Überlegungen über das Wesen der divinatorischen Künste an. Wenn wir eine Weissagung vornehmen, so Jung, beobachten wir dabei stets die Eigentümlichkeiten eines besonderen Augenblicks, seine – nach Jungs Formulierung – ›akausal verbindenden Prinzipien‹, welche zu der Person, deretwegen die Zukunftsdeutung unternommen wird, in einem Verhältnis der ›Synchronizität‹ stehen. Jung setzt diesen Vorgang natürlich in Beziehung zur Hexagramm-Methode des *I Ging*, doch gelten nach seiner Überzeugung die gleichen Argumente und Prinzipien auch für andere Weissagesysteme.

»Wenn man nun die drei Münzen wirft«, sagt Jung, »oder die 49 Schafgarbenstengel auszählt, so gehen diese vom Zufall bestimmten Details in das Bild des Augenblicks der Beobachtung ein und sind ein Bestandteil dessen – ein in unseren Augen vielleicht unbedeutender, der aber im chinesischen Denken von höchster Bedeutung ist.«

Dies trifft auch zu für die Methoden der Tibeter, die dem frühzeitigen Erkennen der Anzeichen des Todes dienen. Die Zeichen treten nicht auf infolge einer kausalen Beziehung zwischen dem, was man beobachtet, und der Person, deretwegen man die Beobachtung anstellt, sondern infolge der Synchronizität der Welt und der Ereignisse, die uns mit ihr verbinden. Synchronizität ist auch dann vorhanden, wenn wir sie nicht wahrnehmen. Wenn wir die besagten Rituale ausführen, mit denen eine Weissagung eingeleitet wird, also Schafgarbenstengel zählen oder Münzen werfen, oder wenn wir – um die Anzeichen des Todes zu erkennen – die von Kar-ma Ling-pa beschriebenen Gebete und Riten anwenden: was wir dabei eigentlich tun, ist – mit den Worten Jungs –, uns ›akausal verbindende Prinzipien‹ zu Bewußtsein bringen.[10] Nicht wir bringen die von uns beobachteten Zeichen hervor – wir machen uns lediglich die normalerweise verborgenen ›Eigenschaften des Augenblicks‹ bewußt, die an jener Synchronizität mit dem Beobachtungs-Gegenstand teilhaben.

Der Text von Kar-ma Ling-pa bewegt sich zwischen bildhafter Darstellung und Ideen, die mit modernen Sichtweisen übereinstimmen, und solchen, die wir deutlich als einer vergangenen Zeit zugehörig empfinden, als Bestandteil einer versunkenen Kultur, einer überholten Anschauung. Es wäre aber ungerecht, eine derartige Schrift an unseren heutigen Standards zu messen, da unsere Kultur nur wenig Vergleichsmöglichkeiten bietet.

Der recht befremdliche Charakter des Inhalts hatte mich zunächst zögern lassen, den Text überhaupt aufzunehmen in diese Sammlung; doch am Ende siegte mein Gewissen. Es wäre mir unzulässig erschienen – der tibetischen Kultur und auch den Lesern gegenüber –, den Text in ein Buch wie das vorliegende nicht einzubeziehen. Innerhalb der tibetischen Literatur bildet der Text von Karma Ling-pa keine Ausnahme. Zu Dutzenden gibt es Schriften zur gleichen Thematik, die in der Darstellung der Methoden zur Voraussage des Todes fast gleichlautend ist. Der von mir ausgesuchte Text kommt dem Verständnis eines westlichen Lesers weitestgehend entgegen. Der Sprung von der eigenen Kultur in eine fremde ist nie leicht zu bewerkstelligen, und gerade in dem hier vorliegenden Bereich dürfte er besonders schwierig sein. Der aufgeschlossene Leser wird – so hoffe ich zumindest – in dem Text dennoch einigen Sinn entdecken und eine Ahnung vom Wesen jener mystischen Naturschau erhalten, die der tantrischen Weltsicht von Leben und Tod so tief einverwoben ist.

Selbstbefreiung im Erkennen der Anzeichen des Todes
Mystischer Text von Ter-ton Kar-ma Ling-pa

In dieser Schrift, zugehörig einem Zyklus von Texten,
Welche sich beziehen auf die tiefgründige Lehre
Von den friedlichen und den rasenden Gottheiten,
Wird die Methode der Selbstbefreiung enthüllt,
Die im Erkennen der Anzeichen des Todes besteht.
Sie ist Bedingung, will man Befreiung erlangen
Durch Hören beim Eintritt in den Bardo.
Mit Hingabe lauschet, o Edelgeborene!

Samaya! Kye-ma!
Ein schwaches trügerisches Gebilde ist unser Körper,
Unter mannigfachen Einschränkungen geboren.
Kein Verlaß ist auf ihn, der Butter-Lampe gleicht er,
Die draußen in wütendem Sturme steht.[11]
Kurz nur ist die Zeit, welche er dauert.
Keinen Körper finden wir in Samsara,
Der nicht ein Gefäß wäre des Todes.
Ungewiß ist zudem der Zeitpunkt des Sterbens,
Achten müssen wir daher immerfort
Auf die Zeichen des nahenden Todes
Und leben nach den Gesetzen des Dharma.

Zwei Arten des Todes erleiden wir Menschen:
Verfrühten Tod durch widrige Umstände
Und den Tod als natürliches Ende des Lebens.
Abwenden läßt sich ein verfrühter Tod
Durch Methoden, die das Leben verlängern.
Doch nur von geringem Nutzen sind diese,
Wenn der Tod als ein natürliches Ende naht.
Einer Butterlampe gleichen wir dann,
Die ihren Vorrat an Öl gänzlich verzehrte.
Ein jeder, dem daran gelegen ist,
Beobachtungen anzustellen über die todankündenden Zei-
chen,

Muß zunächst sich vorbereitenden Übungen unterziehen,
Muß *tsok*[12] darbringen der geistig geschauten Versammlung,
Den Gurus, *Dakinis* und den Gottheiten der Meditation.
Auch muß er darbieten *tor-ma*[13]
Den Dharma-Beschützern und den Wächtern.
Anrufen muß er die weltlichen Gottheiten.
Und die lokalen Geister, Opfer darbringend auch ihnen.
Erst dann, wenn diese vorbereitenden Riten
Sorgfältig und den Anweisungen gemäß vollzogen sind,
Wird der Betrachtung der Todeszeichen
Wert zukommen und Bedeutung.
Belanglos aber und ohne Geltung sind die Zeichen,
Von denen meine Schrift sprechen wird,
Wenn sie erscheinen, ohne daß vorher
Ausgeführt wurden die einleitenden Riten.

Was nun die Zeichen selbst angeht,
So gibt es derer sechs Arten:
Äußere, innere und geheime,
Zeichen des Wissens und solche,
Die kurze Fristen anzeigen,
Vermischte Zeichen sodann,
Die nicht in den vorher genannten enthalten.

Die äußeren Zeichen

Die erste Gruppe bilden die äußeren Zeichen. Da ihr Erscheinen
eine Bedrohung der Lebenskraft selbst anzeigt, heißen sie die
Todeszeichen.
Nach Beendigung der vorbereitenden Rituale ist der Körper in der
Folgezeit genau zu beobachten. Wenn er sich deutlich verändert,
der Magen einschrumpft und die Sinnesfähigkeiten an Schärfe
verlieren – ob Körper, Rede und Geist von Furcht getrübt sind,
der Geist allzu geschäftig oder niedergedrückt ist – ob verworrene
Träume sich einstellen, der Charakter sich tiefgreifend wandelt,
die Haut eine unbestimmte Färbung annimmt: so sind alles dies

Zeichen, daß ein schweres Hemmnis vorliegt, das möglicherweise zum Tode führt.

Allgemeine Zeichen, die an der Körperoberfläche auftreten und den Tod für einen bestimmten Zeitpunkt ankünden, sind die folgenden: Wenn plötzlich die natürliche Röte aus den Gliedmaßen oder den Nägeln entweicht, ist das ein Zeichen, daß der Tod nach neun Monaten eintreten wird. Wenn das Weiß der Augäpfel schwindet, bedeutet dies den Tod nach fünf Monaten. Kräuselt sich das Nackenhaar aufwärts, wird der Tod in drei Monaten kommen. Werden gleichzeitig Urin und Exkremente ausgeschieden – begleitet von einem Niesen –, so weist auch dies auf einen baldigen Tod hin.

Weitere allgemeine Zeichen sind: Das Fleisch lockert sich und hängt schlaff herunter; der Körpergeruch verändert sich plötzlich; der Glanz des Körpers verblaßt; die Stimme verliert schlagartig an Fülle; einer der fünf Sinne büßt an Kraft ein oder nimmt seinen Gegenstand nur noch verzerrt wahr – alles das sind Zeichen, daß man dem mächtigen Herrn des Todes in die Hände gefallen ist.

Den Yogis ist ein besonderes Verfahren zur Untersuchung der Todes-Symptome bekannt, das jedoch nur bei einem vollkommen gesunden Menschen angewandt werden sollte. Vor Beginn müssen die genannten Präliminarien (vorbereitenden Rituale) ausgeführt sein. Dann drücke man mit den Fingern leicht auf die Augenlider und beobachte das Muster der flutenden Sonnen, die dabei zu entstehen scheinen. Wird unter dem linken Auge keine solche Sonne sichtbar, ist der Tod nach sechs Monaten zu erwarten – nach drei Monaten jedoch bereits, falls oberhalb des linken Auges keine Sonne zu erkennen ist.

Bildet sich vor der Nase keine Sonne, dann steht der Tod in einem Monat bevor. Erscheint nahe den Ohren keine Sonne, dann tritt der Tod in zwei Monaten ein.

Wird unter dem rechten Auge keine Sonne sichtbar, erfolgt der Tod nach zehn Tagen – nach fünf Tagen jedoch bereits, wenn oberhalb des rechten Auges keine Sonne zu sehen ist.

Man kann auch auf andere Weise vorgehen. Hierbei hält man sich die Ohren zu und hört dann auf das Rauschen, das für gewöhnlich hörbar ist. Setzt dieses einen Tag lang aus, bedeutet das, daß man nach Ablauf von sechs Jahren sterben wird. Setzt es für zwei Tage aus, wird der Tod in sechs Jahren minus drei Monate erfolgen. Diese Reihe läßt sich fortsetzen, indem man für jeden Tag, wo das Rauschen aussetzt, die verbleibende Frist um drei Monate verkürzt. Ein Aussetzen des Rauschens für drei Tage heißt also, daß der Todeszeitpunkt in sechs Jahren minus sechs Monate liegen wird; vier Tage zeigen einen Tod in sechs Jahren minus neun Monate an usw. Ganz genau läßt sich der Zeitpunkt so jedoch nicht berechnen.

Dies waren die äußeren Zeichen. Es heißt, der Tod, den sie ankündigen, sei ohne weiteres durch lebensverlängernde Meditationstechniken abwendbar, über die zahlreiche gebräuchliche Handbücher Aufschluß geben.

Die inneren Zeichen

Die inneren Zeichen, die zweite Gruppe, werden auf zweierlei Art entziffert: durch Beobachten des Atems und der Träume.

Wie stets müssen zuvor die einleitenden Rituale vollzogen sein, die die Zeichen hervorrufen. Will man den Atem beobachten, so tue man dies beim Heraufkommen des neuen Mondes. Am besten geeignet ist eine Jahreszeit, in der Tage und Nächte die gleiche Länge haben.

Man setze sich in der Sieben-Punkte-Haltung von Vairochana[14] mit gekreuzten Beinen nieder, die Hände im Schoß zusammengelegt. Dann beobachte man das Fließen des Atems.

Strömt der Atem während dreier aufeinanderfolgender Tage einzig durch den linken Nasenflügel und wechselt zu Beginn des vierten Tages zum rechten über für den Zeitraum von drei Tagen, um danach, am siebten Tag, wieder zur linken Seite hinüberzugehen – und in diesem Rhythmus dann alle drei Tage wechselnd, bis anderthalb Monate vergangen sind; und kehrt sich danach die Abfolge um, fließt also der Atem zunächst durch den rechten Nasenflügel und dann durch den linken, so bedeutet dies, daß man nach sechs Monaten sterben wird. Sollte sich das Muster jedoch schon nach einem Monat umkehren, wird man auf große Schwierigkeiten stoßen. Wechselt das Muster nach nur zwei Wochen, steht eine schwere Krankheit bevor. Und wenn es sich schon nach wenigen Tagen ändert, werden soziale Konflikte auftauchen, man wird zum Beispiel Kritik ausgesetzt sein.

Wenn zur Zeit der Beobachtung der Atem durch beide Nasenflügel und durch den Mund fließt oder wenn er aufhört durch die Nase zu strömen und seinen Weg ausschließlich durch den Mund nimmt, bedeutet dies, daß der Tod unmittelbar bevorsteht.

Als nächstes folgt nun der Brauch, die Träume auf Todesanzeichen hin zu untersuchen. Träume, die man in der Zeit von Abend bis Mitternacht hat, sind – wie es heißt – ohne jede Bedeutung; doch tritt einer der nachstehenden Träume zwischen Mitternacht und Morgendämmerung auf, sollte man ihm Beachtung schenken und seinen Sinn zu entschlüsseln suchen.

Der Tod zeigt sich an, wenn man in einem Traum auf dem Rücken einer roten Katze oder eines Affen reitet, besonders dann, wenn man dabei die östliche Richtung einschlägt. Ein unheilvolles Zeichen ist es auch, wenn man im Traum von einem König erschlagen wird.

Reitet man im Traum in südlicher Richtung auf einem Tiger, einem Wolf, einem Leichnam, auf einem Büffel, Schwein, Kamel oder Esel, ist auch dies eine Ankündigung des Todes.

Eine Gefahr für das eigene Leben wird durch eine Reihe weiterer Träume angezeigt: Eine schwarze Dämonin greift dich an und schlitzt dir den Bauch auf; oder ein schwarzer Dämon von menschlicher Gestalt tritt dir in den Weg und fordert dich auf zu verschwinden, oder er bindet dir einen Strick um den Hals und schleppt dich fort; oder du bist von Gittern eingeschlossen und ein Feuer verbrennt dich; du wirst geköpft und von irgendwelchen Personen weggetragen; oder du bist eingekreist von Krähen oder Geistern; du bist ein Bräutigam, der von einer Musikantengruppe entführt wird; du bist nackt und siehst zu, wie dir die Haare oder der Bart abgeschnitten werden; oder du träumst häufig, du gehst mit Freunden spazieren, die schon gestorben sind, oder aber sie führen dich mit sich fort; du springst in einen Fluß und wirst von einem Fisch verschluckt oder versinkst im Schlamm; du schläfst in einem Schoß oder gehst in diesen ein; du verlierst eine Schlacht; du trägst rote Kleider und hältst einen roten Gebetskranz in Händen, pflückst unaufhörlich rote Blumen, steigst auf rote Hügel oder wanderst auf den roten Ebenen Indiens, oder es sind rote Seidentücher um deinen Kopf geschlungen; du träumst wiederholt, du schläfst auf einer Totenstätte; du bist alt und hast eine schwere Last zu tragen; die Welt verdunkelt sich, Sonne und Mond fallen auf die Erde herab; du stürzt kopfüber in eine Grube; du tanzt mit bösen Geistern; du reist in ein fernes Land mit der Absicht, niemals wiederzukehren: all dies sind Zeichen für einen unzeitigen Tod.

Ein in derartigen Träumen sich ankündender Tod kann ohne Mühe durch die Methoden zur Verlängerung des Lebens abgewendet werden. Hat man einen solchen Traum, nachdem die vorbereitenden Rituale zur Hervorbringung der Todeszeichen stattgefunden haben, und verzichtet man dann darauf, die lebensverlängernden Methoden anzuwenden, so wird der Tod noch innerhalb des folgenden Jahres eintreten.

Hat man die Präliminarien ausgeführt und träumt in der folgenden Zeit von einer Sonnen- oder Mondfinsternis, vom Tode der Eltern oder eines Lehrers, sind auch dies Zeichen, daß der Tod nahe ist – selbst wenn man bei bester Gesundheit sein sollte.

Dies waren die inneren Zeichen, die ein Nahen des Todes ankünden. Man sagt, der von ihnen angezeigte Tod lasse sich mit den Yoga-Techniken schwerer abwenden als der Tod, den die äußeren Zeichen voraussagen.

Die geheimen Zeichen

Einem von den inneren und äußeren Zeichen angekündigten Tod läßt sich mit den methodischen Übungen zur Verlängerung des Lebens begegnen. Sollten die Zeichen dennoch nicht erlöschen, ist mit der Beobachtung der geheimen Zeichen des Todes zu beginnen. ›Geheim‹ bezieht sich hier auf die sekretorischen Substanzen, die männliche und weibliche regenerative Flüssigkeit.

Zu Anfang erwecke man in sich den Bodhisattva-Geist der Erleuchtung, des selbstlosen Strebens nach der höchsten Wahrheit zum Wohle aller Wesen. Hierauf nehme man Zuflucht und bringe Gebete dar. Der richtige Zeitpunkt für die Untersuchung ist der erste Tag des Mond-Zyklus'. Die zu untersuchenden Substanzen sind, wie schon gesagt, die regenerativen Flüssigkeiten.

Ist das Sperma eines Mannes schwarz, die Monatsblutung der Frau weiß, gilt dies als Zeichen, daß der Tod nach zwei Monaten erfolgen wird. Ist das Sperma rot, dann wird der Mann nach sechs Monaten sterben. Ist es von normaler weißlicher Färbung, sind keinerlei Schwierigkeiten zu befürchten.

In einigen Quellen finden wir die Empfehlung, die Flüssigkeiten – solange sie noch warm sind – einer Geruchsprobe zu unterziehen. Mitunter geschieht dies in Verbindung mit den Methoden zur Abwendung des Todes.

Erfolgt der Samenerguß des Mannes ohne Orgasmus und scheint wie von öligen Tröpfchen durchsetzt oder kommt die Blutung der Frau nicht zum Stillstand und sie träumt davon, rote Blumen zu pflücken – oder sondert der Mann fortwährend Sperma ab, auch wenn er keinen Geschlechtsverkehr hat, so sind alles dies Zeichen, daß der Tod nach vier Monaten eintreten wird.

Wenn sich ein schwarzes Mal nahe der Öffnung des Penis zu bilden beginnt oder ständig ein sexuelles Verlangen verspürt wird: auch dies sind Anzeichen des Todes, die zudem auf eine Wiedergeburt in einem niederen Bereich hindeuten.

Tritt eines der genannten Symptome in Erscheinung, sind die erforderlichen Läuterungs-Rituale und die wirksamsten esoterischen Methoden zur Lebensverlängerung auszuführen. Diese sind jedoch schwieriger zu vollziehen als die exoterischen. Die an den sekretorischen Flüssigkeiten zu beobachtenden Symptome sind demnach nicht leicht zu beseitigen.

Die Wissens-Zeichen

Die Wissens-Zeichen werden auf dreierlei Art entziffert, um jeweils das genaue Jahr, den Monat und den Tag des angezeigten Todes herauszufinden.

Gegenstand der Beobachtung ist der eigene Himmelsschatten. Wie dieser hervorzubringen ist, wird im folgenden Text erklärt. Der

Schatten wird untersucht in Hinsicht auf die Todeszeichen, die Möglichkeit der Abwendung des Todes und der Beseitigung von Hemmnissen.

Der Beobachtung müssen wiederum die Präliminarien vorausgehen. Hierauf erfülle man sein Herz mit Hingabe an Buddha, Dharma und Sangha und verrichte die rituellen Opferhandlungen zu Ehren der Dharma-Beschützer. So wird die beobachtende Person mittels Zuflucht und Gebet beeinflußt.

Die Beobachtung selbst muß an einem einsamen Ort vorgenommen werden mit freiem Blick auf den Himmel. Als Zeitpunkt des Beginns wähle man die Dämmerung des neuen Mondes. Der Himmel sollte unbewölkt sein und kein Wind sollte gehen. Man setze sich unbekleidet an einem angenehmen Platz auf die Erde nieder. Inständig bringe man den Drei Juwelen Gebete dar und rezitiere hundertmal das Mantra *om ayu shosara hakara roshauro hum phat.*

Immer noch nackt, erhebe man sich und werfe sich vor jedem der Beschützer der verschiedenen Richtungen siebenmal zu Boden. Anschließend dehne man kräftig die Gliedmaßen und zeichne mit der Gebetskette oder einem anderen geweihten Gegenstand den Buchstaben Āh in das Zentrum des eigenen Schattens ein. Ohne den Blick schweifen zu lassen, konzentriere man sich ganz auf diesen Punkt. Fangen die Augen an zu ermüden, werfe man den Blick zum Himmel. Wenn der Himmel unbedeckt ist, wird auf ihm die Projektion des eigenen Körpers als Schatten oder Abbild erscheinen. Diesen gilt es zu deuten.

Ist der Schatten des Körpers vollständig, mit allen Gliedern, bedeutet dies, daß kein Hemmnis vorliegt. Es ist ein vortreffliches Zeichen und gibt Gewißheit, daß keine Gefahr für das Leben besteht.

Wird am Himmel kein Abbild sichtbar, so sind die Präliminarien zu wiederholen und weitere Gebete zu sprechen. Hierauf stelle man in der zuvor beschriebenen Weise erneut eine Beobachtung an.

Man setze sich abermals in Meditations-Haltung nieder und werfe den Blick zum Himmel. Bleibt der Schatten auch dieses Mal aus, besteht dennoch kein Anlaß zu Furcht. Irgendeine störende Himmelserscheinung oder ein jäher Windstoß wird die Bildung des Schattens verhindert haben.

Der Himmel muß klar sein, während er beobachtet wird. Man prüfe den Himmelsschatten sorgfältig, um seine Größe, seine Form und seine Farbe genau bestimmen zu können.

Als erstes ist die Größe des Schattens festzustellen. Sie gibt Aufschluß über die Zahl der Jahre, die bis zum Eintreten einer Lebensgefahr noch verbleiben.

Fehlen im Abbild am Himmel beide Hände, ist dies das Zeichen, daß einen ›die Gottheit verlassen hat‹, und man wird nach sieben Jahren sterben.

Fehlt die rechte Hand, wird der Tod nach fünf Jahren eintreffen; fehlt die linke, nach drei Jahren.

Nach zwei Jahren stirbt man, wenn das rechte Bein vom Knie abwärts fehlt; fehlt der entsprechende Teil auf der linken Seite, droht der Tod nach einem Jahr.

Es seien nunmehr die Zeichen genannt, die die Zahl der Monate angeben, nach deren Ablauf der Tod eintreten wird.

Fehlt die rechte Handhälfte, erfolgt der Tod nach neun Monaten – nach sieben Monaten, wenn die linke Handhälfte fehlt.

Ist im Abbild der Kopf ab dem oberen Hals nicht vorhanden, wird man nach fünf Monaten sterben; fehlt auch der Hals, so bleiben nur noch drei Monate. Fehlt der obere Teil des Bauches, zeigt dies einen Tod nach zwei Monaten an; fehlt sein unterer Teil, erfolgt der Tod nach einem Monat.

Als nächstes sei nun die Art und Weise beschrieben, wie der Deutung des Himmelsschattens die Zahl der Tage zu entnehmen ist, die bis zum Eintreffen des Todes noch verbleiben.

Fehlt die rechte Körperhälfte, wird man nach neunundzwanzig Tagen sterben; fehlt die linke, nach einundzwanzig Tagen.

Weiterhin ist die Form des Schattens zu untersuchen.

Ist er von quadratischer Gestalt, wird der Tod nach fünf Monaten erfolgen. Eine runde Form zeigt einen Tod nach vier Monaten an, eine diskusähnliche einen nach drei und eine fingerartige nach zwei Monaten.

Ein in diesen Zeichen sich ankündigender Tod kann mühelos mit den lebensverlängernden Methoden abgewendet werden.

Jedoch gibt es drei Zeichen, die einen Tod als sicher voraussagen, der dann durch keinerlei Yoga-Methode verhindert werden kann. Es sind dies die folgenden:

Hat der Himmelsschatten die Form eines Dreiecks, einer Kugel oder eines Trapezes, so wird der Tod jeweils nach einem Monat, nach einem halben oder nach zehn Tagen erfolgen.

Zu untersuchen ist gleichfalls die Farbe des Himmelsschattens. Ist er von weißer Farbe, das Herz hingegen farblos, ist dies ein Zeichen, daß das eigene Tun den himmlischen Wesen wohlgefallen hat.

Ist das Abbild von roter Farbe, die jedoch nicht auf der linken Körperhälfte erscheint, dann kündigt sich darin Krankheit an. Ist es von gelber Farbe, die aber den Kopf ausgespart läßt, dann sind Schwierigkeiten mit den lokalen Geistern zu erwarten. Ist es von blauer Farbe, die jedoch an den Beinen fehlt, dann wird es zu Schwierigkeiten mit den Wassergeistern kommen.

Schwankt das Abbild oder zerfließt es, droht Gefahr von bösen Wesen. Wenn es insgesamt heftig zittert, deutet dies auf ein gestörtes Verhältnis zum Erd-Element hin.

Auf diese Weise wird die Farbe des Schattens untersucht.

Sieht der Betrachter der Wissens-Zeichen irgendein Hemmnis voraus, sollte er von den Ritualen und Meditations-Übungen zur Verlängerung des Lebens Gebrauch machen. Hierauf betrachte er aufs neue den Himmel. Wenn das Abbild jetzt keinerlei Lücke mehr aufweist, heißt dies, daß die Praktiken zur Lebensverlängerung erfolgreich waren. Wenn aber diese Rituale bereits dreimal vollzogen wurden und der Schatten trotzdem unvollständig bleibt, so besagt dies, daß die Lebenskraft erschöpft ist.

Menschen von herausragender Intelligenz sollten an diesem Punkt mit intensiven Meditationen über das Wesen der wahren Wirklichkeit beginnen. Übende von durchschnittlicher Befähigung sollten – in Übereinstimmung mit den Initiationen, die sie erhalten haben – eine intensive Praxis der Yogas der Erzeugungs- und der Vollendungs-Stufe aufnehmen, wie sie im Höchsten Yoga-Tantra gelehrt wird. Übende der unteren Stufen sollten nach Tugend und Vortrefflichkeit streben.

Bisher ist nur über die langfristigen Anzeichen des Todes gesprochen worden, die betrachtet werden, wenn man bei bester Gesundheit ist und keine Schwierigkeiten oder Gefahren erkennbar sind. Treten diese Anzeichen auch bei wiederholter Anwendung der lebensverlängernden Rituale auf, wird man sie als Hinweis auf einen unabwendbaren Tod ansehen müssen – werden sie jedoch durch jene Methoden zum Verschwinden gebracht, bedeutet dies, daß der Tod nicht eintreten wird.

Im Gegensatz dazu müssen die kurzfristigen Zeichen in Zeiten von Krankheit oder Leiden beachtet werden, wenn das Leben in Gefahr ist.

Bildet sich schwarze Gerbsäure an der Zahnwurzel, spricht man vom ›Zurückweichen der das Selbst erhaltenden Elemente‹. In diesem Fall wird der Tod nach neun Tagen erfolgen.

Wenn das Nasenbein einsinkt, wird dies als das ›Anhalten des Windstroms‹ bezeichnet. Es bedeutet ebenfalls einen Tod nach neun Tagen.

Verändert die Nasenspitze ihre Position, weist dies auf einen Tod nach Ablauf von sieben Tagen hin.

Besteht das Bedürfnis, ständig die Gliedmaßen zu dehnen, ist dies das Zeichen ›Die den Berg erklimmende Kraft‹. Es kündigt den Tod für den siebten Tag an.

Ist der Blick beider Augen starr und ohne ein Blinzeln und hören die Ursprungsenergien auf zu fließen, zeigt dies einen Tod nach drei Tagen an.

Wenn die Wangen einfallen und sich dehnen, tritt der Tod am Morgen des zehnten Tages ein.

Strömen ständig ungewollt Tränen aus den Augen, wird dies das ›Hemmnis der Erde‹ genannt, und es zeigt einen Tod nach fünf Tagen an. Fällt das Ohrläppchen flach zurück an den Kopf, heißt dies das ›Absägen der Ohr-Leiter‹, und es bedeutet den Tod nach einem halben Tag.

Andere kurzfristige Zeichen sind auf folgende Weise zu ermitteln: Man schaue am Mittag mit auf den Knien aufgestützten Ellenbogen gen Süden, erhebe sich daraufhin in dieser Haltung, den Blick nach wie vor gen Süden gerichtet. Tritt dann ein feinstoffliches Gebilde in das Sehfeld, liegt das Zeichen ›Durchschneiden der Verbindung von Himmel und Erde‹ vor. Der Tod erfolgt nach neunzehn Tagen.

Taucht im Osten das Trugbild eines Meeres auf oder ein dunstiger Schleier, dann prüfe man den eigenen Schatten, indem man ihn auf eine im Westen gelegene Mauer fallen läßt. Ist seine obere Partie verschwommen, deutet dies auf einen Tod nach fünfzehneinhalb Tagen hin.

Tritt irgendeines dieser negativen Zeichen auf, so enthalte man sich aller sexuellen Betätigung und jeglichen Alkoholgenusses. Auch sollte man auf lange Unterhaltungen verzichten und seine Zeit lieber in Ruhe zu Hause verbringen.

Ein weiteres Verfahren ist die Untersuchung des Urins. Man gieße bei Sonnenaufgang den ersten Urin in ein Gefäß, um ihn zu prüfen. Wenn nicht wie gewöhnlich blaue und rote Dämpfe aufsteigen, wird der Tod nach neun Tagen eintreten. Sind die Dämpfe schwarz und streifig, wird man einen Tag später sterben. Sind sie rot und steigen kugelförmig empor, kommt der Tod nach neun Tagen.

Ein anderes Untersuchungsverfahren besteht darin, daß man an einem sonnigen Tag der Sonne den Rücken zukehrt und den Scheitelpunkt des Schattens auf dem Boden ins Auge faßt. Wenn vom Scheitel her keine Dämpfe aufsteigen, tritt der Tod nach fünf Tagen ein. Richtet sich im Schattenbild das Kopfhaar in die Höhe und fällt nicht nach unten, bedeutet dies den Tod nach sieben Tagen.

Jedes dieser kurzfristigen Zeichen gibt einen genauen Zeitpunkt für den Tod an. Dreimal sind die lebensverlängernden Rituale zu vollziehen. Geschieht dies in der rechten Weise, wird sich der Tod abwenden lassen. Man benutze hierbei die Methoden, die in dem Text-Zyklus ›Befreiung durch Abwenden des Todes‹ beschrieben werden. Führen die Rituale zur Verlängerung des Lebens zu keinem Erfolg, zeigt dies an, daß der Tod nahe bevorsteht, die Lebenskraft erschöpft ist.

Vermischte Zeichen

Äußere, innere, geheime und Wissens-Zeichen werden zumeist betrachtet, solange man bei vollkommener Gesundheit ist und keine offenkundige Bedrohung des Lebens vorhanden ist; die kurzfristigen Zeichen sind zu beachten, wenn eine schwere Krankheit vorliegt. Was die vermischten Zeichen angeht, so beziehen sie sich nicht auf bestimmte Gesundheitszustände. Man kann nach ihnen Ausschau halten, unabhängig davon, in welcher körperlichen Verfassung man sich befindet.

Man mache den Versuch, die eigene Nasenspitze zu erkennen. Gelingt dies nicht, so wird sich der Tod nach fünf Monaten einstellen. Man versuche, die eigene Zungenspitze zu sehen. Ist dies nicht möglich, deutet dies auf einen Tod nach drei Tagen hin. Schaut man in einen Spiegel und erkennt dort das linke Auge nicht, wird man nach sieben Monaten sterben.

Wenn man beim Ausatmen den Luftstrom auf seine Hand richtet, wird man auf dieser – bei kürzerer Entfernung – Wärme verspüren, bei größerer Entfernung hingegen Kälte. Verhält es sich umgekehrt, wird der Tod nach zehn Tagen eintreten.

Versucht man, sich in einem wassergefüllten Kupfergefäß zu spiegeln und es wird kein Bild zurückgeworfen, so ist auch dies ein Zeichen des Todes.

Werden vermischte Zeichen sichtbar, so müssen sie auf ihre Gültigkeit hin geprüft werden; man benutzt dazu die Methoden, die im Zusammenhang mit den Wissens-Zeichen erörtert wurden.

Die Erfahrung des Todes

Dies also waren die sechs Klassen der Zeichen, die auf den Tod hindeuten. Nach ihnen sollte erst gesucht werden, wenn die Präliminarien vollzogen sind, die diese prophetischen Zeichen hervorrufen. Wird irgendeines dieser Zeichen bemerkt, sind die lebensverlängernden Methoden anzuwenden, um einen vorzeitigen Tod zu verhindern. Bleiben sie erfolglos und das Leben geht seinem natürlichen Ende zu, nimmt die eigentliche Todeserfahrung ihren Anfang. Es sollen daher jetzt die Anzeichen eines unmittelbar bevorstehenden Todes beschrieben werden.

Als erstes beginnen die fünf Sinnesfähigkeiten nachzulassen. Äußere Anzeichen sind Erbrechen und Appetitverlust. Die Körperwärme verringert sich, und wegen der auftretenden Angst fällt es schwer, den Kopf zu heben; man hat die Empfindung, als wolle er nach unten fallen.

Zu nennen sind jetzt die Zeichen, in denen sich das Zurückweichen jedes der fünf Elemente ankündigt.

Das Erd-Element löst sich auf. Äußerlich wird ein leichtes Sich-Zusammenziehen von Fleisch und Knochen sichtbar, begleitet von der Empfindung körperlicher Schwere und dem Gefühl, aus großer Höhe auf die Erde herabzufallen.

Erde löst sich in Wasser auf. Der Körper verliert seine natürliche Form, er wird kraftlos, und man fühlt sich dumpf und unklar.

Dem Wasser-Element entsprechen im Körperinnern Blut und Lymphflüssigkeit. Wenn deren Strom versiegt, zeigt dies an, daß das innere Wasser-Element versiegt ist. Speichel rinnt aus Mund und Nase, und man verspürt Durst. Dies deutet darauf hin, daß das Wasser-Element im Feuer aufgegangen ist.

Innerlich hat man ein Gefühl von Wärme. Bisweilen ist der Geist klar, dann wieder getrübt. Das Feuer-Element des Inneren erzeugt körperliche Wärme, die sich jedoch schon bald auflösen wird. Die Augäpfel verdrehen sich aufwärts, und man vermag niemanden mehr zu erkennen. Die Kraft des Feuer-Elements zieht sich in das Luft-Element zurück, und infolgedessen schwindet die Körperwärme.

Das äußere Wind-Element zieht sich zurück. Die Luft ist hier das äußere Element, und wenn sie in das innere Luft-Element übergeht, fängt der Atem an, stoßweise zu gehen, und die Gliedmaßen beginnen zu zittern. Das Bewußtsein gerät in einen Erregungszustand, es nimmt trügerische Schemen und Rauchbildungen wahr.

Der von der Mutter stammende weibliche rote Tropfen bewegt sich nun im zentralen Kanal aufwärts. Rötliches Licht erfüllt den Raum des Bewußtseins. Dies zeigt an, daß sich der ›Geist der Erscheinung‹ in dem ›Geist der Zunahme‹ aufgelöst hat. An diesem Punkt sollten die tantrischen Yogas angewendet werden, mit denen sinnliche Begierde in erleuchtete Energie umgewandelt wird. Auf diese Weise werden vierzig der achtzig festlegenden Bewußtseinsformationen getilgt.

Das ursprünglich vom Vater stammende weiße Sperma bewegt sich im zentralen Kanal abwärts. Eine Vision strahlend weißen Lichtes erscheint und erfüllt das Bewußtsein ganz und gar mit seiner Klarheit. Zu diesem Zeitpunkt hat sich der ›Geist der Zunahme‹ aufgelöst in den ›Geist des Erlangens‹, und ein Yogi ist jetzt in der Lage, Abneigung und Haß in erleuchtete Energie umzuwandeln, wodurch weitere dreiunddreißig der festlegenden Bewußtseinsformationen ausgelöscht werden.

Der Atem geht in langen, langsamen Seufzern. Der weibliche Tropfen geht in den lebenstragenden Kanal über und erreicht schließlich das Herz. Dieses Stadium heißt das ›strahlend schwarze‹ und ist gefolgt von der Empfindung, als falle man in pechfinsterer Nacht in einen Graben.

Der ›Geist des Erlangens‹ geht über in den ›Geist des höheren Erlangens‹. Ein Yogi sollte an dieser Stelle Unwissenheit in erleuchtete Energie umwandeln, um die restlichen festlegenden Bewußtseinsformationen zu tilgen.

Jetzt öffnet sich der Mund, und die Augäpfel verdrehen sich nach oben, so daß das Weiße vollständig hervortritt. Die Wahrnehmung der Außenwelt ist wie ein Sonnenuntergang. Alle sinnlich faßbaren Erinnerungen und Erscheinungen hören auf zu existieren, und in einer Vision versinken plötzlich alle Bilder in Dunkelheit, in einem ungeheuren Meer von Schwärze. Nur noch ganz schwach geht der Atem, und man erfährt die Vision einbrechender Nacht.

Zwei der fünf weiblichen Tropfen von roter Farbe fließen im Herzen ineinander. Die Denkkraft verläßt das Gehirn, man macht ein paar tiefe Atemzüge, und schließlich geht der Atem nur noch ganz flach. Drei weitere rote Tropfen gelangen zum Herzen. Der Sterbende formt einatmend die Silbe *hik*, eine strahlende Schwärze beginnt sich im Bewußtsein auszubreiten, und man versinkt in Bewußtlosigkeit.

Danach setzt die Atmung vollends aus, und die roten und weißen Tropfen der weiblichen und männlichen Kräfte treffen im Herzen zusammen. Man erwacht aus der Bewußtlosigkeit zu einem Gefühl umfassender Freude. Diese wache Freude verwandelt sich in klares Licht, das die Erfahrung der Glückseligkeit gebiert.

Die seit Uranfang im Innersten des Herzens liegende Bewußtheit wird nun zu der ›So-heit‹ des klaren Lichtes von Mutter und Sohn.

In diesem Augenblick gelangen alle inneren Energien zum Stillstand, und der feinstoffliche Geist und die feinstoffliche Energie treten in den allerinnersten Lebenskanal ein.

Das elementare klare Licht erscheint allen lebenden Wesen. Dieses Stadium des Sterbeprozesses, wo das klare Licht der Mutter und des Sohnes spiegelbildlich aufeinandertreffen, ist für den Yogi besonders geeignet, Befreiung und Erleuchtung zu erlangen.

Wendet ein Yogi in dieser Phase bestimmte Meditations-Formen an, kann sich sein Bewußtsein unmittelbar zu der Sphäre der unbedingten unerschaffenen Wahrheit aufschwingen.

So ist der Weg beschaffen, auf dem ein Yogi die höchste Erleuchtung erringt. Der Geist wandelt sich zur Weisheit des *Dharma-kaya*, worauf er sich in den Formen des *Sambogha-kaya* und des *Nirmana-kaya* niederschlägt[15], um dergestalt zum Wohle aller Wesen tätig zu sein.

So vollendet sich der Weg zur vollständigen Erweckung, der die drei *Kayas* eines Buddha verwirklicht.

Erleuchtung kann also nicht nur in diesem Leben erlangt werden, sondern selbst noch im Augenblick des Sterbens.

Daher ist es wichtig, sich des hohen Wertes der menschlichen Lebensform bewußt zu sein. Wer in seinem gegenwärtigen Leben die Lehre nicht begreift, wird nicht imstande sein, im Augenblick des Todes das klare Licht zu erkennen.

Alle Wesen haben gelebt, sind gestorben und wurden wiedergeboren – unzählige Male. Wieder und wieder haben sie das unaussprechliche und unbeschreibbar reine klare Licht erfahren. Doch infolge der Verwirrung, die in der Dunkelheit angeborenen Unwissens gründet, durchwandern sie endlos die Formen zyklischen Daseins. Das ist eine gefährliche und mißliche Lage; daher sollte man die Möglichkeiten, zur Erleuchtung zu finden, die mit dem menschlichen Körper und Bewußtsein gegeben sind, freudig ergreifen.

Es folgt eine Aufzählung jener Zeichen, die darauf hinweisen, als was ein Verstorbener wiedergeboren werden wird.

Wenn im Sterben die Hände heftig schütteln, wenn man sinnloses Zeug stammelt, und wenn die Körperwärme zuallererst aus der rechten Achselhöhle entweicht, besagt dies, daß man als Titan wiedergeboren wird.

Wenn im linken Nasenflügel beim Sterben Luft und Schleim zu fließen beginnen und die Körperwärme zuerst im Umkreis des linken Auges austritt, weist dies auf eine Wiedergeburt als Mensch hin.

Stößt der Sterbende Tierlaute aus und sein Unterleib sondert Urin ab, während die Körperwärme nachts entweicht, dann sieht man einer Wiedergeburt als Tier entgegen.

Wenn sich die Haut gelblich verfärbt und ihr Glanz verblaßt, wenn sich vor dem Mund Schaum bildet, Hungergefühle sich einstellen und Samen ausgeschieden wird, dann deutet dies auf eine Wiedergeburt als furchtsamer Geist hin.

Wenn das rechte Bein unkontrollierbar zittert und Zorn und Aggressivität verspürt werden, wenn die Körperwärme zuerst an der rechten Fußsohle entweicht und wenn man gleichzeitig Exkremente, Urin und Speichel ausscheidet, ist dies ein Zeichen, daß man in den Höllenbereichen wiedergeboren wird.

Stirbt man voller Stolz und verläßt das Bewußtsein den Körper über den Gehörgang, entweicht die Körperwärme zuerst zu den Ohren, so zeigt dies eine Wiedergeburt als Quälgeist an.

Wenn kurz vor dem Tode die Krankheit sich lindert und der Geist klar wird, wenn sich Gedanken an den eigenen Guru und an Dharma-Freunde einstellen, wenn durch richtige Gedankenübung die gelbe Flüssigkeit an der Öffnung der Schädelkrone zum Versiegen gebracht wird und das Bewußtsein so gelenkt werden kann, daß es den Körper an der Schädelkrone verläßt, so wird damit entweder eine hohe Wiedergeburt oder die Verwirklichung der höchsten Erleuchtung angezeigt.

Aus diesem Grunde ist es wichtig zu wissen, wie das Bewußtsein im Augenblick des Todes zu kontrollieren ist und wie ihm durch

Meditationsübungen Schärfe und Richtung verliehen werden kann.

Bisher wurden körperliche und geistige Symptome erörtert, die anzeigen, als was ein Verstorbener wiedergeboren wird. Eine andere Methode besteht darin, das wechselnde Aussehen des Himmels zu befragen, wozu man sich einen astrologisch geeigneten Zeitpunkt auswählt.

Verändert sich die Farbe des Himmels zu Dunkelbraun oder Schwarz hin und wird kein Atemdampf sichtbar, erhebt sich ein starker Wind oder tauchen dicke Wolkenballungen auf, dann steht eine Wiedergeburt in einem der Höllenbereiche zu erwarten.

Wenn das Gelb von Sonne oder Mond zu verblassen beginnt – obwohl der Himmel wolkenlos ist, wenn keinerlei Wind geht, die Sonne nicht scheint und stattdessen Regen fällt, vor allem, wenn dies gegen Abend geschieht, so deutet dies auf eine Wiedergeburt als furchtsamer Geist hin.

Verschlechtert sich das Wetter geringfügig, steigen Nebel auf und ballen sich schwarze Wolken am Himmel, kündigt sich hierin eine Wiedergeburt als Tier an.

Nehmen die Wolken kastanienbraune Farbe an und wirken wie von Zorn geschüttelt, tobt und pfeift der Wind, oder gehen Donner und Blitz nieder, verdunkeln sich Sonne und Mond, dann ist eine Wiedergeburt als Titan zu erwarten.

Ist der Himmel klar und Sonne und Mond strahlen ungetrübt, regt sich auch nicht der kleinste Windhauch, kündigt sich hierin eine Wiedergeburt als himmlisches Wesen in einem der weltlichen Himmel an.

Ist der Himmel klar und nur von einigen Wolkenfahnen wie mit weißen Seidenschleiern durchzogen, sind Sonne und Mond von Lichthöfen umgeben, so sind dies Zeichen, daß man als Mensch wiedergeboren wird.

Einerlei, welches der hier genannten Zeichen erscheint – alle zeigen sie eine Wiedergeburt in einem der sechs weltlichen Bereiche an. Sie treten zwei, drei oder sieben Tage nach dem Tod eines Menschen auf. In den Schriften zur Pflege der Verstorbenen und im *Tantra zur Verbrennung des Leichnams*[16] finden sich weitere Erklärungen hierzu.

Was die Zeichen anbelangt, die erkennen lassen, daß der Verstorbene im Bardo die Erleuchtung erreicht hat, in einem Buddhafeld oder in dem Reinen Land der Dakinis wiedergeboren wurde, so kann man hierüber in den gebräuchlichen Handbüchern Aufklärung erhalten, welche den Umgang mit dem Leichnam zum Thema haben und die verschiedenen Methoden behandeln, wie man durch Belehrung im Zeitpunkt des Sterbens die Befreiung erringt.

Schlußfolgerung

Wann auch immer eines der verschiedenen Todeszeichen auftritt, sollte das Beobachtungs-Ritual ausgeführt werden, um die Bedeutung dieser Zeichen zu ermitteln. Stellt sich dabei heraus, daß das Leben ernstlich bedroht ist, sind unbedingt die lebensverlängernden Yogas anzuwenden. Dies zu unterlassen, hieße, einen tantrischen Niedergang einzuleiten, der eine Trennung des eigenen Körpers vom Heer der friedlichen und der rasenden Gottheiten zur Folge hätte.

Den Körper zu vernachlässigen, bedeutet eine schwere karmische Verfehlung – sie zieht eine Geburt in der Hölle nach sich. Den eigenen Tod hinzunehmen, obwohl er durch bestimmte Heilmethoden verhindert werden könnte, stellt ein schwerwiegendes karmisches Vergehen dar, dessen Folgen schlimmer sind, als wenn man eine der fünf unsühnbaren Taten begangen hätte – vor allem dann, wenn man tantrische Verpflichtungen auf sich genommen hat.[17]

Es ist daher äußerst wichtig, entgegenwirkende Meditationsübungen, Rituale und Yogas durchzuführen, wenn man Todesvorzeichen erhalten hat. Hinzunehmen, daß der Körper stirbt, ohne irgendwelche Heilmethoden zu versuchen, schafft ein Karma, das als ›Töten einer Gottheit‹ bezeichnet wird. Daß den Todeszeichen so große Beachtung geschenkt wird, geschieht nicht aus bloßer Neugier; ihre Deutung dient vielmehr dazu, ungünstige Umstände vorauszusagen, die abgewendet werden können oder – falls der Todeszeitpunkt sich nicht hinausschieben läßt – eine für das

Sterben angemessene Vorbereitungszeit zu ermöglichen. Von den Gegenmitteln keinen Gebrauch zu machen, obwohl diese noch wirksam sein könnten, stellt eine Form der Selbsttötung dar und ist gleichbedeutend mit Mord.

Sind die Rituale in der vorgeschriebenen Weise ausgeführt worden und die Todeszeichen treten danach weiterhin auf, ist es ratsam, unverzüglich mit der Ausübung der Yogas zur Bewußtseins-Umwandlung zu beginnen. Diese Methode vermag selbst die Auswirkungen der fünf schwersten Sünden zu tilgen – durch Bekennen, Reue und Konzentration des Geistes im Augenblick des Todes. Anstelle einer niedrigen Wiedergeburt wird dann eine Wiederverkörperung in einem der himmlischen Bereiche möglich, in einem Buddhafeld oder in einem Reinen Land, ja, man kann sogar die vollständige Befreiung und Erleuchtung erlangen.

> Eh-ma! In dieser Schrift, die einem Zyklus von Texten zugehört,
> Welche sich beziehen auf die tiefgründige Lehre
> Von den friedlichen und den rasenden Mandala-Gottheiten,
> Wird in einer kurzen umfassenden Darstellung
> Die Methode der Selbstbefreiung enthüllt,
> Die im Erkennen der Zeichen des Todes besteht.
> Teil ist sie der Voraussetzungen, die erfüllt sein müssen,
> Wenn man zur Anwendung bringen will die Lehre
> Von der ›Befreiung durch Hören im Bardo‹.[18]
> Ihr, die ihr dereinst Yogis sein werdet,
> Solltet tief eurem Geiste sie einprägen.

> Samaya! Gya! Gya!
> Möge den von gutem Karma begünstigten Wesen
> Der Geist der Weisheit beschieden sein!
> Mitfühlende geistige Meister mögen ihnen begegnen!
> Und bis zum Ende des Kreislaufs der Zeiten
> Möge der Menschheit niemals verlorengehen
> Diese Lehre von den Zeichen des Todes!

VI.
DIE YOGAS
EINES BODHISATTVA DES LEBENS
ZUR ABWENDUNG DES TODES

Was in seiner Torheit das Leid immer sprechen mag:
Kein Wesen, das mit menschlichem Atem begabt,
Hat jemals wahrhaft nach dem Tode verlangt.
Tennyson: Die zwei Stimmen

Zur Einführung

Das Verfahren zur Deutung der Todesvorzeichen wird zum einen benutzt, um herauszufinden, ob Gefahr für das eigene Leben droht; zum anderen soll es Aufschluß geben darüber, ob die Praktiken zur Verlängerung des Lebens das Hemmnis zu beseitigen vermögen. Aus diesem Grund schrieb Kar-ma Ling-pa, daß »ein verfrühter Tod mit den Methoden zur Verlängerung des Lebens abgewendet werden könne.«

Nach buddhistischer Anschauung liegt unser Leben in unsrer Hand insofern, als wir über einen freien Willen verfügen, mit dem wir die Ereignisse, die das Gesicht unserer Zukunft bestimmen, selber gestalten. Zugleich schwebt aber ständig ein Element karmischer Prädisposition über uns, das uns in einem schwachen Moment zu überrumpeln sucht. In solchen Zeiten, wo die karmischen Elemente sich gegen uns wenden, kann uns ein vorzeitiger Tod ereilen.

Das Karma vermag allerdings nicht aus sich selbst Einfluß auf uns zu nehmen, es ist auf die Kräfte der Verblendung angewiesen, die wir in uns tragen. In einem Gedicht des Siebten Dalai Lama heißt es hierzu:[1]

Schlechtes Karma und Verblendungen
Sind böse Geister, die das Pferd des Geistes reiten

Und die Wurzel des Lebens untergraben.
Führerlos treibt dieses Leben dahin,
Und kurz nur ist die Zeit, die es währt.
Not und Qual bringt auch das kommende Leben.
Dunkelheit hat das Licht verfinstert
In diesem entarteten Zeitalter.

Diese Verse bringen zum Ausdruck, daß die unserem Karma innewohnenden negativen Neigungen einen Gefahrenpunkt in unserem Leben heraufführen, um sich dann mit Hilfe unserer Verblendungen zu manifestieren und uns einen vorzeitigen Tod zu bereiten.

Wie wir bereits gelesen haben, nennt der Erste Dalai Lama drei Ursachen für einen verfrühten Tod: Erschöpfung der Lebensdauer, Erschöpfung aller Verdienste und Erschöpfung des Karma.[2] Und er nennt die Gegenmittel: Die erste Ursache wird beseitigt durch Initiationen für langes Leben sowie durch lebensverlängernde Meditations-Übungen; die zweite durch Ansammeln von verdienstvoller Energie mittels tantrischer Opferhandlungen, religiöser Andacht, Verehrung von Heiligen; die dritte schließlich dadurch, daß man sein Bewußtsein von allen karmischen Verunreinigungen läutert durch Bekenntnis, Reue, Meditation über den Bodhi-Geist oder über die höchste Wahrheit der Leerheit. Die abschließenden Worte des Ersten Dalai Lama waren: »Ist der bevorstehende Tod durch einen oder zwei der genannten Ursachen bedingt, kann er durch geeignete Methoden abgewendet werden. Kommen jedoch alle drei zusammen, ist der Tod durch keinerlei Maßnahme mehr zu verhindern.«

Der Terminus ›Erschöpfung‹ (tib.: *zad-pa*) hat hier nicht die Bedeutung von ›Zuendegehen‹, er meint eher ›Schwachheit‹ oder ›Anfälligkeit‹ für einen Zusammenbruch oder Niedergang. In der Kette von Lebensdauer, schöpferischer Energie und karmischer Kraft gibt es ein schwaches Glied, das jetzt in Erscheinung tritt. Die drei Faktoren sind nicht restlos verbraucht, doch befinden sie sich in einer kritischen Phase oder erleiden einen zeitweiligen Mangel an Energie. Dies ist nicht allein die Auffassung der buddhistischen Religion, sie wird auch von der tibetischen Heilkunst

geteilt. Im *Tantra des Ambrosia-Herzens*[3] heißt es: »Der gleichzeitige Niedergang der drei lebenserhaltenden Faktoren (Lebensspanne, schöpferische Energie und karmische Kraft) führt unweigerlich zum Tode.«

Dieser Anschauung zufolge kann also ein vorzeitiger Tod eintreten, sobald die Energieversorgung eines der drei Faktoren zusam-
menbricht. Die Yogas zur Verlängerung des Lebens bezwecken
die Kräftigung und Wiederherstellung dieser Energien mittels
geistiger Übungen.

Der Erste Dalai Lama nennt die drei wichtigsten Methoden zur
Verlängerung des Lebens:[4] die Amitayus-Yogas (von ihnen handelt der Text des Zweiten Dalai Lama in diesem Kapitel), die
tantrischen Methoden in Verbindung mit der Gottheit Tara und
das mystische Yoga des ›Den-Himmel-als-Speise-Nehmen‹ (hierbei stellt man sich vor, Lebensenergie von den Sternen zu empfangen).

Im Anschluß daran gliedert er das Amitayus-System, entsprechend den darin angewandten Techniken, in vier Grundkatego-
rien: die Initiation für langes Leben, die Yogas der Erzeugungsstufe, die Yogas der Vollendungsstufe und die Methoden des
Fastens, bei denen man statt gewöhnlicher Nahrung Pillen zu sich
nimmt, die eine mystische Essenz enthalten.

Der von mir für dieses Kapitel ausgewählte Text des Zweiten Dalai
Lama, der die Wirkungsweise der Yogas zur Verlängerung des
Lebens beschreibt, bringt nicht alle Einzelheiten dieser Methoden
zur Darstellung. Er untersucht in der Hauptsache zwei Möglichkeiten, nämlich, wie man mit Hilfe der Amitayus-Yogas das
eigene Leben und wie man mit ihnen das Leben eines anderen
Menschen verlängern kann. Zur Veranschaulichung der ersten
Anwendungsmöglichkeit werden die Stufen anhand eines *Sadhana*
oder Meditations-Leitfadens dargestellt, der als eine Art liturgi-
scher Text zu lesen ist. Der in diesem Zusammenhang behandelte
Stoff gehört im wesentlichen der Praxis der Erzeugungsstufe –
auch die Phase der kreativen Imagination (tib.: *skyes-rim*) genannt
– an. Wie der Siebte Dalai Lama in seinem Werk zu diesem System
hervorhebt,[5] gibt es während des Visualisierungs-Vorgangs eine
Phase, wo man eine Pause einlegen und die Yogas der Vollen-

dungsstufe ausüben kann; hierüber läßt der Text des Zweiten Dalai Lama nichts verlauten. Und tatsächlich wird von den Yogas der Vollendungsstufe nur selten Gebrauch gemacht. Meist wird mit den Yogas der Erzeugungsstufe gearbeitet, wie wir sie in unserem Text erläutert finden. Beginnt man dann mit Meditationen der Vollendungsstufe, wechselt man über zu den Sechs Yogas von Naropa, oder auch zu den Yamatanka-, Guhja-samaja- und Heruka-Chakrasamvara-Yogas.

Den Gebrauch dieses Systems zum Nutzen anderer erläutert der Zweite Dalai Lama anhand der Initiation für langes Leben. Wer einmal längere Zeit in der Gemeinschaft tibetischer Buddhisten verbracht hat, kennt die festliche Atmosphäre, die zur Initiation für langes Leben gehört. Als ich 1972 in Bodh Gaya war, gab der jetzige Dalai Lama mehreren tausend Menschen aus Zentralasien eine solche Initiation. Mehr als 5000 Gläubige erhielten von ihm in Dharamsala die Amitayus-Initiation. 1981 war ich in Neu-Delhi dabei, als Sa-kya Trizin, Oberhaupt des Sa-kya-Ordens, diese Zeremonie für etwas 2000 Menschen ausführte. Bei all diesen Anlässen spürt man die besondere Mischung aus religiöser Andacht und festlicher Freude, die einer ›Initiation zum Leben‹ so häufig das Gepräge geben. Man fühlt sich dabei an die uralten Fruchtbarkeits-Riten erinnert, die Geistigkeit und Fröhlichkeit in sich vereinen.

Zum überwiegenden Teil jedoch behandelt der Text des Zweiten Dalai Lama das Amitayus-Yoga als eine Form der täglichen Meditation – als ein Yoga der Erzeugungsstufe. Das ist auch der Grund, weshalb ich ihn in dieses Buch aufgenommen habe. Die Darstellung, die der Zweite Dalai Lama gibt, ist kurz, aber umfassend, und sie beschreibt genau, wie ein Übender vorzugehen hat, der das Yoga der Lebensverlängerung erfolgreich ausführen will.

Wie es dem allgemeinen Brauch entspricht, stehen am Anfang des Textes Verse der Huldigung an die Gottheit Amitayus, Bodhisattva des Lebens und der Weisheit, der das tantrische System versinnbildlicht. Danach kommt die Rede auf die Lehrer dieser Überlieferung, damit wir uns ein genaues Bild machen können, wo ihr Platz im Gewirr der verschiedenen Traditionen ist. In diesem Fall handelt es sich um die Abstammung von dem hochgeehrten Yogi Milarepa, dessen Name im Lande des Schnees um die Wende des 12. Jahrhunderts große Berühmtheit erlangte. ›Die Hunderttausend Gesänge Milarepas‹[6] sowie verschiedene Ausgaben seiner Biographie[7] haben den Namen dieses Yogi auch im Westen bekannt gemacht. Milarepas persönlicher Schüler Rechung-pa hatte auf Geheiß des Meisters diese Überlieferung nach Tibet gebracht und gab sie dann seinerseits an einen Schüler weiter. Auf diese Weise wurde die Linie von Generation zu Generation fortgeführt. Als ihr indischer Ursprung wird im Text der Name Ti-pu-pa[8] genannt, der ein berühmter Schüler von Naropa war; auch wird eine Schülerin Naropas erwähnt namens Siddharani, die zur Erleuchtung fand und später lange in Nepal gelehrt hat.

Die Meditations-Übungen der Vajrayana-Erzeugungsstufe basieren auf der Umwandlung von Bildern und Symbolen, gemäß der Auffassung, daß ein Bild mehr besagen kann als tausend Worte. Am Beginn der Meditation stehen die gebräuchlichen Verse, mit denen Zuflucht genommen, die geistige Haltung des Mahayana erzeugt und die vier selbstlosen Bestrebungen ausgesprochen werden. Hierauf wird die Sphäre der Wahrnehmung in lichte Leerheit aufgelöst, indem das *Svabhabhava*-Mantra rezitiert wird, und die eigentliche Meditation kann nun ihren Anfang nehmen.

Zunächst erscheint die Silbe *Pam*, Symbol der reinen Bewußtheit. Sie verwandelt sich in eine Lotusblüte – Symbol der reinen Tätigkeit –, in der die Silbe *Āh* erscheint – Symbol des höchsten Wissens. Das *Āh* geht über in die Silbe *Hrīh*, die den mitfühlenden Aspekt der Weisheit symbolisiert. Aus dem *Hrīh* gehe dann ich selbst hervor in der Gestalt von Amitayus, dem Bodhisattva des Lebens und der Weisheit.

Diese Schritte zu vollziehen mag sehr einfach erscheinen, doch verkörpern sie den umfassenden Entfaltungsprozeß, der zur Erleuchtung führt. Das alte Selbst wird aufgelöst, und wir erstehen zu höherer Bewußtheit, zu reiner Tätigkeit, vollkommener Weisheit und mitfühlender Energie. Dies sind die Kräfte, die uns zu der neuen Identität als Amitayus, Bodhisattva des Lebens und der Weisheit, verhelfen und uns befähigen, die lebensverlängernden Meditationen auszuüben. Hierauf erbitten wir den Segen aller, die vor uns diese Praxis vollzogen haben, indem wir uns an sie, als die Weisheitsvollen Wesen, wenden; danach erneuern wir bereits empfangene tantrische Initiationen durch Anrufung der Initiations-Gottheiten. Beides dient dazu, uns in unserer Selbstwahrnehmung als Amitayus sicher werden zu lassen.

Dies ist die vorbereitende Phase, in der man sich selbst als tantrische Gottheit erschafft. Jetzt erst ist man befähigt, die eigentliche Meditation für langes Leben aufzunehmen, was dann in Verbindung mit der Mantra-Rezitation erfolgt.

Als nächstes stellt der Zweite Dalai Lama in kurzer Form dar, wie die Essenzen absorbiert werden, die ein langes Leben bewirken. Es geschieht dies in zwei Schritten. Zuerst ruft man sich ins Gedächtnis zurück, was einem jemals von der eigenen Lebenszeit gestohlen wurde oder verlorenging. Hiernach wendet man sich um Hilfe an die vier Hauptelemente (Erde, Luft, Feuer und Wasser) sowie an alle vortrefflichen Dinge, die in der Welt existieren, an die Lebensenergie von allem, was lebendig ist, und zum Schluß erbittet man die Segnungen der erleuchteten Wesen.

Alles, was man anruft, kommt herbei und geht ein in die Mantras am Herzen. Die Mantras verströmen Nektare der Langlebigkeit, die von dem mir zu Häupten thronenden Amitayus in einem Gefäß aufgefangen werden. Die Nektare fließen über den Rand des Gefäßes und erfüllen meinen Körper, sie schenken mir die Kraft des Lebens und der Weisheit.

Weiter beschreibt der Zweite Dalai Lama dann den Prozeß der Absorption und gibt an – für den Fall, daß der Wunsch nach einer ausgiebigeren Meditations-Übung bestehen sollte –, wie die einzelnen Schritte in diesem Prozeß aussehen. Allgemein läßt sich feststellen, daß die kurze Form des Meditierens als tägliche Übung zu verwenden ist, während ihre längere Form bei Klausuren zu benutzen ist, da dort für jede einzelne Meditations-Sitzung mehr Zeit vorhanden ist.

Der Text vermittelt uns somit einen Eindruck davon, wie ein Yogi mit diesem System arbeitet. Der theoretische Unterbau der lebensverlängernden Prozesse wird nicht erörtert, ebensowenig wie die philosophischen Anschauungen tantrischer Buddhisten zur Beziehung zwischen Körper und Geist, aus denen sie ableiten, daß geistiges Üben den Körper in günstiger Weise beeinflussen könne. Wir haben bereits erfahren, wie nach buddhistischer Auffassung die Lebensdauer in Beziehung steht zum Karma und zur Verblendung. Das grundlegende Prinzip, das in den lebensverlängernden Yogas zur Geltung kommt, lautet: alles, was uns geschieht, muß unseren eigenen Bewußtseinsstrom passieren. In der tibetischen Heilkunst – sie beruht zum großen Teil auf den medizinischen Bräuchen Indiens – heißt es daher, daß sämtliche Krankheiten im Geist und dessen Verblendungen wurzeln.

Genau wie alles Negative allein durch unseren Geist an uns herankommen kann, läßt sich dieser Vorgang auch umkehren – der Geist ist fähig, den Strom der Negativität zu unterbrechen, er kann darüber hinaus zu einer Quelle positiver Energie werden. Wenn wir uns daher in der Meditation vorstellen, wie unser Körper lebensspendende und lebenserhaltende Energien aus der Welt absorbiert, wird dies unserem körperlichen Wohlergehen förderlich sein.

Die Kraft des Geistes, Einfluß auf den Körper zu nehmen, wurde 1982 von einem Ärzte-Team der Universitäten von Harvard und Virginia untersucht. Sie hatten vom Dalai Lama die Erlaubnis erhalten, nach Dharamsala zu kommen und dort die körperlichen Veränderungen zu beobachten, die bei Praktizierenden des viel diskutierten ›Yoga des mystischen Feuers‹ auftreten, von dem es heißt, die Körpertemperatur werde in der Meditation beherrschbar. Der Dalai Lama hatte für diese Untersuchung einige seiner Studenten ausgewählt, und es zeigte sich, daß die Körpertemperatur der Yogis innerhalb von wenigen Minuten auf Temperaturen von 44–45 Grad anstieg.[9]

Diese Art geistiger Kontrolle ist primärer Bestandteil der Übungen zur Verlängerung des Lebens. Eine wichtige Rolle spielt dabei auch das positive Denken. Beide erbringen sie den Beweis, daß das System funktioniert – daß der Geist über die Materie siegen kann. Die Praxis der lebensverlängernden Amitayus-Yogas war in Tibet weit verbreitet. Der Erste Dalai Lama, dessen Kommentar ich ausführlich zitiert habe, hat diese Überlieferung im Lande populär gemacht. Er selbst soll sein Leben mit dieser Methode um mehrere Jahrzehnte verlängert haben. Auch vom Ersten Pänchen Lama, dem Guru des Fünften Dalai Lama, ist sie ausgiebig gelehrt worden. Dies hat dazu geführt, daß die Lehre, die ursprünglich ausschließlich innerhalb des Kar-gyu-Ordens überliefert wurde, im Laufe der Jahrhunderte in alle Sekten des tibetischen Buddhismus eindrang. Sie ist heute in Zentralasien Gemeingut bei den Lamas aller Richtungen. Zum Abschluß sollte vielleicht noch darauf hingewiesen werden, daß die Verwendung von Amitayus im tibetischen Vajrayana-Buddhismus und die Verehrung des Buddha Amitabha in den Sekten des Reinen Landes West-Chinas nicht als zwei grundverschiedene Phänomene zu betrachten sind, wenn auch ein historisches Verbindungsglied zwischen ihnen nicht nachzuweisen ist. Beide sind sie auf getrennten Wegen von Indien gekommen. Amitabha und Amitayus sind identisch als Gestaltungen des Buddha. Sie unterscheiden sich darin, daß Amitabha, dessen Name ›Grenzenloses Licht‹ bedeutet, die höchste Weisheits-Form des Buddha symbolisiert, während Amitayus – sein Name bedeutet ›Grenzenloses Leben‹ – Symbol ist für den handelnden Aspekt eines Bodhisattva. Ein weiterer Unterschied liegt darin, daß die Sekte des Reinen Landes nicht der Vajrayana-Linie von Amitabha folgt; sie ist eine exoterische Sutrayana-Schule, die auf dem *Amitabha-Sutra* fußt. Die Amitayus-Langlebigkeits-Yogas hingegen sind nicht auf Amitayus als einer Sutrayana-Gestalt bezogen, vielmehr ist er hier ein Symbol des Vajrayana-Pfades. Eine Verbindung zwischen den beiden liegt also darin, daß sie beide jeweils einen besonderen Aspekt des Buddha-Wesens verkörpern. Sie unterscheiden sich darin, daß einmal von der Sutrayana-Form Gebrauch gemacht wird, zum anderen jedoch von dem esoterischen Vajrayana. Sichtbar wird dies auf der höchsten Übungsstufe: Im exoterischen System erscheint Amitabha als eine äußere Gestalt, um deren Segnungen gebetet wird, während im esoterischen Vajrayana eine Selbstverwandlung zu Amitayus stattfindet und das Meditieren sich auf der Seins-Ebene eines Bodhisattva des Lebens und der Weisheit vollzieht. Die erste ist eine passive, die letzte eine aktive Methode. Im Sutra-System werden Gestalten im Außen betrachtet, im System des Tantra gelten sie als Symbole meditativer Prinzipien.

Die Yogas eines Bodhisattva des Lebens zur Abwendung des Todes

Darlegung von Gyal-wa Gen-dun Gya-tso,
dem Zweiten Dalai Lama

Verehrung dem Bodhisattva Amitayus,
Der Verkörperung von Leben und Weisheit.
Langes Leben und tiefes Wissen gewährt er,
Wenn man auf ihn richtet seine Gedanken.
Dargestellt sei nunmehr das Yoga,
Welches uns unter seinem Namen überliefert ward.

Die Meditation über die tantrische Gottheit Amitayus, die von Siddharani, einem buddhistischen Heiligen aus Indien überliefert wurde, ist eine Methode, mit der das eigene Leben wie auch das eines anderen verlängert werden kann. Nach Tibet gelangte diese Meditations-Art durch den Yogi Re-chung-pa, und sie wurde von dem großen Milarepa weitervermittelt, dem berühmtesten der tibetischen Asketen. Sie ist uns in ununterbrochener Folge bis in die Gegenwart überkommen.

Der nachstehende Kommentar zur Amitayus-Praxis ist in zwei Teile gegliedert: zum einen stellt er dar, in welcher Weise man sich dieser Methode bedient, wenn man das eigene Leben verlängern will, und zum anderen, wie mittels der Initiation für langes Leben die Lebensspanne eines anderen Menschen verlängert werden kann.

ERSTER TEIL:

Die Praxis der Verlängerung des eigenen Lebens

Bevor man die Meditations-Praxis des Amitayus-Yoga aufnimmt, sorge man für eine bequeme Sitzgelegenheit vor einem kleinen Altar. Auf diesen stelle man ein Bildnis von Amitayus sowie Wasser und Räucherwerk als Opfergaben, die nach dem Zeremoniell des Höchsten Yoga-Tantra geweiht werden.

Zu Beginn der Meditation erzeuge man in einer Vision sich selbst als den Bodhisattva Amitayus, rufe die Gurus und Meditations-Gottheiten der Überlieferungslinie an, um anschließend – anhand der folgenden Liturgie – Zuflucht zu nehmen und den Bodhi-Geist zu erwecken:

> Zuflucht nehmend wende ich mich an Buddha, Dharma und Sangha,
> Bis verwirklicht ich habe die höchste Erleuchtung.
> Möge mein kraftvolles Streben auf diesem Wege
> Mich führen zur Buddhaschaft, zum Wohle aller Wesen.
> Mögen alle Wesen finden das Glück und die Ursachen des Glücks.
> Mögen befreit sie werden vom Leid und den Ursachen des Leides.
> Mögen sie überwinden jegliches Leiden
> Und verweilen in dauerhafter Freude.
> Mögen sie wandeln in Gleichmut,
> Unterscheidend nicht länger,
> Ob Freund einer sei oder Feind.

Sind diese Präliminarien abgeschlossen, wird die Meditation mit Hilfe des Svabhava-Mantras[10] geläutert und Amitayus in seiner mystischen Gestalt erzeugt.

Alle Erscheinungen werden als Leerheit wahrgenommen, aus deren Sphäre die Silbe *Pam* hervortritt. Sie wandelt sich zu einer Lotusblume, auf der die Silbe *Āh* erscheint. Diese wiederum wird zur Scheibe eines Mondes, auf der mein eigener Geist in der Form des roten Schriftzugs *Hrīh* sichtbar wird. Dieses *Hrīh* erfährt eine vollständige Umwandlung, aus der ich hervorgehe als der trans-zendente Amitayus, der Bodhisattva der Weisheit und des todlo-sen Lebens. Mein Körper ist von roter Farbe, meine Hände ruhen in Meditationshaltung in meinem Schoß. Ich umfasse das mysti-sche Gefäß, das gefüllt ist mit den Nektaren der Unsterblichkeit. Meine Füße sind in der Vajra-Stellung verschränkt, meinen Kör-per zieren die 112 Insignien der Vollendung. Die Juwelenge-schmeide und seidenen Tücher eines Bodhisattva schmücken mich. An meiner Schädelkrone ist die Silbe *Om* zu erkennen, an meiner Kehle die Silbe *Āh* und an meinem Herzen die Silbe *Hūm*.[11]

Lichtstrahlen gehen aus von dem *Hūm* an meinem Herzen und rufen die Weisheitsvollen Wesen aus Sukhavati herbei, dem Reinen Land der Freude in den Westlichen Bereichen. Diese Wesen – sie gleichen dem oben beschriebenen Amitayus – finden sich ein und verschmelzen mit der symbolischen Form meiner Existenz. Jāh hūm bam hoh.

Erneut gehen Lichtstrahlen aus von dem *Hūm* an meinem Herzen. Jetzt sind es die Gottheiten der Einweihung, die gerufen werden, und ich richte die Bitte an sie, mir die Initiation zu geben.

Daraufhin heben sie die Gefäße mit den einweihenden Nektaren in die Höhe und lassen diese auf mich niederströmen. Die Nektare füllen meinen Körper an, mich reinigend von allem negativen Karma, das ich mit Körper, Rede und Geist angesammelt habe. Dabei rezitieren die Gottheiten das Einweihungs-Mantra: om sarva tathagata abhishekata samaye shri ye ah hum.

Mein Körper ist angefüllt mit Nektaren. Sie fließen durch die Öffnung an der Schädel-Krone hinaus, wobei sie sich in den Guru Amitayus verwandeln, die mystische Verkörperung meines eigenen Initiations-Lehrers.

In der Form einer Visualisierung werden hierauf das Wasser und das Räucherwerk dargeboten, und man spricht den folgenden Vers zur Lobpreisung:

> Verehrung dem überweltlichen Amitayus,
> Der frei ist vom Bösen und von karmischer Befleckung,
> Dessen Gestalt den ganzen Himmel umgreift
> Und dessen Geist unwandelbar weilt im So-Seienden.

In dem auf meinem Kopf befindlichen Gefäß zeichnet sich auf einer Mondscheibe die Silbe *Hrīh* ab, welche von dem Mantra der Essenz und dem langen Dharani im Uhrzeigersinne gedreht wird.[12] Lichtstrahlen gehen von diesen aus und lassen alle jene Abschnitte meines Lebens wiedererstehen, die mir gestohlen wurden oder den Kräften der Negativität zum Opfer fielen. Diese Lebensenergie kommt in Form von Nektaren der Unsterblichkeit, mit denen Schädelbecher und Gefäße angefüllt sind, und sie wird von den Mantra-Reihen aufgesogen.

In ähnlicher Weise gehen erneut Lichtstrahlen aus von der Wurzelsilbe, dem Mantra und dem Dharani am Herzen von Amitayus, wodurch die vier Hauptelemente – Erde, Luft, Feuer und Wasser – herbeigerufen werden, und mit diesen zugleich die Essenz der Lebensenergie und die Verdienste aller lebendigen Wesen, alle vollkommenen Dinge der drei Welten sowie die inspirierenden Kräfte des Körpers, der Rede und des Geistes aller Buddhas und der ihnen entstammenden Bodhisattvas. Sie alle finden sich ein und verschmelzen mit den Mantra-Reihen.

Sodann ergießt sich aus der Silbe und den Mantras am Herzen von Guru Amitayus ein Strom von Nektaren, der das Gefäß in seinen Händen anfüllt, die Langlebigkeits-Nektare emporschäumen und überfließen läßt. Diese dringen – über die Schädelkrone abwärtsströmend – zur Brahma-Öffnung in meinen Körper ein, und diesen ganz und gar erfüllend, reinigen sie mich von allen karmischen Verunreinigungen. Auf diese Weise gewinne ich die Kraft der Langlebigkeit.

In Betrachtungen darüber rezitiert man das Mantra der Essenz und das lange Dharani.

Die inneren Bilder, über die man meditiert hat, läßt man jetzt in der Leerheit aufgehen und verweilt für einige Zeit in der Sphäre der Ungeformtheit, um dann aus der Leerheit in der Gestalt von Amitayus zu erstehen. Zum Abschluß bringe man ein Gebet dar, in dem man um das Erreichen des Pfades bittet, für alle Wesen Vollendung erwünscht und das Erscheinen glückverheißender Zeichen erfleht.

Dies ist die kurze Fassung der Langlebigkeits-Meditation innerhalb des Amitayus-Systems, bei der die Essenz aller dem eigenen Leben gestohlenen Zeit sowie die Essenz der vier Elemente usw. in einer einzigen Phase als kollektive Eigenschaften aufgenommen werden. Bei einer längerdauernden Meditation, wird jede der Essenzen für sich genommen, und Mantra und Dharani werden in jeder Einzelphase rezitiert. Praktiziert man eine solche längere Form, beginnt man genau wie bei der oben beschriebenen kurzen, erschafft sich selbst auf die geschilderte Art als Amitayus. Ist man an den Punkt gelangt, an dem die Emanation des Lichtes erfolgt und die Essenzen absorbiert werden, vollzieht man den Prozeß für jede der Essenzen gesondert, anstatt sie kollektiv zu behandeln.

Der Vorgang besteht aus drei Phasen: dem Wiedergewinnen aller dem Leben gestohlenen Zeit; dem Wiederbeleben all dessen, was vergeudet wurde oder verkam; und drittens, der Absorption der Kräfte des Lebens-Bodhisattvas.

Das Wiedergewinnen des Gestohlenen

Im Innern des Gefäßes, das Guru Amitayus in Händen hält, befinden sich eine Lotus-Blume und eine Mondscheibe mit dem Schriftzug der Wurzel-Silbe *Hrīh*, die eingeschlossen ist von den Mantras der Essenz und dem langen Dharani. Von diesen gehen Lichtstrahlen aus, die all das zurückholen, was dem eigenen Leben gestohlen, geraubt oder zerstört wurde vom Herrn des Todes, von den Bösen Wesen, den schadenstiftenden Geistern usw. Es kommt zurück in Form von Schädelbechern und Eßschalen der Mönche, angefüllt mit den Langlebigkeits-Nektaren, die sich mit den mantrischen Silben im Gefäß von Amitayus vereinigen. Hierdurch wird ein Strom von Nektaren erzeugt, der das Gefäß vollständig mit lebensverlängernden Elixieren füllt. Diese quellen über den Rand des Gefäßes und erreichen meine Schädelkrone, dringen in meinen Körper ein, ihn dabei in- und auswendig von allen Mängeln und Befleckungen reinigend. Mein Körper bedeckt sich mit einem feingesponnenen Vajra-Gewebe, das die unheilbringenden Elemente allesamt zu zerstören vermag. Was immer mir von meiner Lebenszeit gestohlen wurde, erhalte ich zurück, und ich gelange in den Stand eines unsterblichen Vajra-Halters. Zurückgewonnen wurde alle Zeit, die ich in meinem Leben verlor, und nimmermehr wird sie den Kräften des Bösen anheimfallen.

Während man auf diese Art meditiert, rezitiert man das *Amarani*-Mantra[13].

Zum Abschluß der Mantra-Rezitation spreche man die folgenden Worte der Wahrheit: Möge diese(r) vom Schicksal begünstigte Sohn/Tochter die Macht erlangen, sein/ihr Leben zu verlängern.

Möge ich zum Wahrzeichen des todlosen Lebens werden. Möge ich zu einem unzerstörbaren Vajra werden, einem niemals niedergehenden Siegesbanner. Möge ich gelangen in den Stand eines unsterblichen Wissens-Halters.« Zum Abschluß spreche man einen Gebetsvers, um glückverheißende Zeichen zu erbitten.

Das Wiederbeleben des Verdorbenen

Hierbei geht es um drei Punkte, nämlich erstens darum, fehlgeleitete Lebensenergie wieder verfügbar zu machen; zweitens, verdorbene Lebenszeit durch die Absorption der Essenz von Macht (Kraft) und Verdienst wiederzubeleben; und drittens, für nicht eingehaltene Gelübde und geistige Verpflichtungen Ausgleich zu schaffen. Zunächst handelt es sich darum, fehlgeleitete Lebensenergie wieder verfügbar zu machen.

Wiederum visualisiert man zu Anfang Amitayus sowie die im Mittelpunkt des Gefäßes befindliche Wurzelsilbe und die Mantras. Lichtstrahlen gehen davon aus, die in Form von Nektaren und grünen Lichtstrahlen die Essenz des Raumes – wie die des Himmels und aller hohlen Orte – manifest werden lassen. Die Nektare lösen sich in den Mantras auf und lassen Unsterblichkeits-Nektare hervorquellen, die das Gefäß anfüllen, überströmen und meine Schädelkrone erreichen; durch die Brahma-Öffnung dringen sie in mich ein und läutern mich von allen inneren und äußeren Krankheiten, negativen Neigungen und geistigen Verdunkelungen. Insbesondere werde ich von jeglicher Entartung des Geistes und Trübung der Erkenntnis geläutert und gelange in den Stand eines unsterblichen Wissens-Halters, der gesund ist an Körper und Geist und dessen Lebensfundament sicher gegründet ist. Während der gesamten Meditation wird das Mantra rezitiert. Zum Abschluß werden die Worte der Wahrheit gesprochen und ein Gebet, das günstige Umstände herbeiführen soll.

Erneut gehen Lichtstrahlen aus von den Mantras, welche die Essenz der Lüfte und Winde der zehn Richtungen in der Form von Nektaren und blauen Lichtstrahlen an sich ziehen. Diese lösen sich auf in den Silben des Mantras; ein Strom von Unsterblichkeits-Nektaren wird erzeugt. Sie füllen das Gefäß an, strömen über, erreichen meinen Kopf und dringen durch die Brahma-Öffnung in mich ein; sie reinigen mich vollständig von allen negativen Zügen und geistigen Verdunkelungen. Insbesondere gewinne ich alle verdorbene Lebenszeit zurück, die aus einem gestörten Gleichgewicht der windähnlichen Energien des Körpers herrührt, und ich erlange die Stärke und Beweglichkeit eines unsterblichen Wissens-Halters. Das Mantra wird rezitiert, und zum Abschluß werden wie zuvor die Worte der Wahrheit gesprochen und ein Gebet, das günstige Umstände herbeiführen soll.

Wiederum gehen Lichtstrahlen aus von den Mantras. In der Form von Nektaren und roten Lichtstrahlen ziehen sie die Essenz des Feuer-Elements – aus allen Feuern, aus dem Feuerkristall, dem Feuer der Meditation usw. – an sich. Sie lösen sich auf in den Silben des Mantras, aus denen ein Strom von Nektaren hervorquillt. Sie füllen das Gefäß an, strömen über, erreichen meinen Kopf und dringen in meinen Körper ein. Sie reinigen mich innen und außen von allen Mängeln. Insbesondere aber bringen sie mir all jene verdorbene Lebenszeit zurück, die aus einem gestörten Gleichgewicht des körpereigenen Wärmesystems herrührt. Auf diese Weise wird mein Körper so strahlend und schwingend wie die Essenz der Sonne, so leuchtend wie ein wunscherfüllender Edelstein. Das Mantra wird rezitiert, und zum Abschluß werden die Worte der Wahrheit und ein Gebet zur Herbeiführung günstiger Umstände gesprochen.

Abermals gehen Lichtstrahlen aus, welche die Essenz des Wasser-Elements – aus Seen, Flüssen, den inneren Körperflüssigkeiten usw. – in der Form von Nektaren und weißen Lichtstrahlen an sich ziehen. Diese lösen sich auf in den Silben des Mantras, aus denen ein Strom von Nektaren hervorquillt. Sie füllen das Gefäß an, strömen über und erreichen meine Schädelkrone. Sie dringen in meinen Körper ein und reinigen mich vollständig von allen Negativitäten und Verdunkelungen. Insbesondere geben sie mir alle verdorbene Lebenszeit zurück, die aus einem gestörten Gleichgewicht der Körperflüssigkeiten – Blut, Lymphe usw. – herrührt. Strahlend wie die Wurzel einer Lotusblume wird mein Körper, und ich gelange in den Stand eines unsterblichen Wissens-

Halters. Das Mantra wird rezitiert, und zum Abschluß werden die Worte der Wahrheit und ein glückverheißender Vers gesprochen. Erneut gehen Lichtstrahlen aus, welche die Essenz des Erd-Elements – aus dem Berge Meru, den goldenen Bergen, den Juwelen-Bergen, den Schnee-Bergen, den Heilkräuter-Bergen, den früchtetragenden Feldern – in der Form von Nektaren und gelben Lichtstrahlen an sich ziehen. Diese lösen sich auf in den Silben des Mantras, aus denen ein Strom von Unsterblichkeits-Nektaren hervorquillt. Sie füllen das Gefäß an, strömen über und erreichen meinen Kopf. Sie dringen in meinen Körper ein und reinigen mich vollständig von allen Negativitäten und Verdunkelungen. Insbesondere wird mir alle verlorene Zeit zurückgegeben, die aus einer Störung des inneren Erd-Elements – Mängeln im Fleisch- und Knochengewebe usw. – herrührt. Ich gelange in den Stand eines unsterblichen Wissens-Halters, mit einem Körper, der so stark und so fest ist wie der des Königs der Berge.

Dies ist die Methode, mit der man verlorene Lebenszeit wiederbelebt, indem man die Essenz der fünf Grund-Elemente – Raum, Wind, Feuer, Wasser, Erde – herbeiruft. Es ist jene Form der Meditation, welche den Namen ›Wiederbelebung der verdorbenen Lebensenergie‹ trägt.

Als nächstes folgt das Verfahren, mit dem man verdorbene Lebenszeit durch Absorption der Essenz von Macht und Verdiensten wiederbelebt.

Lichtstrahlen gehen aus von den Mantras und ziehen die Macht und die Verdienste von allem, was in dieser Welt und was außerhalb davon ist, an sich. Die Macht der weltlichen Gottheiten – wie die Brahmas und Vishnus – und der weltlichen Geister – wie die des Naga Ananda – sowie die Macht der Weltbeherrscher – wie die der vier königlichen Beschützer: alle Macht findet sich ein. Die Verdienste der geistigen Freunde und Gurus, all derer, die ihr Bewußtsein zu höchster Liebe, zu Mitgefühl, zum Bodhi-Geist und zur Einsicht in die So-heit vervollkommnet haben, die Verdienste der Menschenführer und der Götter: aller Verdienst findet sich ein; ebenso die weltlichen Verdienste von Königen und Führern – von allen, denen langes Leben, Gesundheit und Wohlstand eignet.

Kurz – die Macht und die Verdienste, die alle Wesen in dieser Welt und außerhalb davon am Leben erhalten, ferner der Glanz und die Herrlichkeit alles Seienden finden sich ein. Sie kommen in Form der Acht Glückverheißenden Zeichen, der Sieben Königlichen Juwelen, der Sieben Edelsteine, der Acht Glückverheißenden Substanzen usw. Diese lösen sich auf in den Silben des Mantras, aus denen ein Strom von Nektaren hervorquillt. Sie füllen das Gefäß, strömen über und erreichen meinen Kopf. Durch die Brahma-Öffnung dringen sie in meinen Körper ein, und ich werde von allen Befleckungen und Mängeln des Körpers und des Geistes gereinigt. Insbesondere wird all jene verdorbene Lebenszeit wiederhergestellt, die aus einem Mangel an Macht oder an verdienstvollen Handlungen herrührt, und ich gelange in den Stand eines unsterblichen Wissens-Halters, dessen glückliches Geschick dem der mächtigsten Gottheiten gleicht.

Während man darüber meditiert, spricht man zugleich das Mantra. Zum Abschluß spricht man die Worte der Wahrheit und einen Gebetsvers, um günstige Umstände herbeizuführen.

Als drittes folgt nun das Verfahren, verdorbene Lebenszeit wiederzubeleben, indem man für seine gebrochenen geistigen Gelübde und Verpflichtungen Ausgleich schafft.

Lichtstrahlen gehen aus von den Silben des Mantras und ziehen die Segnungen aller Gurus dieser Langlebigkeits-Tradition auf sich, die Segnungen aller Buddhas, Bodhisattvas, *Dakas, Dakinis,* Dharma-Beschützer usw. und aller irdischen und überirdischen Wissens-Halter. Es erscheinen diese Segnungen in der Form der Buddhas und Bodhisattvas, der Vokale und Konsonanten des Alphabets, als geweihte Gegenstände, wie z. B. Vajra und Glocke usw. Sie lösen sich auf in den Silben des Mantras, aus denen ein Strom von Nektaren hervorquillt. Diese füllen das Gefäß an, fließen über und erreichen meinen Kopf. Durch die Brahma-Öffnung dringen sie in mich ein. Mein Körper ist erfüllt von den Nektaren der Langlebigkeit, und ich werde von allen Befleckungen durch negatives Karma und geistige Verdunkelungen vollständig gereinigt. Insbesondere schaffe ich Ausgleich für jeden Bruch meiner Gelübde und geistigen Verpflichtungen, und ich werde in den Stand eines unsterblichen Wissens-Halters versetzt.

Während man darüber meditiert, rezitiert man zugleich das Mantra. Zum Abschluß spricht man die Worte der Wahrheit und einen Gebetsvers.

Dieses ist die längere Version der Meditation über die Wiederherstellung verdorbener Lebenszeit durch eine der drei Methoden: durch das Wiederbeleben verdorbener Lebensenergie, durch die Absorption der Essenz von Macht und Verdiensten oder durch das Ausgleichschaffen für gebrochene Gelübde und geistige Verpflichtungen. Dieses Verfahren läßt sich abkürzen dadurch, daß man das Visualisieren auf drei Phasen beschränkt: um verdorbene Lebensenergie wieder verfügbar zu machen, wird die Essenz der fünf Elemente gleichzeitig absorbiert. Diese erscheinen in der Form von fünffarbigen Lichtstrahlen und Nektaren, welche das Gefäß anfüllen, überströmen und eine innere wie äußere Läuterung bewirken. Sie verleihen die Macht der Heilung der inneren Elemente und gewähren ein langes Leben. In der zuvor beschriebenen Weise wird dann die Essenz von Macht und Verdiensten absorbiert; und drittens wird die Lebenszeit verlängert, indem für gebrochene Gelübde und geistige Verpflichtungen ein Ausgleich geschaffen wird.

Die Absorption der Kräfte eines Bodhisattva des Lebens

Lichtstrahlen gehen aus vom Herzen des Guru Amitayus und nehmen ihren Weg zu dem Bodhisattva Amitayus in Sukhavati, dem Reinen Land der Freude. Dieser kommt herbei aus dem westlichen Himmel, umgeben von allen Gurus seiner Übermittlungslinie und begleitet von den Buddhas und Bodhisattvas der zehn Richtungen. Diese verschmelzen mit Guru Amitayus, der sich in Licht auflöst und in mich eingeht, so daß mein Körper, meine Rede und mein Geist einswerden mit Körper, Rede und Geist von Guru Amitayus und ich in den Stand eines unsterblichen Wissens-Halters gelange.

Mit lauter Stimme rufe man sodann die Namen der Gurus dieser Überlieferungslinie.

O Buddha Amitayus, vollendeter Bodhisattva,
Verkörperung von Weisheit und grenzenlosem Leben!
O Siddha-rani, Königin der Siddhas,
O Ti-pu-pa, Taube unter den Maha-siddhas[14],
Die alle tantrischen Kräfte meisterte!

Erhabener Re-chung-pa,
Yogi, der Geburt und Sterben hinter sich ließ.
Milarepa, der an Vollendung
Alle anderen weit übertraf.
Gam-po-pa, ehrwürdiger Stammvater der Kagyü,
Ta-tse-pa, königlicher Yogi aus Kham,
Verkörpernd den Geist aller Buddhas;
Dri-kung-pa, meisterlicher Yogi,
Bekannt unter dem Namen Kyu-ra Rinpoche.
O Chan-nga-wa, Gebieter über geistiges Wissen.
Gyal-wa Yang-gon-pa, der höchste Einsicht gewann.
Chen-nga, heißgeliebter Sohn seines Meisters.
Zur-puk-pa, wahrhaft allwissender Yogi.
Ba-ra-wa Gyal-tsen Pal-zang-po,
Welcher die Erde überwand.
Ah-nan Cho-je, großer Yogi.
Der hinfand zum allerhöchsten Wissen.
Pal-jor Gyal-tsen, der Herr ist über das Dharma.
Kun-ga Gyal-tsen, Verkörperung von Buddha Vara-dhara.
Alle Gurus weiterhin,
Die in dieser Linie der Übermittlung stehen,
Bis hin zu meinem eigenen Meister,
Der mir die Einweihung gab:
An Euch alle richte ich meine Bitte.
Euch, die Ihr dieser heiligen Überlieferung folgt,
Euch, die Ihr deren Begründer wart,
Bringe ich dar dieses Gebet.
Gewährt mir Eure Segnungen,
Schenkt mir die hohen Kräfte Eurer Inspiration
Und laßt zuteil mir werden Eure gnädige Führung.

Was auch für Krankheiten den Körper heimsuchen,
Welche Leiden den Geist auch quälen,
Welche Hemmnisse sich auch in den Weg stellen
Und Niedergang und Entartung bewirken,
Welch' Ungemach auch die Sterne schicken,
Was immer an Unheil ersinnen mögen
Die Naga-Geister der Unterwelt,
Welches Übel auch droht zwischen Himmel und Erde
Und dem Übenden frühzeitigen Tod verheißt:
Mögen allezeit die Gurus,
Die diese Linie begründeten,
Mit ihrem schützenden Segen Sorge tragen,
Alle ungünstigen Umstände abzuwenden.

Hierauf rezitiere man das *Amarani*-Mantra und das lange Dharani, wobei man sich vorstellt, wie man von den Segnungen und Wandlungskräften der Gurus durchströmt wird und völlige Freiheit erlangt von negativem Karma, geistiger Verdunkelung, Krankheit, Konflikt und allem, was dem wahren Leben und der Weisheit entgegensteht.

Dieser Vorgang der Aufnahme der Lebenskräfte durch Empfangen der Segnungen der Gurus, die diese Tradition begründeten und in ihr stehen, kann drei- oder siebenmal wiederholt werden. Günstig ist es zudem – sofern die Zeit ausreicht –, nach der Namensnennung eines jeden Gurus das ganze Gebet zu wiederholen, zumindest jedoch nach jedem dritten Namen. Steht jedoch nur wenig Zeit zur Verfügung, ist es erlaubt, zunächst alle Namen anzurufen und erst zum Abschluß das angeführte Gebet zu sprechen.

Am Ende der Übung rezitiert man das Mantra ein weiteres Mal, löst die Visualisierung in der Leerheit auf und ersteht dann aus der Leerheit als Amitayus. Man bringt sämtliche Verdienste dar und spricht ein Gebet, daß man die Erleuchtung erlangen möge zum Heile der Welt.

Auf diese Art wird das Amitayus-Yoga für ein langes Leben geübt. Es kann als tägliche Meditationsübung durchgeführt werden, doch findet es auch bei Intensiv-Retreats Anwendung, deren Einzelheiten dann durch den eigenen Lehrer bestimmt werden.

ZWEITER TEIL:

Die Langlebigkeits-Einweihung als Methode, anderen zu helfen

Es gibt eine Reihe von Möglichkeiten, die Amitayus-Yogas zum Nutzen anderer zu verwenden. Eine der wirksamsten ist die Langlebigkeits-Einweihung, die man zugunsten eines einzelnen, aber auch für mehrere Personen durchführen kann.

Zu Beginn ist der Altar herzurichten mit einem Bildnis von Amitayus, mit einer Wassergabe, mit Räucherwerk usw., wie schon beschrieben. Zusätzlich stelle man dann das Langlebigkeits-Gefäß, den Langlebigkeits-Wein und die Langlebigkeits-Pillen dazu, wie es die gebräuchlichen Handbücher vorschreiben. Das Gefäß hat seinen Platz in der Mitte, während der Wein auf der rechten und die Pillen auf der linken Seite stehen, umgeben von der Wassergabe, dem Räucherwerk und rituellem Backwerk. Alles dies wird nach den Vorschriften des Höchsten Yoga-Tantra geweiht.

Als erstes wird das Gefäß geweiht; es wird durch das *Svabhava-* Mantra in der Leerheit geläutert. In einer Visualisierung läßt man das Gefäß sich in der Sphäre der Leerheit auflösen, welche jenseits allen Erfassens ist.

Alles wird als Leerheit wahrgenommen. Aus der Sphäre der Leerheit taucht die Silbe *Bhrūm* auf. Diese Silbe verwandelt sich nun in das Juwelen-Gefäß von roter Farbe, mit kräftigem Bauch, langem Hals und einer weiten Öffnung. Es ist in himmlische Seide gewickelt, und seine Öffnung ziert ein Zweig vom Baume der Wunscherfüllung. Dieses Gefäß ist immateriell und substanzlos, wie aus Licht gemacht wirkt es und ähnelt einem Regenbogen. Es hat die Form einer Vase, aber seiner wahren Natur nach ist es der Unfaßliche Wohnsitz, der göttliche Palast des Amitayus mit seinen vier Eingängen, vier Bogengängen und allen Zügen einer göttlichen, mystischen Heimstatt.

Mitten in der Vase befindet sich eine Mondscheibe, die von einer Lotusblume getragen wird und auf der die Silbe *Hrīh* geschrieben ist. Diese Silbe wird zu Amitayus, dem Bodhisattva des Lebens und der Weisheit. Sein Aussehen ist so, wie zuvor beschrieben. Im

Innern der Vase, die er in seinen Händen hält, befindet sich eine weitere Vase, welche die Silbe *Hrīh* auf einer Lotusblume und einer Mondscheibe trägt. In kreisförmiger Anordnung um diese Silbe liegen das Mantra der Essenz und das lange Dharani. Während man diese beiden rezitiert, gehen Lichtstrahlen von ihnen aus und bringen all jene Lebensspannen zurück, die verlorengingen, gestohlen oder verdorben wurden. Sie werden in Form von Langlebigkeits-Nektaren von der Vase aufgenommen und füllen diese bis zum Rand. Auf diese Weise meditierend, rezitiert man das Mantra der Essenz und das lange Dharani so viele Male wie möglich.

Auf diese Art wird das Einweihungs-Gefäß geweiht. Darauf wird dann der Langlebigkeits-Wein auf dieselbe Weise geweiht wie die innere Opfergabe, wobei die Silbe *Hūm* benutzt wird, um ihn zu läutern, die Silbe *Āh*, um ihn als transzendent zu erkennen, und die Silbe *Om*, damit er unendliche Ausdehnung erlangt. Was die Langlebigkeits-Pillen anbetrifft, die aus Substanzen der Götternahrung hergestellt sind, aus verschiedenen, nach genauen Vorschriften gefertigten Arzneien und Heilkräutern, so stellt man sich vor, daß sich das innerste Wesen aller in Samsara und Nirvana existierenden Dinge in ihnen verdichtet, wodurch sie mit der Essenz der Götternahrung der Unsterblichkeit durchtränkt werden. Während so der Wein und die Pillen in der Meditation geweiht werden, rezitiert man das Mantra der Essenz und das lange Dharani so oft wie möglich. Das rituelle Backwerk wird auf dieselbe Weise geweiht wie die inneren Opfergaben, worauf es dem Amitayus des Gefäßes dargebracht wird. Zum Abschluß dieses Teils spricht man Gebete für die Erfüllung der Riten.

Der Empfangende dieses Rituals – es können auch mehrere Personen sein – unterzieht sich dann einer Waschung, verneigt sich zur Erde, opfert das Mandala und wiederholt dreimal die Bitte, daß ihm die Langlebigkeits-Initiation erteilt werden möge. Der Ritualien-Meister willigt ein, hält eine kurze Rede über die allgemeinen und besonderen Leiden der zyklischen Daseinsform sowie über die Vorzüge des heiligen Dharma, gibt eine kurze Darstellung der Überlieferung, der die nachfolgende Initiation entstammt, und erzählt einige Geschichten über die segensreichen Wirkungen der

Langlebigkeits-Einweihung, um so den Empfangenden zu ermutigen und eine positive Gemütsverfassung in ihm zu erwecken. Sodann gewährt er Zuflucht und spricht das Bodhisattva-Gelöbnis aus. Dem Empfangenden wird angeraten, sich den Ritualien-Meister in Gestalt und Wesen als einsseiend mit dem Guru Amityus vorzustellen und die Vase als eine Idealform anzusehen, die ihrem eigentlichen Sinne nach die himmlische Wohnstatt von Amitayus darstellt, den sie als kleine Gestalt in ihrem Inneren beherbergt. Der Empfangende wird dann aufgelöst in der Leerheit, er wird mittels des *Svahabhava*-Mantras geläutert und ersteht neu aus der Leerheit als Amitayus. Sich selbst als Amitayus erkennend, der auf einer Lotusblume und Mondscheibe thront, gewahrt er, daß die drei Silben *Om*, *Āh* und *Hūm* sich an seiner Schädelkrone, seiner Kehle und seinem Herzen finden.

Damit sind die vorbereitenden Rituale abgeschlossen, und man kann mit der eigentlichen Einweihung beginnen.

Diese Einweihung wird auf vier Arten erteilt: durch Vertrauen auf das Einweihungs-Gefäß; durch den Einweihungs-Wein; durch die Einweihungs-Pillen; und durch die Anrufung der Worte der Wahrheit.

Die Initiation mittels des Langlebigkeits-Gefäßes

Wie die zuvor beschriebene Praxis der persönlichen Meditation hat auch diese drei Phasen: das Zurückrufen all jener Zeit, die dem eigenen Leben gestohlen wurde; das Wiedererstehen all dessen, was vergeudet wurde oder verkam; und drittens, die Absorption der Kräfte des Bodhisattva des Lebens.

Jedem dieser drei Prozesse liegt fast das gleiche Visualisierungs-Muster zugrunde, das bei den einzelnen Stufen der Praxis zur Verlängerung des eigenen Lebens Anwendung fand. Der Hauptunterschied liegt darin, daß in der zuvor beschriebenen Praxis die Emanation der Lichtstrahlen vom Herzen des Guru Amitayus her erfolgte und das zu läuternde Objekt der eigene Körper und Geist waren. Bei der Initiation mittels des Langlebigkeits-Gefäßes gehen die Lichtstrahlen aus von dem im Mittelpunkt des Gefäßes thro-

nenden Amitayus; auch fließen die Langlebigkeits-Nektare –
nachdem die Essenzen wieder eingesogen wurden und das Gefäß
überströmen lassen – zum Kopf des Empfangenden, ihn nicht
allein läuternd, wie es in der persönlichen Praxis geschah, sondern
ihm zugleich auch die Lebens-Initiation gewährend. Doch von
diesen Ausnahmen abgesehen, sind die einzelnen Schritte und
Abläufe der Meditation die gleichen wie zuvor, und wegen der
Einzelheiten braucht man lediglich zu den entsprechenden Seiten
zurückzublättern.

Während der ersten der drei Phasen gehen Lichtstrahlen aus von
dem im Zentrum des Gefäßes thronenden Amitayus und bringen
dem Empfangenden all jene Zeit zurück, die er an den Herrn des
Todes verlor oder die dieser ihm stahl, und zwar erhält er sie in
Schädelbechern und Eßschalen, wie sie die Mönche verwenden. Es
wird dadurch ein Strom von Nektaren in Bewegung gesetzt, die
das Gefäß anfüllen, überfließen, den Kopf des Empfangenden
erreichen, in seinen Körper eindringen und ihn in- und auswendig
läutern. So wird ihm all jene Zeit zurückgegeben, die er in seinem
Leben verloren oder vertan hat – genau, wie es auch in der
persönlichen Praxis geschah. Die Nektare gewähren die lebensverlängernde Einweihung und verleihen die Kräfte der Unsterblichkeit. Der das Ritual ausführende Meister rezitiert unterdessen das
Mantra der Essenz; zum Abschluß spricht er die Worte der
Wahrheit und bittet in einem Gebet um günstige Zeichen.

Im zweiten Abschnitt, dem Wiederbeleben all dessen, was vergeudet wurde oder verkam, gibt es drei Stufen (vgl. dazu die Ausführungen zur persönlichen Praxis): erstens, die Wiederbelebung
verdorbener Lebensenergie durch die Absorption der fünf Elemente von Raum, Luft, Feuer, Wasser und Erde; sodann Wiederbelebung verdorbener Lebenszeit durch die Absorption der
Essenz von Macht und Verdiensten; und drittens, Wiederbelebung
verdorbener Lebenszeit durch die Erneuerung gebrochener
Gelübde und geistiger Verpflichtungen.

Visualisiert wird bei den einzelnen Abläufen in vergleichbarer
Weise wie bei den entsprechenden Stufen der persönlichen Praxis,
mit der Ausnahme, daß Emanation und Absorption von dem im
Initiations-Gefäß thronenden Amitayus ausgehen und daß der

Ritualien-Meister darüber meditiert, wie die Nektare aus dem Gefäß in den Empfangenden eindringen, ihn läuternd und ihm die Initiation der Unsterblichkeit gewährend. Auf solche Art werden die Lebenszeit, die Elemente, Gelübde und Verpflichtungen des Empfangenden erneuert als Vorbedingung zur Förderung der Gesundheit, des Wohlbefindens und eines langen Lebens. Am Ende jeder Phase rezitiert der Ritualien-Meister das Mantra, die Worte der Wahrheit und bittet in einem Gebet um günstige Zeichen, wobei er das Gefäß zur Schädelkrone des Empfangenden hebt.

In der dritten Phase werden die Kräfte von Amitayus, dem Bodhisattva des Lebens, zusammen mit allen Kräften der Gurus dieser Überlieferungslinie, den Kräften der Buddhas und Bodhisattvas im Initiations-Gefäß absorbiert. Sie lösen sich auf in Licht, das vom Empfangenden absorbiert wird, und in Körper, Rede und Geist wird er eins mit Amitayus. Wie in der persönlichen Praxis werden daraufhin laut die Namen der Meister dieser Überlieferung gerufen, um deren Segnungen man in einem Gebet bittet. In dieser Weise wird der Empfangende mittels der Gefäß-Initiation geläutert von allem, was seine Gesundheit bedroht und sein Leben gefährdet, und er erlangt die Kraft der Langlebigkeit.

Die Initiation mittels des Langlebigkeits-Weines

Man visualisiert den mit Initiations-Wein gefüllten Schädelbecher als außen weiß und innen rot. Sein Fassungsvermögen ist beträchtlich. Seinen Inhalt bilden die fünf Fleischarten und die fünf Flüssigkeiten. Oberhalb des Schädelbechers befinden sich – übereinander angeordnet – die Silben *Om*, *Āh* und *Hūm*.

Lichtstrahlen gehen aus von diesen Silben und rufen die immerwährenden Nektare – wie sie sich in den großen Ozeanen finden – zur Rückkehr auf; ebenso werden die Nektare der Weisheit der Nicht-Dualität – sie sind dem Buddha der zehn Richtungen zu eigen – zurückgerufen. Desgleichen werden durch die Lichtstrahlen die Weisheits-Nektare von den Silben am Herzen der *Dakas* und *Dakinis* der vierundzwanzig Örtlichkeiten herbeigerufen.

Alle fühlenden Wesen werden nunmehr durch die Lichtstrahlen in den Stand von Amitayus versetzt und in den Schädelbecher mit den Unsterblichkeits-Nektaren getaucht.

Der die Einweihung Empfangende trinkt jetzt von dem Wein/den Nektaren und visualisiert, wie sich die 72000 Energiekanäle des Körpers mit den Nektaren der Unsterblichkeit anfüllen und von ihnen völlig durchtränkt werden, und wie weiterhin die achtzig begriffsbildenden Bewußtseins-Formationen in der *Dharma-dhatu*-Weisheit zum Stillstand kommen. Dem Empfangenden wird die Samadhi-Erfahrung zuteil, er wird der Klarheit und der Leerheit unmittelbar inne; oder, was auch geschehen kann, er erfährt die Weisheit, die eins ist mit der höchsten Beseligung. Alle Verderbungen der Energiekanäle, der mystischen Tropfen und der vitalen Energien werden rückgängig gemacht, die ursprüngliche Lebenskraft wird wiederhergestellt, und man gelangt in den Stand eines unsterblichen Vajra-Halters. Als besondere Gabe erhält man die Fähigkeit, die lebensverlängernden Praktiken, die auf den Yogas der Vollendungs-Stufe beruhen, erfolgreich üben zu können. Hierauf wird an alle, die diese Initiation empfangen, der lebensverlängernde Wein ausgeschenkt.

Die Initiation mittels der Langlebigkeits-Pillen

Die Pillen werden als ambrosische Substanz visualisiert, die aus verschiedenen Heilkräutern hergestellt wird. Diesen Pillen wohnt die Kraft inne, sämtliche 404 Grundarten von Krankheiten zu beseitigen.

Lichtstrahlen gehen aus von den Pillen, die alle transzendenten und irdischen Eigenschaften mystischer Pillen-Ingredienzien in sich aufnehmen, und man stellt sich vor, sie seien mystische Ambrosia-Pillen, welche den Körper mit allen Nährstoffen und Grundsubstanzen[15] zu versorgen vermögen, ihm eine allesheilende Kraft verleihen sowie die Macht, das Leben zu verlängern.

Alle, die die Einweihung empfangen, essen nun die Langlebig-keits-Pillen, wobei sie sich vorstellen, dadurch von allen 404 Krankheiten, von den 84000 hemmenden Kräften und allen störenden und zerstörenden Faktoren befreit und geläutert zu werden und in den Stand eines unsterblichen Wissens-Halters zu gelangen. Als besondere Gabe erhalten sie die Fähigkeit, während des Übens der lebensverlängernden Methoden ausschließlich von den mystischen Essenz-Pillen leben zu können, ohne auf grobstoffliche Nahrung zurückgreifen zu müssen. Der die Initiation ausführende Meister verliest dann den folgenden Vers:

> Mystische Speise, die zu einem glücklichen Leben führt,
> Mystische Essenz, die alle Essenzen enthält.
> Durch die Aufnahme dieser Essenz
> Mögest du kosten die ambrosische Speise,
> Von welcher sich nährt Buddha Amitayus.
> Auf dieses mystische Ambrosia deine Hoffnung setzend,
> Mögest befreit du werden von aller Krankheit
> Und erlangen jene Macht,
> Mit der du dein Leben zu verlängern vermagst.

Sind diese Verse zu Ende gesprochen, werden die restlichen Pillen verteilt.

Die Initiation mittels der Worte der Wahrheit

Man visualisiert, wie am Himmel der siegreiche Amitayus erscheint. Er ist umgeben von den Gurus, die in seiner Tradition stehen, den Buddhas und Bodhisattvas der zehn Richtungen, von allen *Dakas* und *Dakinis*, von allen Dharma-Beschützern und Wächtern der Lehre, von allen menschlichen und überirdischen Wissens-Haltern. Sie lassen eine Fülle von Blumen herniederregnen und entfesseln ein Meer glückverheißender Melodien und Gesänge.

Vor ihrem Angesicht rezitiert man die folgenden Worte der Wahrheit, betet um günstige Zeichen und bietet den in der Visualisierung Versammelten eine Handvoll Blumen dar.

Die Kraft, die innewohnt den Worten der Wahrheit,
Den von den Buddhas und Bodhisattvas abgelegten Ge-
lübden,
Der Stärke des Heiligen Dharma,
Der Reinheit der Gläubigen und ihrer stetigen Praxis,
Den unverbrüchlichen Gesetzen von Ursache und Wirkung,
Dem Wesen der Erscheinungen und der Leerheit –
Diese Kraft und das unendliche Maß an Verdiensten,
Das vorhanden ist in dieser Welt und der jenseitigen,
Sie mögen bewirken, daß diese(r) vom Schicksal begünstigte
Sohn (Tocher)
Die Macht erhalte, sein Leben zu verlängern.
Möge er ein ewiges Wahrzeichen werden
Des todlosen Lebens.
Möge gewährt ihm werden
Die Initiation für ein langes Leben,
Die jegliche Ursache des Todes vernichtet.
Möge er in den ruhmreichen Stand
Eines unsterblichen Wissens-Halters gelangen.

Mögen günstige Zeichen künden
Von den Taten der Buddhas und Bodhisattvas.
Mögen günstige Zeichen künden
Von Glück, Frieden und schöpferischen Kräften,
Die ausbreiten sich über die Welt und ihre Bewohner.
Und möge die Kraft von Amitayus,
Dem Bodhisattva des Lebens,
Zeichen erstehen lassen für das Gelingen
Der erhabenen Yogas der Langlebigkeit.

Der Abschluß

Es war dies eine kurze Erläuterung
Der Methoden zur Verlängerung des Lebens,
Zugedacht dem eigenen Wohle und dem anderer Wesen.
Dargestellt wurden die erstaunlichen Yogas,

Wie sie uns die Tradition von Amitayus vermittelt,
Die weitergegeben wurden durch Siddha-rani,
Ti-pu-pa, Re-chung-pa und Mi-la-re-pa.
Aller Verdienst, der diesen Ausführungen zukommen mag,
Möge ungezählte lebendige Wesen hinführen
In den Stand eines unsterblichen Wissens-Halters.

Meine Erklärung der Amitayus-Yogas als einem Mittel, sowohl sich selbst wie auch einem anderen Menschen Gutes zuzufügen, ist hiermit zu Ende. Angeregt zur Niederschrift wurde ich durch das beharrliche Drängen des Dharma-Meisters Ge-lek Nam-gyal, eines Fürsten der Lehre, der in diesem entarteten Zeitalter als ein unerschütterlicher Pfeiler des Buddha-Dharma dasteht. Ich selbst, der buddhistische Mönch Gen-dun Gya-tso, verfaßte diese Schrift, als ich meinen Wohnsitz in Gan-den Po-drang im Kloster Dre-pung genommen hatte. Möge sie dazu beitragen, daß die Methoden zur Verlängerung des Lebens erhalten bleiben und alle lebendigen Wesen ihres Daseins froh werden!

VII.
DAS YOGA
DER BEWUSSTSEINS-
UMWANDLUNG

Den Tod fürchten? – aufsteigen spüre ich Nebel in meiner Kehle
Und trübe wird mir der Blick.
Eiseskälte fällt auf mich und ein tosender Wind gibt mir kund,
Daß ich nahe dem Ort,
Wo der Feind meiner harrt, wo die Finsternis thront
Und des Sturmes Gewalt gegen mich drängt.
Hier steht er, Urgestalt des tiefsten Erschreckens,
Auf die zu treffen der Starke bestimmt ist.
Robert Browning: Prospice

Zur Einführung

Der im nachstehenden Kapitel wiedergegebene Text hat Tse-chok-
ling zum Autor, einen Mystiker des 18. Jahrhunderts. Er war der
Guru des Achten Dalai Lama und äußerst produktiv im Verfassen
von Kommentaren zu verschiedenen Aspekten des tibetischen
Brauchtums im Bereich von Tod und Sterben.
Das Thema, um das es nun geht, ist das Yoga der Bewußtseins-
Umwandlung. In seiner Schlußbemerkung am Ende des fünften
Kapitels hatte Kar-ma Ling-pa einen Rat ausgesprochen: »Äußerst
wichtig ist es, von entgegenwirkenden Meditationen, Ritualen und
Yogas Gebrauch zu machen, wenn man Todesvorzeichen erhalten
hat. Solche Gegenmaßnahmen nicht anzuwenden, obwohl sie
noch wirksam sein könnten, stellt eine Form der Selbsttötung dar,
die gleichbedeutend ist mit Mord ... Sind jedoch die Rituale in der
vorgeschriebenen Weise ausgeführt worden und die Todeszeichen
treten dennoch weiterhin auf, so empfiehlt es sich, unverzüglich
mit den Yogas zur Bewußtseins-Umwandlung zu beginnen. Dieser Methode wohnt die Kraft inne, selbst die Auswirkungen der

fünf schwersten Sünden zu tilgen – durch Bekennen, Reue und durch geistige Konzentration im Augenblick des Todes. Anstelle einer niedrigen Wiedergeburt kann man dann eine Inkarnation in einem der himmlischen Bereiche erlangen, in einem Buddha-Feld oder in einem Reinen Land, ja, man kann sogar die höchste Befreiung und Erleuchtung verwirklichen.«

Ganz ähnlich äußert sich der Erste Dalai Lama in seinem Kommentar zu diesem System:[1]

»Sollten die Yogas zur Verlängerung des Lebens die Anzeichen des Todes nicht abzuwenden vermögen, dann ist es ratsam, mit der Ausführung der Yogas zu beginnen, welche die Bewußtseins-Umwandlung einleiten. Spätestens sechs Monate vor dem eigenen Tod ist damit anzufangen.«

Eine entsprechende Empfehlung gibt auch der Zweite Dalai Lama in *Die Tantrischen Yogas der Schwester Niguma*[2]: »Man halte Ausschau nach den Anzeichen des Todes und wende bei ihrem Erscheinen die lebensverlängernden Methoden an. Führen diese zu keinem Erfolg und die Zeichen schwinden nicht, so ist es an der Zeit, mit den eigentlichen Yogas der Umwandlung zu beginnen... Am günstigsten ist es, wenn man diese Techniken anwendet, noch ehe man allzusehr durch Krankheit geschwächt ist, da man sonst nicht mehr imstande sein wird, die Übungen zu meistern, wie sehr man sich auch anstrengen und wie heftig auch der Wunsch sein mag.«

Das Einüben der Bewußtseins-Umwandlung muß also erfolgen, solange Körper und Geist noch kräftig und klar sind. Hauptzweck des Übens ist es, mit dieser Praxis so weit vertraut zu werden, daß wir in dem kritischen Augenblick des Todes fähig sind, die einzelnen Schritte der Umwandlung wirklich zu vollziehen.

Im Westen hat als erster Dr. Evans-Wentz die Yogas der Umwandlung untersucht; ihre Beschreibung findet sich in seinem Buch *Tibetische Yogas und Geheimlehren* (Oxford 1935) in dem Abschnitt, der den Sechs Yogas von Naropa gewidmet ist. Seither sind zahlreiche Veröffentlichungen zu den Sechs Yogas erschienen, darunter das Buch von Professor Guenther *Leben und Lehren von Naropa* (Oxford 1963) – wohl eines der besten zu diesem Thema. Garma C. Chang hat ebenfalls mehrere Arbeiten über die

Sechs Yogas verfaßt, sie reichen aber, was Genauigkeit und informativen Wert angeht, nicht an die beiden vorgenannten Werke heran.

In meiner eigenen Studie *Ausgewählte Werke des Zweiten Dalai Lama: Die Tantrischen Yogas der Schwester Niguma* (New York 1984), die sechzehn Texte des Zweiten Dalai Lama enthält, sind dem Thema zwei Abschnitte eingeräumt: der B-Teil des dritten Kapitels unter der Überschrift ›Eine Meditation über den Guru als Methode, den Geist auf den Tod vorzubereiten‹, und das sechste Kapitel, ›Die Tantrischen Yogas der Schwester Niguma‹.[3]

Bei den von Mar-pa und Mi-la-re-pa überlieferten Sechs Yogas des Naropa und den Sechs Yogas der Schwester Niguma – sie wurden von Naropa an seine schwesterliche Gefährtin Vimala weitergegeben und später von Khyung-po Nal-jor nach Tibet gebracht – handelt es sich in Wahrheit um die gleiche yogische Praxis. Lediglich im Ablauf und in der Bewertung einzelner Aspekte gibt es geringfügige Unterschiede. So steht in der Tradition Mar-pas und Mi-la-re-pas das Yoga des mystischen Feuers am Anfang, worauf eine Hinwendung zum illusorischen Körper, zum Traum-Yoga, zum klaren Licht, zur Verwandlung und schließlich zum Bardo erfolgt – während in der Niguma-Übermittlung die beiden letzten Yogas in umgekehrter Reihenfolge praktiziert werden. Außerdem mißt die Mar-pa-Linie dem illusorischen Körper und der Schulung im Bardo besondere Bedeutung zu, während in der Niguma-Überlieferung vor allem die Traum-Yogas und die Übungen des klaren Lichtes betont werden.

Beide Yoga-Systeme entstammen der Linie, die sich ursprünglich aus dem *Vajra-yogini-tantra* herleitet. Tse-chok-ling weist – wie wir später sehen werden – darauf hin, daß die meisten Systeme des Höchsten Yoga-Tantra entweder auf das *Vajra-yogini-tantra* oder das *Guhya-sa-maja-tantra* zurückgehen.

Die Erläuterungen des Ersten Dalai Lama zu den Todeszeichen, den lebensverlängernden Yogas und zu den Methoden der Umwandlung geben uns ein umfassendes Bild der in Tibet gebräuchlichen Methoden.[4] An einer Stelle heißt es dort: »Sutras und Tantras lehren beide eine Vielzahl von Methoden, mit denen man sich auf das Sterben und die Umwandlung des Bewußtseins vorbereitet. Um nur einige der Sutrayana-Techniken zu nennen: da gibt es die ›Umwandlung des Bewußtseins mittels der So-heit des Seins‹, eine *Vipassana*-Methode, die darin besteht, im Augenblick des Todes der fundamentalen Leerheit gewahr zu werden; ferner gibt es die *lo-jong*-Übung, bei der man im Sterben über den Bodhi-Geist selbstloser Liebe und tiefen Mitgefühls meditiert – eine Methode, die in vielen Varianten geübt wird. Eine weitere sehr berühmte Art des Übens vereinigt Techniken aus Sutrayana und Vajrayana, sie führt den Namen ›Aufschluß der Drei Essentiellen Momente‹, worin es heißt: ›Gib alles Verhaftetsein auf und bringe deinen Körper den lebendigen Wesen als Gabe dar. Vereinige dich mit dem Samen des Lichtes und gehe ein in das Reine Land von Tushita‹.

Und um nur einige der vielen Vajrayana-Methoden zur Umwandlung des Bewußtseins anzuführen: die Umwandlung der drei *Kayas*; die Avalokiteshvara-Unterweisung zur Umwandlung; die Methode des *Vajra-yogini-tantra*; die *lam-dre* (Pfad und Früchte)[5]-Umwandlung vermittels der vier Einweihungen, bei der die im Bewußtsein auftauchenden Bilder durch die ›Initiation mittels des Gefäßes‹ umgewandelt werden; die Umwandlung mit Hilfe von mantrischen Silben; die Umwandlung unter Zuhilfenahme des Lichthofes. Welche dieser Möglichkeiten man für sich selbst auswählt, das entscheide man – nach Absprache mit seinem Guru – unter Berücksichtigung der eigenen Fähigkeiten, des persönlichen Hintergrunds, der karmisch bedingten Neigungen und unbewußten Einstellungen. Wenn dann der Tod kommt, wird man ohne Schwierigkeit die erprobte Methode anwenden und die angestrebte Umwandlung erzielen können.«

Im Mittelpunkt des für dieses Kapitel ausgesuchten Textes von Tse-chok-ling steht die Maitreya-Überlieferung. Er gehört somit – nach der Analyse des Ersten Dalai Lama – in die Reihe der Anweisungen zu den ›Drei Essentiellen Momenten‹[6], die zum Ziel haben, das Reine Land von Tushita zu erreichen. Der Autor gibt uns eine ausgezeichnete Beschreibung von der geistigen Grundhaltung eines Buddhisten, wie sie sich in der Meditation und in seinem Verhalten in den letzten Augenblicken vor seinem Tod zeigt. Hierauf läßt er uns Einblick nehmen in die Sutrayana-

Auffassung von Tushita und erklärt, wodurch sich letztere von der tantrischen Sichtweise der Vajrayana-Praxis unterscheidet. Er geleitet uns zunächst durch die Sutrayana-Präliminarien, die das Fundament für diese Praxis abgeben, um uns anschließend durch die einzelnen Etappen der eigentlichen Schulung zu führen.

Die Bewußtseins-Umwandlung wird also auf den verschiedensten Stufen geübt. Am Anfang steht die Zufluchtnahme zu Buddha, Dharma und Sangha als Ausdruck des gläubigen Vertrauens in die Lehre. Anschließend geht es darum, die dem Geist innewohnende Güte und Weisheit zur Entfaltung zu bringen und das Bewußtsein für die herkömmlichen Formen geistiger Schulung erfahrungsfähig zu machen, welche den Geist vor Entartung und Niedergang bewahren. In Hinsicht auf die drei *Yanas* heißt dies: als eine Praxis des Hinayana ist es das Auslöschen von Verhaftetsein und Widerwille; als allgemeine Praxis des Mahayana ist es die Erweckung des Bodhi-Geistes von Liebe und Mitgefühl auf seiner unteren Stufe, was zu dauerhaftem Glück in diesem und dem darauffolgenden Leben führt – zugleich aber bedeutet es auch das Erzeugen des Bodhi-Geistes auf seiner höchsten Stufe als das Innewerden der wesentlichen Leerheit, wie sie der Erste Dalai Lama beschrieben hat; im Vajrayana ist es das Hervorbringen der göttlichen Schau und einer transzendenten Identität im Augenblick des Sterbens sowie die Ausrichtung des Bewußseins nach den speziellen Anweisungen der Tantra-Klasse, der man als Übender zugehört; dabei geht es insbesondere um die Kontrolle über die feinstofflichen Energien und die Auslöschung der grobstofflichen Wahrnehmungen in jenem Zeitraum intensiver seelischer Entwicklung, der unmittelbar vor und unmittelbar nach dem Sterben liegt.

Mindestens auf einer der genannten Ebenen wird die Bewußtseins-Umwandlung in allen Formen und Zweigen des Buddhismus geübt. Die zusammenfassende Anleitung von Tse-chok-ling gibt Einblick in die gefühls- und vernunftmäßige Einstellung, mit der ein Buddhist Tod und Sterben entgegengeht, und wir erfahren, wie – nach buddhistischer Anschauung – die inneren Prozesse verlaufen, die das Ende der zyklischen Existenzform heraufführen.

Das Yoga der Bewußtseins-Umwandlung
Mystischer Text von Lama Tse-chok-ling Ye-she Gyal-tsen

Namo Arya Maitreya.
Verehrung dem Buddha Maitreya.
Dem Bodhisattva des Mitgefühls von Urzeiten her,
Der seinen Arm reicht den hilflosen Wesen,
Die versinken im Abgrund der zyklischen Existenz.
Er geleitet sie hin zu dem Lotusgarten,
Der erfüllt ist von Güte, Wohlsein und Freude.

In diesen Versen ist eine Erklärung des Yogas der Bewußtseins-Umwandlung beschlossen, welches die Hilfe von Buddha Maitreya erbittet.

In Tibet existieren viele buddhistische Überlieferungen vom Yoga der Bewußtseins-Umwandlung. Wohl am verbreitetsten ist das mit den Mutter-Tantras verknüpfte *Vajra-yogini-tantra*. Fast ebenso berühmt ist jedoch die mit dem *Guhya-samaja-tantra* in Verbindung stehende Vater-Tantra-Methode, die in Tibet von Mar-pa dem Übersetzer propagiert wurde und als das ›Verflochtene Verwandlungs-Yoga‹ bezeichnet wird.

Ganz gleich, nach welcher speziellen Überlieferung wir diese Yogas üben – die höchste Ebene dieser Praxis hat das Yoga der Isolierung des Geistes, ein Yoga der Vollendungsstufe, zur Voraussetzung.[7] Hierbei werden dem Körper sämtliche Energien entzogen, genau so, wie es dann beim tatsächlichen Tod der Fall ist – eine Meditationserfahrung, die dem wirklichen Sterben gleichkommt. Ganz deutlich findet sich dieser Gedanke bei Chor-je in *Ozean der mystischen Verwirklichungen*[8] sowie in anderen verläßlichen Quellen.

Doch dieses Yoga der Isolierung des Geistes ist ausschließlich dem Höchsten Yoga-Tantra vorbehalten; in den unteren Klassen des Tantra wird nicht von ihm gesprochen.

In Indien und Tibet kursieren zahllose Geschichten über berühmte buddhistische Meister, die das Yoga der Bewußtseins-Umwandlung nach einem der Systeme vollendet haben, für die Namen stehen wie Guhya-samaja, Varja-yogini, die Sechs Yogas von

Naropa, Amitabha oder Maitreya. Ausgezeichnete mündliche Überlieferungen ihrer Lehren existieren auch heute noch, und ebenso sind viele ihrer Schriften erhalten zu Fragen wie: Welche Übungsstufen führen zur Bewußtseins-Umwandlung? Wie ist das Bewußtsein im Sterben zu beherrschen und auszurichten? Zu all diesen Schriften haben wir Zugang, und wir sollten sie nicht in den Regalen der Bibliotheken verstauben lassen.

Meine Abhandlung wird sich mit dem Maitreya-System der Bewußtseins-Umwandlung befassen.

Die Übung besteht aus zwei Teilen – den Vorübungen (Präliminarien) und dem eigentlichen Yoga.

Die Präliminarien

Hauptzweck der Präliminarien ist es, das Verhaftetsein zu überwinden, denn dies stellt das größte Hindernis für eine höhere Wiedergeburt dar Unser Verhaftetsein – an Körper, Besitz, Verpflichtungen, Freunde, Verwandte und andere Annehmlichkeiten der samsarischen Welt – ist der Grund dafür, daß uns die Ausführung der Umwandlungs-Yogas nur schwer gelingt. Welche Entwicklung wir nach dem Tode nehmen, hängt nicht zuletzt davon ab, wie frei oder wie verhaftet unser Geist ist. Daher müssen wir lernen, abzulassen von dem gewohnten Greifen nach den flüchtigen Dingen des irdischen Lebens. Ist unser Geist an das Verhaftetsein gefesselt, vermögen die Buddhas und Bodhisattvas – bei all ihrem Mitgefühl – nicht das geringste für uns zu tun.

Die Geschichte von den Kaufleuten, die auf einer gefährdeten Insel lebten, veranschaulicht die Situation. Avalokiteshvara, der Bodhisattva des Mitgefühls, nahm die Gestalt eines Lotsen an und erklärte sich bereit, sie auf seinem Schiff in Sicherheit zu bringen. Doch weigerten sich die meisten Kaufleute, da sie zu sehr an ihren Besitztümern hingen; sie blieben lieber auf der Insel, in der eitlen Hoffnung, ihre Habe beschützen zu können. Es wurde ihnen zum Verhängnis. Hätten sie sich nicht so an ihren Besitz geklammert, wären sie von dem mitfühlenden Avalokiteshvara gerettet worden. Ihre Gier aber machte jede Hilfe unmöglich.

Um vom Zustand des Verhaftetseins loszukommen, sollten wir uns darauf besinnen, wie wertvoll und selten die menschliche Existenzform ist – wie unbeständig und flüchtig zugleich. Verstrick dich nicht in das trügerische Schauspiel, dauernd irgendwelche Feinde besiegen oder Freunde durch Geschenke bei Laune halten zu wollen – es ist ein sinnloser, trunkener Reigen, der niemals endet und stets nur zu Überdruß und Müdigkeit führt. Halte dir die karmischen Gesetzmäßigkeiten vor Augen und trachte danach, ein Leben zu führen, das dich vor einer Wiedergeburt in einem niedrigen Bereich bewahrt. Vergiß nie, daß eine solche Wiedergeburt schweres Leiden zur Folge hat und dir den Weg zurück in einen höheren Bereich erschwert.

Und selbst wenn wir nicht in einem der unteren Bereiche wiedergeboren werden, sondern in eine der höheren samsarischen Welten gelangen – den menschlichen oder den himmlischen Bezirk –, wird uns auch das nur wenig nutzen, sofern wir nicht teilhaben an der Weisheit, die allein uns aus den Kreisläufen des Daseins befreit. Ohne die Weisheit als feste Grundlage werden eines Tages die Keime verborgener karmischer Neigungen hervorbrechen und uns mit ihrer Übermacht zu Fall bringen. Selbst die oberste Gottheit im höchsten der samsarischen Himmel wird dereinst wieder in die unteren Bereiche absinken und dort Verwirrung, Not und Pein zu erdulden haben.

Wir sollten uns der Wirkungsweise der karmischen Gesetze und der Unvollkommenheit des Lebens bewußt sein, um dadurch fähig zu werden, uns jeden Gedanken an höhere samsarische Freuden aus dem Sinn zu schlagen.

Was not tut, ist eine Haltung, die in Samsara nichts als einen elenden Kerker sieht. Dann wird es kein Anhaften im Augenblick des Sterbens mehr geben, und das mächtigste Hindernis für eine günstige Wiedergeburt ist beseitigt.

Im Tode gilt es nicht nur abzulassen von allen negativen geistigen Strebungen, es heißt gleichzeitig positive Gedanken und Voraussetzungen zu fördern. Dazu verhilft eine mündliche Mahayana-Überlieferung der Bewußtseins-Umwandlung[9], bei der man sich auf die fünf Kräfte – Vorsatz, weißer Same, Vertrautheit, Bekämpfung des Negativen, Streben – oder auf das Gebet verläßt.

Grundlage dieser allgemeinen Methode ist die Meditation über den Bodhi-Geist, die selbstlose Gesinnung eines Bodhisattva, der in Liebe und Mitgefühl nach Erleuchtung sucht, um so allen Wesen in der wirksamsten Weise helfen zu können.

Im Laufe seines Lebens entwickelt man die fünf Kräfte: den Vorsatz, den Bodhi-Geist zu verwirklichen; das beständige Ansammeln guter Taten als Vorbedingung für die Erweckung des Bodhi-Geistes; die Vertrautheit mit dem Bodhi-Geist durch dauerndes Meditieren; die Vernichtung der inneren Kräfte der Finsternis, wie Zorn, Haß und Eigenliebe, da diese das Wachstum des Bodhi-Geistes verhindern; das Bestreben, den Bodhi-Geist zu erlangen, um der Welt einen Dienst zu leisten. Naht dann das Ende, so gewinnt man in der Ausrichtung dieser Kräfte auf den Tod das Mittel zur Umwandlung des Bewußtseins: Der weiße Samen wird zu einer Anhäufung von guten Taten, indem aller Besitz für wertvolle Belange hingegeben wird. Man ruft sich alle im Laufe des Lebens begangenen negativen karmischen Handlungen ins Gedächtnis zurück, bekennt sie vor den visualisierten Buddhas und Bodhisattvas, nimmt Zuflucht zu den Drei Juwelen, erzeugt in sich den Bodhi-Geist und unterzieht sich, falls man seinen Gelübden und Verpflichtungen zuwidergehandelt hat, einer Läuterung. Das Streben äußert sich in dem Gebet, daß man zu keiner Zeit getrennt sein möge vom Bodhi-Geist, weder im Tode, im Bardo noch bei der Wiedergeburt oder in allen künftigen Leben. Die Vernichtung der dunklen Kräfte führt zu dem Entschluß, sich aller Eigenliebe zu enthalten und in allen Phasen des Sterbevorgangs den Bodhi-Geist zu bewahren. Aus dem Vorsatz wird die feste Absicht, über die verschiedenen Stufen des Bodhi-Geistes zu meditieren. Die Vertrautheit schließlich läßt einen jene Körperhaltung einnehmen, in der Buddha starb: auf der rechten Seite liegend, den rechten Arm unter den Körper gezogen, wobei der Ringfinger der rechten Hand den rechten Nasenflügel verschließt. In dieser ›Haltung eines Löwen‹ meditierend, stellt man sich beim Einatmen vor, das Leiden aller lebendigen Wesen in sich hineinzuziehen, während das Ausatmen von der Vorstellung begleitet ist, man beschenke die lebendigen Wesen mit allem, was sie beglückt.

Auf diese Art entzieht man den Dingen dieses Lebens allen Reiz und wird über einen langen Zeitraum mit den fünf Kräften vertraut als einer Methode, sein Bewußtsein so zu wandeln, daß man im Augenblick des Todes die fünf Kräfte zur Wirkung bringen kann. Wenn man stirbt, vermache man all seine Habe guten Zwecken, spreche das Gebet der Hingabe aller Verdienste für eine günstige Wiedergeburt im Einklang mit dem Bodhisattva-Geist und richte alle Kräfte – im Handeln wie im Denken – darauf aus, Klarheit und Kontrolle zu bewahren.

Das Wichtigste beim Sterben ist eine tiefe und klare Meditation. Wir werden dadurch in die Lage versetzt, die Todeserfahrung bei vollem Bewußtsein zu erleben.

Vasubandhu, der indische Weise, sagt dazu in der *Enzyklopädie der Buddhistischen Metaphysik*[10]:

> So, wie ein Wesen abwärtsfallen kann
> Von einem hohen Bereich in einen niedrigen –
> Ganz so vermag es auch aufzusteigen
> Von einem niedrigen zu einem hohen.

Das Reine Land, das zu erreichen im Maitreya-System das Ziel ist, ist das Reine Land von Tushita, jenes friedvolle und freundliche Paradies, in dem Maitreya, der Buddha der Liebe, regiert.

Es heißt, daß Buddha Shakyamuni, der wesenseins ist mit dem historischen Buddha Gautama, der vierte Buddha seines Zeitalters gewesen sei, der als universeller Lehrer zu unterrichten hatte; und einer Prophezeiung nach sollte Maitreya der fünfte sein. In unserem Zeitalter, so heißt es, würden 1000 solcher Buddhas als universelle Lehrer erscheinen. Alle würden sie Emanationen Tushitas sein und der Menschheit die Wahrheit der Erleuchtung vor Augen führen, indem sie als Lehrer des Universums wirkten. In den Schriften finden sich zahlreiche Geschichten darüber, wie Buddha Shakyamuni und Maitreya – beide noch als Bodhisattvas – in einem früheren Leben auf dem geistigen Pfad wanderten. Wir, die wir der Lehre des Buddha Shakyamuni verpflichtet sind, welche so vollkommen mit der späteren Lehre Maitreyas übereinstimmt, stehen in einer besonderen karmischen Verbindung zu

Maitreya. In unserer heutigen Zeit, da Maitreya, tiefen Mediationen hingegeben, in Tushita den Zeitpunkt erwartet, um seine Weissagung Wirklichkeit werden zu lassen und sich der Welt zu offenbaren, ist die Kraft seiner Gebete von besonderer Wirkung, und Meditationen die auf ihn gerichtet sind, sind besonders kraftvoll. Es soll in Indien zahlreiche Schriften gegeben haben, die den Charakter des Reinen Landes von Tushita zum Gegenstand haben; doch sind diese Werke in Tibet nicht erschienen. Es wird aber häufig auf sie verwiesen.[11]

In den Umwandlungs-Yogas wird Tushita visualisiert als ein Land, das in Glückseligkeit erstrahlt. Im Zentrum steht der Weisheitspalast des Buddha Maitreya, über dem die Siegesbanner der Wahrheit leuchten, heller als tausend Sonnen. Juwelen und Glokken schmücken den Palast, der an Schönheit die herrlichsten Wohnsitze des Himmels übertrifft. Vor dem göttlichen Gebäude stehen Bäume in einem Kreis, gerade so wie die Bäume, unter denen Maitreya seine Erleuchtung manifestieren wird, wenn er als universeller Lehrer wiedergeboren wird und seine Prophezeiung sich erfüllt. Der Erdboden in Tushita besteht aus Gold, durchsetzt von blauen Edelsteinen, doch unter dem Schritt ist er weich und gefügig.

Im weiträumigen Hof des Palastes sitzt Buddha Maitreya auf einem Thron, der von den acht Löwen der Erleuchtung getragen wird. Die einhundertzwölf Insignien der Vollendung zieren ihn, während er die Theorie der transzendenten Weisheit darlegt. Zu seiner Rechten sitzt der Bodhisattva Ma-kha Tri-ma-me, zu seiner Linken der Bodhisattva Jam-pel Nying-po.[12] Zahllose Bodhisattvas sitzen in der Runde und lauschen gebannt der Rede Maitreyas. Indem man diese Szene visualisiert, erweckt man in sich das starke Verlangen nach einer Wiedergeburt in diesem Land.

Für das Üben ist es hilfreich, einen Altar mit einem Bildnis von Maitreya zu errichten, das ihn in halbsitzender Stellung zeigt, so, als sei er eben im Begriff, sich zu erheben. Kann ein solches Bildnis nicht beschafft werden, genügt auch ein anderes Bild von Maitreya; alles, was den Körper, die Rede oder den Geist der Erleuchteten versinnbildlicht, erfüllt diesen Zweck. Vor das Bildwerk stelle man geweihtes Wasser und Opfergaben.

Hierauf sorge man für eine bequeme Unterlage zum Meditieren, auf der man sich im halben oder vollständigen Lotussitz niederläßt. Man nimmt Zuflucht zu Buddha, Dharma und Sangha und erzeugt in sich den selbstlosen Gedanken an die höchste Erleuchtung.

Ist auf diese Weise die rechte Geisteshaltung und Motivation geschaffen, so sind die nötigen Voraussetzungen erfüllt, um das Üben der Umwandlungs-Yogas aufzunehmen. Wer allerdings nur meditiert, um sich eine angenehme körperliche oder seelische Empfindung zu verschaffen, – hat noch kein lauteres Motiv. Ist im Sterben das Bewußtsein von solch unreinen Motiven geprägt, so folgt eine unreine Wiedergeburt, und das Leben wird auch in Zukunft unter ungünstigen Vorzeichen stehen.

Wenn wir also mit der Praxis der Umwandlung beginnen, um dadurch zu einer reinen Wiedergeburt zu gelangen, müssen wir in erster Linie darauf achten, daß unsere Motive lauter sind. Unser Gedanke sollte dabei sein: ›Ich strebe eine hohe Wiedergeburt an, damit ich auf dem Pfad zur Erleuchtung voranschreiten kann. So schnell wie nur irgend möglich will ich diese erreichen, um den ungezählten Wesen zu helfen, die keinen Weg wissen aus Verwirrung und Leid.‹ Tief im eigenen Geist muß das Streben eines Bodhisattva verankert sein, allein deshalb das höchste Gut erringen zu wollen, um große Taten zum Heile anderer Wesen zu vollbringen. Solche Reinheit der Gesinnung sollte zu Anfang jeder Meditations-Sitzung erzeugt und dann beibehalten werden. Wir, denen das Glück zuteil geworden ist, im jetzigen Welten-Zyklus geboren zu sein, stehen in einer besonderen karmischen Verbindung mit Maitreya und haben es daher leicht, eine reine Wiedergeburt in Tushita zu erhalten. Doch muß es unser Ziel sein, wenn wir die reinen Lehren hören und ihren Sinn verwirklichen wollen, dies in der Absicht zu tun, zum Wohle aller Wesen die Erleuchtung anzustreben – nicht aber aus dem eigennützigen Zweck, dem normalen Alltag zu entkommen.

Die vorbereitenden Übungen zur Bewußtseins-Umwandlung unterscheiden sich nicht von den gebräuchlichen Mahayana-Methoden, wie beispielsweise den Mitteln zur Erweckung der Grundstufe des Bodhi-Geistes von Liebe, Mitgefühl und selbstlosem Streben nach höchster Vollendung sowie den Mitteln zur höchsten Verwirklichung als *vipassana*, als Einsicht in das innerste Wesen der Wahrheit, die umfassende Erkenntnis der Leere. Grundlage dieser Mahayana-Techniken ist wiederum die Schulung in der Hinayana-Praxis des Nichtverhaftetseins des Geistes.

Wenn wir unsere Praxis in dieser Weise untermauern, dann gleichen wir in unseren Vorbereitungen den großen Meistern der Vergangenheit.

Die wichtigsten Methoden innerhalb der gesamten Mahayana-Praxis sind die beiden oben erwähnten, mit denen der Bodhi-Geist auf seiner Grundstufe und auf seiner höchsten Ebene erzeugt wird. Zur Reihenfolge der Übungen heißt es in *Die Essenz des Mittleren Weges*[13]:

> Wer durch hervorragende Fähigkeit ausgezeichnet ist,
> Der mache zunächst sich vertraut
> Mit der Schau der Leerheit,
> Um hernach sich zu üben in umfassendem Mitgefühl
> Zum Wohle der lebendigen Wesen in Samsara.

Gemäß der hier angegebenen Reihenfolge ist es die Aufgabe des Hochbefähigten, zunächst Erfahrungen zu sammeln mit den Methoden, die zur Einsicht in die Leerheit aller Erscheinungen führen. Danach erst nimmt er unter Anleitung das Üben zur Erweckung des konventionellen Bodhi-Geistes auf und erlernt das Erzeugen von Liebe, Mitgefühl usw.

So verfahren Menschen, deren Karma die höchsten Voraussetzungen aufweist. Für gewöhnliche Menschen verläuft der Prozeß jedoch umgekehrt. Chandrakirti sagt hierzu in seinem Werk *Das Erlernen der Gemäßigten Haltung*:[14]

> Zu Anfang übe man sich in umfassendem Mitgefühl
> Und darauf erst in der nicht-unterscheidenden Weisheit.

Weniger befähigte Menschen müssen demnach zuerst Sicherheit auf der methodischen Seite erwerben, beispielsweise durch die Erweckung umfassenden Mitgefühls und des Bodhi-Geistes auf seiner unteren Stufe. Erst nachdem sie auf der konventionellen Ebene erfahrungsfähig geworden sind, können sie die in den höchsten Bodhi-Geist führende Weisheits-Praxis erfolgreich beginnen.

Fassen wir das Gesagte noch einmal zusammen: Die beste Vorbereitung auf das Yoga der Bewußtseins-Umwandlung besteht darin, eine korrekte geistige Grundhaltung zu entwickeln, diese Grundhaltung baut auf den genannten Übungen zur Erreichung der unteren und der höchsten Stufe des Bodhi-Geistes auf und wird getragen von einem entschlossenen Streben nach einer Wiedergeburt im Reinen Land von Maitreya. Ein umfassendes Verstehen der wesentlichen Lehren des Buddha, sowie der Wunsch, den Weg zum Wohle aller Wesen zu vollenden, bilden – wie schon an früherem Ort betont – Voraussetzung und Rahmen dieser geistigen Übungen.

Sind wir mit den Präliminarien erst hinreichend vertraut, können wir uns der eigentlichen Praxis der Umwandlung zuwenden.

Die eigentliche Praxis

Die Meditations-Sitzung beginnt damit, daß man Zuflucht nimmt, man erweckt den Bodhi-Geist und visualisiert das – zuvor beschriebene – Bild des Reinen Landes von Tushita. Es folgt die Anrufung Maitreyas mit der Bitte, er möge herniederkommen aus Tushita und sich manifestieren an dem Ort, wo man meditiert. Dazu bedient man sich der nachstehenden Verse:

O Maitreya, Herr über Tushita,
Das Land der Reinen Glückseligkeit.
Bodhisattva der Liebe,
Hort allumfassenden Mitgefühls.
Worum ich Euch bitte, ist dieses:
Kommt herbei aus dem Lande Tushita
Mit dem Gefolge Eurer Bodhisattvas
Und erscheinet an diesem Ort.

Beim Rezitieren dieser Verse sieht man vor seinem inneren Auge, wie Maitreya, gleich einem die Lüfte durcheilenden Vogel, aus Tushita herannaht. Eine Elle entfernt läßt er sich nieder auf einem von acht Löwen getragenen Thron; freundlich schaut er den Übenden an und lächelt in höchstem Entzücken.

Nun beginnt man, eines der siebenteiligen Gebete zu singen, zum Beispiel die Eingangsverse des *Erhabensten der Mahayana-Gebete*[15], um auf diese Weise den Geist zu läutern und positive Energie entstehen zu lassen. Die erwähnte siebenteilige Liturgie ist ziemlich umfänglich, und man kann, falls nicht genügend Zeit zur Verfügung steht, auch die folgende kürzere Fassung benutzen:

> Vor den Erhabenen verneige ich mich
> Und bringe ihnen Opfer dar.
> All meine Mängel gestehe ich ein vor ihnen.
> Voller Entzücken bin ich ob all des Guten,
> Das sich findet in dieser Welt und der jenseitigen.
> O wunderbare Meister, inständig bitte ich Euch,
> Nicht aus dieser Welt zu gehen,
> Zu bleiben in ihr und das Rad des Dharma zu drehen.
> Darbieten will ich nun alle schöpferischen Energien
> Dem unvergleichlichen Ziel der Erleuchtung.

Dies ist ein häufig gebrauchter Vers zur Läuterung und zur Erweckung tugendhafter Eigenschaften. Nach seiner Verlesung rezitiert man die folgende Huldigung an Maitreya, entweder sieben-, einundzwanzig- oder einhundertachtmal:

»O großer Lehrer, überweltlicher Krieger, der eingegangen ist in die Wahrheit, in der jeglicher Schmerz sich löst! Vollendeter Buddha Maitreya, umgeben von der Schar Eurer Bodhisattvas! Nieder werfe ich mich vor Euch und bringe Euch Gaben dar. Zu Euch nehme ich Zuflucht.«

Auf diese Worte hin sendet der Körper Maitreyas einen Strom von Nektar aus, der über die Brahma-Öffnung der Schädelkrone in meinen Körper eindringt. Mein ganzer Körper wird von dem Nektar durchströmt, und ich werde reingewaschen von allen seit undenklicher Zeit angesammelten Verdunkelungen und negativen karmischen Einprägungen. Alle der Vollendung des Umwandlungs-Yogas im Wege stehenden Hemmnisse, wie etwa Gedanken des Anhaftens an weltliche Dinge, werden fortgeschwemmt, und mein Bewußtsein empfängt die Segnung von Körper, Rede und Geist der Heiligen.

Hieran schließt sich eine Visualisierung an zu folgenden Versen:

> Ich schaue meinen Körper,
> Der durchscheinend und klar ist
> Wie eine Schale von Kristall.
> Der Kanal der zentralen Energie,
> Beginnend an der Öffnung meiner Schädelkrone,
> Verläuft abwärts durch die Mitte des Körpers
> Hin zu einem Punkt eben unter dem Nabel.
> Weiträumig ist in seinem oberen Teil der Kanal,
> Nach unten hin wird er zunehmend enger.
>
> Mitten in diesem Kanal,
> Dort, wo er die Herzgegend durchzieht,
> Ruht der mystische Tropfen.
> Geschaffen aus Licht,
> Untrennbar vereint mit den körperlichen Energien
> Und den verschiedenen Ebenen des Bewußtseins
> In ihren allersubtilsten Formen,
> Scheint er gewichtlos und ohne feste Substanz.

Der eigene Körper wird also visualisiert als klar und durchscheinend wie Kristall. Man erblickt den Kanal der zentralen Energie, wie er unmittelbar vor der Wirbelsäule durch die Körpermitte verläuft – eng in seinem unteren Teil und sich aufwärts erweiternd, bis er an seinem oberen Ende der Öffnung einer großen Trompete gleicht. Sein unterer Endpunkt liegt etwa drei Fingerbreit unterhalb des Nabels. Dort, wo er in die Schädelkrone ausmündet, befindet sich die mystische Silbe *Ham*.

Innerhalb des Kanals im Energie-Zentrum des Herzens hat der mystische Tropfen seinen Platz. Von weißer Farbe mit einer leicht rötlichen Tönung stellt er die subtilste Form der Energien und des

Bewußtseins dar. Wie aus Licht gewirkt scheint er, schwerelos und unstofflich, als könne ihn der kleinste Windhauch fortblasen. Zu beachten ist in diesem Zusammenhang, daß der Kanal der zentralen Energie als senkrechtstehend visualisiert wird, als ein in der Körpermitte aufragender Lebensbaum. Die drei Kanäle, die vier Energiezentren usw. werden nicht visualisiert – dies ist der Vollendungsstufe des Höchsten Yoga-Tantra vorbehalten. Allem Anschein nach bildet das vorliegende System eine Vereinigung von Praktiken des Höheren mit denen des Niederen Tantra.

In einer mündlichen Überlieferung heißt es hierzu:

> Eine positive Geisteshaltung
> Und ein Weg, der einem hohen Ziel zustrebt,
> Vermögen dich wirksam zu schützen
> Vor allen negativen karmischen Impulsen.

Darin kommt zum Ausdruck, wie ungeheuer wichtig es beim Üben der Umwandlungs-Yogas ist, den eigenen Geist von allen negativen Gedanken freizuhalten und eine klare und positive Einstellung zu entwickeln.

Das an dieser Stelle benutzte Verfahren, negative Energie-Ströme zum Versiegen zu bringen, ist ein anderes als das im Höchsten Yoga-Tantra gebräuchliche, bei dem mantrische Silben zu verschiedenen Orten projiziert werden.

Man geht auf die folgende Art vor:

Nach der Läuterung durch das Ausgießen des Weisheits-Nektars werden die Punkte, an denen die vitalen Energien – und im Tode dann das Bewußtsein selbst – austreten, durch eine goldfarbene Auflage aus Licht und Nektar verschlossen, und man meditiert darüber, daß das Bewußtsein infolge dieser goldenen Abschirmung nicht mehr in der Lage ist, den Körper auf anderem Weg zu verlassen.

Mit den folgenden Versen richtet man nun an Maitreya die Bitte, er möge sich auf der Schädelkrone niederlassen:

> O gütiger Grund-Lehrer, Verkörperung der Drei Juwelen,
> In seiner Heiligkeit vereinend

Die Segnungen von Maitreya und Lama Tsong Khapa,
Hort umfassenden Mitgefühls!
Euch bringe ich dar mein Gebet:
Sendet aus Eure wandlungschaffenden Kräfte.

Auf diese Bitte hin lösen
Die in der Visualisierung Versammelten
Sich auf in Licht und verschmelzen
Mit dem Buddha Maitreya,
Welcher sich niedersetzt auf meiner Schädelkrone.
Ruhevoll verharrend dortselbst,
Nach Art eines Dhyani-Buddhas,
Der Herrscher ist über die Familie.

Sein zentraler Energiekanal gleicht dem meinen,
Doch verläuft seine Richtung umgekehrt:
Weit geöffnet an seinem unteren Ende,
Verengt er sich aufwärts auf seinem Wege.
Gelbfarben erscheint an seinem Herzen
Die Silbe *Meem*, welcher die höchste Glückseligkeit
innewohnt,
Zusammen mit den fünf überweltlichen Weisheiten.
Sie strahlt in leuchtendem Glanz,
Und unwiderstehlich ist ihre Anziehungskraft.
Gar mächtig regt der Gedanke sich,
Ihr kraftvoll entgegenzustreben.

Beschrieben ist hier, wie die obere Öffnung des eigenen Energiekanals mit der unteren Öffnung des Energiekanals von Maitreya
eine unlösliche Verbindung eingeht.
Man richtet seine Konzentration auf den mystischen Lichttropfen
– in Wahrheit ist dies das eigene Bewußtsein –, der sich auf der
Höhe des Herzens im Energiekanal befindet. Der Tropfen schaut
auf und nimmt die mantrische Silbe im Herzen Maitreyas wahr, in
der sich höchste Glückseligkeit und nicht-unterscheidende Weisheit vereinen.
Der Tropfen im eigenen Herzen wird beim Anblick des strahlen-

den Glanzes der Silbe *Meem* von Ehrfurcht ergriffen, er denkt:
›Ich muß mich erheben zur Höhe dieses Leuchtens‹.
Darauf ist drei- oder siebenmal dieses Gebet zu sprechen:

> O Maitreya Buddha, unvergleichliche Zuflucht,
> Beistehend den lebendigen Wesen,
> Wann immer dieses geschehen kann.
> Nicht kennend den Unterschied,
> Ob Freund einer sei oder Feind;
> Niemals verlassend die Sphäre des Wirkens für andere:
> Erhöret, so bitte ich Euch, dieses Gebet!
>
> Gewähret mir Euren helfenden Segen!
> Löst alle Ketten, die an Vergängliches binden.
> Reinigt den Strom meines Geistes
> Von allen Verblendungen
> Und negativen karmischen Prägungen.
> Bewahrt mich vor den Mächten der Finsternis.
> Gebt Geleit mir auf dem Weg zur Befreiung,
> Wenn die schreckensvollen Visionen des Bardo erstehen.
> Helft mir, das Tor zu verriegeln,
> Das hinführt zu niedriger Wiedergeburt.
> Möge es mir gelingen,
> Zu vollziehen das Yoga der Umwandlung –
> Dafür erbitte ich Euren Segen.
> Laßt in mir keimen die Saat,
> Aus welcher die Vollendung erwächst,
> Und laßt mich gelangen
> In das Reine Land von Tushita.

Dieses Gebet findet Gehör bei Maitreya. Weithin leuchtende
Strahlen gehen aus von seinem Herzen, fließen abwärts in seinem
zentralen Kanal, dringen ein in den meinigen, ihn ganz und gar mit
Licht durchflutend. Diese Lichtstrahlen berühren den Tropfen in
meinem Herzen, der aufwärtsschnellt wie ein von einem starken
Magneten angezogener Eisenspan – wie ein Fisch, den man mit
einer Angelrute an Land schleudert.

Man stößt die Silbe *Hik* aus und hält dabei die abwärtsströmenden Energien zurück. Der Tropfen vollführt eine leichte Aufwärtsbewegung, um wieder zu seinem ursprünglichen Platz am Herzen zurückzukehren. Wieder ruft man *Hik*. Diesmal springt der Tropfen bis in die Höhe der Kehle, worauf er wieder zum Herzen zurückfällt. Und ein drittes Mal wird das *Hik* ausgerufen, wodurch der Tropfen bis zur Schädelkrone emporgeschleudert wird und anschließend zum Herzen zurückfällt. Die Aufwärtsbewegung vollzieht sich jeweils beim Klang des *Hi*, während er beim *k* wieder zurücksinkt.

Dieser Vorgang ist drei-, sieben- oder einundzwanzigmal zu wiederholen.

Es ist darauf zu achten, daß der Tropfen nur bis zur Ausmündung des Kanals gelangt, nicht aber nach außerhalb befördert wird, da dieses angeblich die Lebensdauer verkürzen würde. Erlaubt ist es, einmal täglich den Tropfen zu der mantrischen Silbe am Herzen Maitreyas hinzuleiten, um ihn dann beim Klang des *k* wieder abwärtsfallen zu lassen. Der Tropfen nimmt seinen Weg aufwärts im Geäst der Verbindungskanäle, kommt noch einmal in Berührung mit der Silbe *Meem* und gleitet wieder an seinen ursprünglichen Ort zurück.

Einige Schulen verwenden zwei mantrische Silben für das Yoga der Bewußtseins-Umwandlung: *Hik* und *Phat*. Sicher ist beides richtig, doch waren die maßgeblichen Meister der späteren Zeiten der Auffassung, die Silbe *Hik* eigne sich am besten, das Bewußtsein und die vitalen Energien aufwärts zu lenken.

Es genügt nicht, die mantrische Silbe *Hik* ausschließlich mit dem Mund zu formen – dies muß stets in Verbindung mit den yogischen Übungen zum Aufwärtslenken der vitalen Energien geschehen.

Führt man die hier beschriebene yogische Meditations-Form aus, bei der der Tropfen des Bewußtseins und der feinstofflichen Energie in Bewegung gesetzt wird, können sich unter Umständen Anzeichen des Erfolgs einstellen, wie beispielsweise ein auf der Schädelkrone sich bildendes Hautbläschen oder ähnliches.

Liegt dieser Methode jedoch kein Verständnis der wahren Natur des herkömmlichen Selbst und seiner Beziehungen zu Körper und

Geist zugrunde und hat man zudem den illusorischen Charakter der drei Kreise des Umwandlungs-Yogas – des Gegenstandes der Umwandlung, des Prozesses der Umwandlung sowie des Beobachters der Umwandlung – nicht hinreichend durchschaut, dann wird man den entscheidenden Punkt dieser Tradition verfehlen. Mein eigener Guru, der Meister Jam-yang She-pai Dor-je[16], hat dies in seiner Abhandlung über die Umwandlungs-Yogas besonders hervorgehoben.

Die wahre Beschaffenheit des Verhältnisses, in dem das Ich zu Körper und Geist steht, ist Thema der Madhyamaka-Lehren. In ihnen muß man sich auskennen, denn sie liefern die Grundlage für die Umwandlungs-Yogas. Ein richtiges Verständnis der wahren Natur des Selbst ist wichtig für alle Formen der Praxis. Anderenfalls würde sich beim Visualisieren des Tropfens als Verkörperung der feinstofflichen Energien und des eigenen Bewußtseins die Frage erheben, wer hier visualisiert und von welcher Art die Beziehung ist zwischen der visualisierenden Person und dem visualisierten Gegenstand. Bald scheint das Selbst eins zu sein mit dem Körper, bald erscheint es als identisch mit dem Bewußtsein; dann wieder hat es den Anschein, als sei es die Gesamtheit von Körper und Geist, und bisweilen erscheint es von beiden getrennt. Für das Einüben der Umwandlungs-Yogas ist es daher wichtig, den wirklichen Zusammenhang zwischen Selbst, Körper und Geist zu verstehen. Sonst ist man im Sterben nicht fähig, den Geist aus seinem Anhaften zu lösen, und man wird sich weiterhin an den Körper und die im Bewußtsein auftauchenden Bilder klammern. Das aber würde den Erfolg der Übungen in Frage stellen.

Der Abschluß

Am Ende der Meditations-Sitzung löst Maitreya sich über dem Kopf des Meditierenden in Licht auf und dringt durch die Brahma-Öffnung in dessen Körper ein. Die Öffnung verschließt sich, als würde eine Schicht feinsten Goldnektars sie bedecken.

Auf diese Weise verleiht man der segensreichen Wirkung der Übung Bestand und verlängert die eigene Lebensspanne.

234

Es empfiehlt sich, in Verbindung mit dieser Praxis die verschiedenen Schriften zu lesen, in denen die Todeserfahrung beschrieben wird.

Auch ist es ratsam zu lernen, wie die äußeren, inneren und geheimen Zeichen zu ermitteln sind, die einen drohenden Tod ankündigen, und sich dann mit den Mitteln vertraut zu machen, wie ein frühzeitiger Tod abgewendet und das eigene Leben verlängert werden kann.

Treten Anzeichen auf, die den Tod ankündigen, und führen die lebensverlängernden Yogas zu keinem Erfolg, ist mit den Übungen zur Bewußtseins-Umwandlung zu beginnen, ehe sich der eigene Gesundheitszustand allzusehr verschlechtert.

Ich bin mit meiner Abhandlung über die Methoden der Bewußtseins-Umwandlung, wie sie in der Maitreya-Überlieferung enthalten ist, nunmehr am Ende. Ich, Tse-chok-lin Ye-she Gyal-tsen, schrieb sie nieder, weil einer meiner Schüler, der Mönch Lo-zang Kon-chok aus Kya-ge-don, mich mehrfach darum gebeten hat. Möge sie dazu beitragen, daß die Überlieferung gedeihe bis ans Ende der Zeiten und ungezählten Wesen zum Segen werde. Möge die Zahl der Wesen unendlich sein, welche in Tushita wiedergeboren werden, um dort den erhabenen Lehren des Buddha Maitreya zu lauschen. Und wenn dereinst Maitreya auf die Welt kommt und sich in seinen Taten als universeller Lehrer offenbart, dann mögen all jene, die an ihn glauben, mit ihm wiedergeboren werden und ihm helfen bei der Erfüllung seiner wunderbaren Gebete.

VIII.
RITUAL ZUR FÜHRUNG EINES VERSTORBENEN

Ich gehe meinen Weg nach den Gesetzen der Natur,
bis ich niedersinke und ausruhe,
nachdem ich meinen Atem in das Element ausgehaucht habe,
aus dem ich täglich Atem hole, und auf den Boden
niedergesunken bin, aus dem mein Vater die Zeugungskraft,
meine Mutter das Blut und meine Amme
die Milch meines Daseins schöpfte...
Marc Aurel: Selbstbetrachtungen

Zur Einführung

Nach buddhistischer Auffassung erlebt der Geist, sobald Körper und Bewußtsein sich voneinander getrennt haben, ein kurzes Aufleuchten des klaren Lichtes, bevor er in den Bardo – den Zustand zwischen Tod und Wiedergeburt – eintritt. Wie der jetzige Dalai Lama betont, ist die dem Tod unmittelbar vorausgehende Bewußtseinslage sehr bedeutsam, da sie die Art der geistigen Erfahrung während des Bardo maßgeblich bestimmt[1]. Der Bardo-Zustand ist der Welt des Traumes vergleichbar, und der Körper, worin man ihn erfährt, ähnelt dem des Traums.

In seinem Kommentar zu den Sechs Yogas von Naropa gibt Lama Tsong Khapa folgende Erläuterung zum Bardo[2]: »Gewöhnlich verweilt ein Mensch sieben Tage im Bardo, obwohl es in manchen Fällen auch eine kürzere Dauer sein kann. Gelingt es ihm oder ihr in dieser Zeit nicht, einen geeigneten Platz für die Wiedergeburt zu finden, stirbt er/sie einen ›kleinen‹ Tod und wird erneut im Bardo geboren. Dies kann sich bis zu siebenmal wiederholen, und insgesamt hat der Betreffende dann neunundvierzig Tage im Bardo verbracht, ehe er für eine neue Wiedergeburt bereit ist. Sind Zeit und Umstände herangereift und die notwendigen karmischen Voraussetzungen erfüllt, kommt es zu einer Wiedergeburt.«

Die rituellen Zeremonien zur Führung eines Toten (tib.: *rje-'dzin*) beruhen auf der Vorstellung, daß ein Verstorbener bei seiner Wanderung im Bardo sich in einem Stadium der Wandlung befindet, das ihn empfänglich macht sowohl für positive als auch für negative Einwirkungen. Zwar hat die Bewußtseinsverfassung im Augenblick des Todes bis zu einem bestimmten Grad Einfluß auf diese Empfänglichkeit – dennoch wird ein kundiger Meister der Rituale, der über wirksame Methoden gebietet, hier stets noch helfend und bessernd eingreifen können. Auch ist es die Überzeugung der Buddhisten, daß jede Person, die dem Verstorbenen nahesteht, eine lebendige Verbindung herzustellen vermag zwischen dem Ausführenden des Rituals, dem Ritual und dem Menschen im Bardo. Davon ist bereits im zweiten Kapitel, in den ›Tibetischen Überlieferungen der Meditation über den Tod‹, die Rede gewesen.

Ein Übender jedoch, der in den Praktiken der hohen tantrischen Yogas bewandert ist, befindet sich in einer völlig anderen Situation als der gewöhnliche Mensch. Er/sie benötigt keines der einschlägigen Rituale und auch kein ›Totenbuch‹. Er geht einen ganz eigenen Weg, der seiner persönlichen Kontrolle unterliegt. Dies wurde bereits im zweiten, vierten und im fünften Kapitel deutlich – in den Ausführungen darüber, wie ein Yogi im Sterben das Bewußtsein des klaren Lichtes des Todes in das klare Licht des *Dharmakaya* umwandelt und wie daraus dann der Bardo-Körper als der illusorische Körper des Sambogha-kaya hervorgeht. Eine knappe Beschreibung dieses Vorgangs gibt der Zweite Dalai Lama in seinem Werk ›Die Tantrischen Yogas der Schwester Niguma‹[3]:
»Beim Tode eines gewöhnlichen Sterblichen gehen die Elemente seines Kontinuums ineinander über, und für kurze Zeit erscheint das klare Licht des Bewußtseins. Für einen Übenden von höchster Befähigung wird das klare Licht des Todes der Anlaß, das Yoga der äußersten Isolierung des Geistes anzuwenden, das dem Höchsten Yoga-Tantra – zum Beispiel dem *Guhya-samaja-tantra* – entnommen ist. Anstatt in den Bardo einzutreten, erschafft er/sie sich selbst als wirkliche tantrische Gottheit, wie beispielsweise

Heruka, und ist geschmückt mit sämtlichen Insignien der Vollendung. Erreicht wird dies mit Hilfe des Yogas des illusorischen Körpers: Der Geist wandelt sich zu Licht, und die vitalen Energien, die dem Klaren-Licht-Bewußtsein als Träger dienen, werden zum illusorischen Körper.

Ein Übender von mittlerer Befähigung, der kraft der Intensität seines Meditierens zu Lebzeiten die Fähigkeit erworben hat, die vitalen Energien in den zentralen Kanal zu lenken, und der die Zeichen des Eintretens, Verweilens und Sich-Auflösens erfahren hat, geht folgendermaßen vor: Wenn im Sterben sich die 25 grobstofflichen Elemente auflösen und das klare Licht des Todes erscheint, das die Mutter des klaren Lichtes ist, läßt der Sterbende letzteres mit dem klaren Licht des Sohnes verschmelzen, das eins ist mit dem klaren Licht der Meditation... Diese Form der Übung kann auf verschiedenen Ebenen Anwendung finden – entsprechend dem Grad der Verwirklichung eines Schülers.

Ein Übender von nur mäßiger Befähigung sollte sich zunächst mit den Methoden zum Erkennen des Bardo-Zustands vertraut machen. Taucht dann das klare Licht des Todes auf, sollte er es sich vorstellen als umgewandelt in das Licht des Pfades. Dadurch wird es ihm möglich sein, die Bardo-Techniken auf den Bardo-Körper anzuwenden, wenn dieser auftaucht.«

Lama Tsong Khapa betont, wie wichtig es sei, die einzelnen Stadien des Sterbeprozesses klar zu erkennen, um den Bardo-Zustand zu meistern[4]: »Wenn man das klare Licht des Todes wahrzunehmen und mit ihm zu verschmelzen vermag, wird man das nachfolgende Auftauchen des Bardo erkennen können. Dieses Gewahrwerden der einzelnen Stadien des Sterbens und des im Todesaugenblick aufstrahlenden Lichtes sind die einzigen Mittel, mit denen das Eintreten in den Bardo-Zustand untrüglich zu erkennen ist.«

Im nachstehend beschriebenen Ritual geht es dem Ausführenden zunächst darum, die Aufmerksamkeit des Verstorbenen auf sich zu lenken und ihm/ihr bewußt zu machen, daß er sich nunmehr im Bardo befindet. Am Anfang steht daher die Anrufung des Verstorbenen, gefolgt von einer rituellen Verbrennung der negativen Kräfte; anschließend werden die Hindernisse beseitigt, die der

Wahrnehmung der sechs Vollendungen eines Bodhisattva – Großzügigkeit, Disziplin, Geduld, kraftvolles Streben, Meditation und
Weisheit – im Wege stehen. Diese Hemmnisse sind die sechs
Verblendungen: Selbstsucht, Leichtfertigkeit, Zorn, Gleichgültigkeit, Schweifen der Gedanken und Unwissen. Nach jeder der
zyklisch vollzogenen Läuterungen wird das hundertsilbige Mantra
von Yamatanka wiederholt – eine abgewandelte Form des Mantras
von Vajrasattva, der tantrischen Meditationsgottheit der Läuterung[5].

Hierauf werden die mystischen Kräfte von Buddha, Dharma und
Sangha angerufen, damit der Verstorbene Befreiung von den drei
Wurzel-Verblendungen – Gier, Haß, Unwissen – erlangt. Da
davon auszugehen ist, daß der Tote Anhänger des buddhistischen
Glaubens ist, wird die Anrufung der Drei Juwelen tief in sein
Inneres dringen und starke religiöse Empfindungen in ihm aus-
lösen.

Als nächstes ergeht an die fünf Wurzel-Verblendungen die Auffor-
derung, zu den fünf Elementen zurückzukehren. Die durch die
fünf Elemente symbolisierten Verblendungen bilden die negativen
Pole der fünf *Skandhas*, der »Talente« eines Menschen, während
die fünf *Dakinis*, in die sich die Verblendungen wandeln sollen,
die fünf positiven Pole der *Skandhas* darstellen.

Dieser Abschnitt wird beschlossen mit Versen, die günstige
Umstände herbeiführen sollen; die Kräfte des Guten werden
beschworen, um auf diese Weise den Verschiedenen auf die näch-
sten kritischen Stadien vorzubereiten – das Erleben des Bardo und
die Ausrichtung des Bewußtseins auf eine günstige Wiedergeburt.
Es ist dies das *bar-do ngo-tro* oder – nach der Übersetzung von
Dr. Evans-Wentz – das ›Von-Angesicht-zu-Angesicht-dem-
Wesen-des-Bardo-Gegenübersitzen‹.

Es ist anzunehmen, daß der Verstorbene mittlerweile aufmerksam
geworden ist und sich jetzt auch selbst an dem Ritual beteiligen
kann. Man legt ihm das Wesen des Bardo dar und erklärt die
Zeichen, die ihm unumstößlich Gewißheit geben darüber, daß er
im Bardo angekommen ist. Behutsam wird der Geist des Verstorbenen zu immer größerer Klarheit geführt, bis diese einen Grad
erreicht hat, der den Übergang aus dem Bardo zu einer neuen

Wiedergeburt ermöglicht, einer Wiedergeburt in Sukhavati, dem Reinen Land der Glückseligkeit.

An dieser Stelle des Rituals wird das Feuer entzündet, und der Körper bzw. ein Bildnis des Toten wird verbrannt. Der Verstorbene wird aufgefordert, Betrachtungen anzustellen über die Hinfälligkeit des Körpers – er solle sich nicht an ihn klammern und auch durch seinen Zerfall sich nicht schrecken lassen; vielmehr müsse er versuchen, Körper, Rede und Geist in die drei *Kayas* eines Buddha und die fünf *Skandhas* in die fünf Dhyani-Buddhas umzuwandeln – in die von diesen symbolisierte transzendente Weisheit.

Unter den auch heute noch von den Tibetern benutzten liturgischen Texten nimmt der von mir für dieses Kapitel ausgesuchte einen bevorzugten Platz ein – zumindest bei dem Orden der Gelb-Mützen.

Beim Lesen von Literatur dieser Art verfährt man wohl am besten so, daß man ein wenig Distanz hält und sich nicht allzu ausführlich mit der Form des Mitgeteilten beschäftigt, sondern vielmehr versucht, seine Grundstimmung auf sich wirken zu lassen, die den eigentlichen Gehalt offenbart.

Ritual zur Führung eines Verstorbenen
Von Lama Maha-sukha

Euch, den Lamas und der unabsehbaren Schar
Der friedlichen und der rasenden Gottheiten,
Euch, den Dharma-Beschützern, den Wächtern über das Gute –
Euch bringe ich dar dieses Gebet:
Schafft bald schon allem hohen und höchsten Streben Erfüllung,
Räumet fort, was hindernd im Wege steht.

Schwer nur ist zu erlangen die kostbare menschliche Form,
Und rasch zerbricht sie im Schrecken des Todes.
Aufgetragen ist es den Lebenden,

Den vom Tode Dahingerafften nach Kräften zu helfen.
Nieder schrieb ich deshalb das folgende Ritual,
Dem Geist des Verstorbenen sichere Führung zu geben
Und hinzulenken ihn zu einer reinen Wiedergeburt.
Den geheimen Lehren des Vajrayana entnahm ich diese
Methode.

In diesem Gebet ist in einer leicht zu übenden Form eine wunderbare yogische Methode enthalten, mit der man einem Verstorbenen in der rechten Weise helfen kann. Sie entstammt einem Text-Zyklus des *Vajra-bhairava-tantra*, dem diamantenen Vernichter des Herrn des Todes. Es ist dies Arya Manjushri, der Bodhisattva der Weisheit, der sich hier in seinem zornigsten Aspekt manifestiert[6].

Der Ausführende des Rituals sollte ein Eingeweihter in diesem System sein, er sollte den Retreat durchgeführt und das Feuer-Ritual vollzogen haben, denn erst dann ist er imstande, diese tiefwirkende Methode nutzbringend anzuwenden.

Zu Beginn weiht der Meister die für das Ritual benötigten Gerätschaften, woraufhin er sich selbst als Gott (Vajrabhairava) erschafft. Zugleich erzeugt er auch die Vision der äußeren Gottheit[7]. Ist dies geschehen, fordert er den Dahingegangenen auf, sich am Ort des Rituals einzufinden und seinen Worten zu lauschen, wobei ihm die folgende Liturgie als Leitfaden dient:

»Alle diese Gerätschaften besitzen keinerlei Substanz, an die man sich klammern könnte. Dies gilt es, klar zu erkennen.

Aus der Sphäre der Leerheit tritt der Anfangsbuchstabe des Namens des Verstorbenen hervor, gekrönt von einem mystischen Tropfen und einer züngelnden Flamme. Der Buchstabe verwandelt sich vollständig und wird zur Gestalt des Verstorbenen, mit allen Anhäufungen, Elementen und Sinnes-Eingängen. Om Vajrasattva hum jah!!!

Bei der Kraft von Buddha, Dharma und Sangha, bei der Kraft der Buddha-Familien mit den Namen von Tathagata, Vajra, Ratna, Padma und Karma! Bei den Herzen, den Mudras und den Mantras der zahllosen Meditations-Gottheiten! Und bei der Wahrheit des

Diamantenen Vernichters des Todes und der unabsehbaren Schar der seinem Mandala angehörenden Gottheiten! Bei der segensreichen Wahrheit! Möge sich der Geist dieses Verstorbenen (es folgt der Name) an diesem Orte einfinden! Möge er herbeieilen, wo immer er sich auch befinden mag, ob im Bardo, in einem der drei weltlichen Bereiche, in den sechs Bereichen des Daseins, ob im Ozean der lebendigen Wesen, welche auf eine der vier Arten geboren werden.«

An dieser Stelle ergreift der Meister den Vajra mit der rechten, die Glocke mit der linken Hand. Zeigefinder und kleiner Finger der rechten Hand sind gerade ausgestreckt wie Pfeiler, der Daumen und die beiden mittleren Finger, die den Vajra halten, sind gekrümmt. Seine zu diesem Mudra geformte rechte Hand legt der Ritualist jetzt auf den Leichnam oder auf das verwendete Bildnis. Der Text der Liturgie lautet weiter:

»Gekrümmte Lichtstrahlen gehen aus von meinem Herzen; wie Haken senken sie sich ein in das Bewußtsein des Verstorbenen, welches in dem aus leuchtenden Strahlen gebildeten Buchstaben *Āh* erscheint, und ziehen es über die Schädelkrone in seinen Körper hinein, wo es am Herzen zur Ruhe kommt.«

Vom Ritualisten werden nun die vorgeschriebenen Mantras rezitiert, worauf er in der Liturgie fortfährt:

»Möge allem Unglück der Weg in das Mandala versperrt bleiben. Mögen die erleuchteten Wesen des Mandala all jene vor Qual und Leid bewahren, die in den unteren Bereichen leben müssen.
Zu Buddha, Dharma und Sangha wende ich mich hin und bitte um Zuflucht. Om Vajrapani (usw ...)[8].
Mögen jene, die im Elend leben, von allem Bösen und von allen karmischen Verunreinigungen geläutert werden. Und mögen sie, wenn sie gestorben sind, zu Füßen der erleuchteten Wesen wiedergeboren werden.
Alles Böse, jede karmische Befleckung und geistige Verblendung sowie alle negativen Prägungen sind vollständig verschwunden.

Keine Spur findet sich mehr von ihnen am Ort des Rituals.
An der Schädelkrone des Verstorbenen erscheint ein weißes *Om*,
an der Kehle ein rotes *Āh* und am Herzen ein blaues *Hum*.«

Hierauf bringt der Meister den störenden Geistern Opfer dar und
bittet sie, das Zeremoniell nicht zu unterbrechen.
Daran anschließend wird das Gebet an Vajra Daka, den Vajra-
Streiter, gesprochen, und gleichzeitig werden sämtliche negativen
karmischen Strebungen des Verstorbenen mittels Feuer geläutert.
Indem darauf das Svahabhava-Mantra rezitiert wird, wird die
Meditation in der Leerheit gereinigt. Danach wird die Vajra-Daka-
Läuterung ausgeführt:

»An allen Dingen wird die Leerheit sichtbar. Aus der Sphäre der
Leerheit erscheint die Silbe *Rām* und wird zu einem lodernden
Feuer der Weisheit. Der zornige Vajra-Streiter taucht plötzlich auf
inmitten der Flammen. Von dunkelblauer Farbe ist sein Körper, er
hält einen Varja und eine Glocke in Händen. Weit geöffnet ist sein
Mund voller Ingrimm.
Ich (der Ritualist) wende mich dem Verstorbenen zu und visualisiere, wie unter seinen Füßen halbmondförmige Luft-Mandalas
entstehen. Um seinen Nabel loht das Feuer der Weisheit. An
seinem Herzen erscheint die schwarze Silbe *Pam*, Symbol des
negativen Karmas, in der sich alle üblen Neigungen und Handlungen des Körpers, der Rede und des Geistes verdichten, einschließ-
lich all jener Verdunkelungen, die Befreiung und Allwissenheit
vereiteln.
Vom Weisheits-Feuer in der Körpermitte ausgesendet, greifen
Strahlen nach der schwarzen Silbe *Pam* und drängen sie durch die
Nasenflügel zum Körper hinaus, wo sie sich in Sesamkörner
verwandeln, die im Feuer-Ritual verbrannt werden. Om vajra
daka (usw. . . .).«

Das negative Karma wird also visualisiert, wie es den Körper
verläßt und sich in Sesam-Körner verwandelt, welche verbrannt
werden. Unter der Rezitation des Vajra-Daka-Mantras nimmt
dann der Meister das Tablett mit den Sesamkörnern, von denen er

eine bestimmte Menge in den Topf zum Verbrennen wirft, und während die Körner in Flammen aufgehen, meditiert er darüber, daß nun alle Negativitäten des Verstorbenen vom Feuer aufgezehrt werden. Danach rezitiert er das Mantra der Tatkraft sowie das hundertsilbige Mantra und bringt das folgende Gebet dar:

»Alle karmischen Verunreinigungen und Verdunkelungen, die der Befreiung und Erleuchtung dieses Verstorbenen im Wege stehen, mögen von ihm weichen, weichen, weichen! Om sarva padam (usw.).
Möge dieser Dahingegangene, ... mit Namen, auf der Stelle von allen schlimmen Neigungen, Verdunkelungen der Wahrheit und Erleuchtung befreit und vor einer durch seine karmische Veranlagung bedingten Wiedergeburt in einem der drei niederen Bereiche bewahrt werden. Möge er alsbald die höchste Erleuchtung erlangen. Om sarva (usw.).«

Hierauf nimmt der Meister ein Büschel Kusha-Gras in die rechte Hand, rezitiert das vorgesehene Mantra, taucht die Halme in das Gefäß und versprengt einige Wassertropfen:

Dieses Wasser, seiner Natur nach die Großzügigkeit selbst,
Wäscht rein von aller Befleckung durch Eigensucht
Und verleiht die höchste Vortrefflichkeit.
Gewaschen sei daher mit diesem Wasser
Der Verstorbene, den ich hier visualisiere.
Om yamatanka samaya (usw., das 100-Silben-Mantra)

»Möge dieser Mensch namens..., der jetzt gestorben und auf die andere Seite gegangen ist, von allen bösen Handlungen, von negativem Karma und allen geistigen Verblendungen, die er seit anfangloser Zeit in zahllosen Leben angesammelt hat, gereinigt werden. Möge er insbesondere von der aus getrübtem Gefühl stammenden Eigensucht reingewaschen und geläutert werden. Möge ihm vollkommene Großzügigkeit zuteil werden, und möge er alsbald die höchste Erleuchtung erlangen.

Dieses Wasser, seiner Natur nach die Disziplin selbst,
Wäscht rein von aller Befleckung durch Leichtfertigkeit
Und verleiht die höchste Vortrefflichkeit.
Gewaschen sei daher mit diesem Wasser
Der Verstorbene, den ich hier visualisiere.
Om yamatanka samaya (usw.).

Möge dieser Mensch namens..., der jetzt gestorben und auf die andere Seite gegangen ist, von allen bösen Handlungen, von negativem Karma und allen geistigen Verblendungen, die er seit anfangloser Zeit in zahllosen Leben angesammelt hat, gereinigt werden. Möge er insbesondere von der aus verzerrter geistiger Wahrnehmung stammenden Leichtfertigkeit reingewaschen und geläutert werden. Möge ihm vollkommene Disziplin zuteil werden, und möge er alsbald die höchste Erleuchtung erlangen.

Dieses Wasser, seiner Natur nach die Geduld selbst,
Wäscht rein von aller Befleckung durch Zorn
Und verleiht die höchste Vortrefflichkeit.
Gewaschen sei daher mit diesem Wasser
Der Verstorbene, den ich hier visualisiere.
Om yamatanka samaya (usw.).

Möge dieser Mensch namens..., der jetzt gestorben und auf die andere Seite gegangen ist, von allen bösen Handlungen, von negativem Karma und allen geistigen Verblendungen gereinigt werden. Möge er insbesondere von dem aus verzerrter geistiger Wahrnehmung stammenden Zorn reingewaschen und geläutert werden. Möge ihm vollkommene Geduld zuteil werden, und möge er alsbald die höchste Erleuchtung erlangen.

Dieses Wasser, seiner Natur nach kraftvolles Streben,
Wäscht rein von aller Befleckung durch Gleichgültigkeit
Und verleiht die höchste Vortrefflichkeit.
Gewaschen sei daher mit diesem Wasser
Der Verstorbene, den ich hier visualisiere.
Om yamatanka samaya (usw.).

Möge dieser Mensch namens..., der jetzt gestorben und auf die andere Seite gegangen ist, von allen bösen Handlungen, von negativem Karma und allen geistigen Verblendungen gereinigt werden. Möge er insbesondere von der aus verzerrter geistiger Wahrnehmung stammenden Gleichgültigkeit reingewaschen und geläutert werden. Möge ihm die Vollkommenheit kraftvollen Strebens zuteil werden, und möge er alsbald die höchste Erleuchtung erlangen.

> Dieses Wasser, seiner Natur nach konzentriertes Meditieren,
> Wäscht rein von aller Befleckung durch geistiges Schweifen
> Und verleiht die höchste Vortrefflichkeit.
> Gewaschen sei daher mit diesem Wasser
> Der Verstorbene, den ich hier visualisiere.
> Om yamatanka samaya (usw.).

Möge dieser Mensch namens..., der jetzt gestorben und auf die andere Seite gegangen ist, von allen bösen Handlungen, von negativem Karma und allen geistigen Verblendungen gereinigt werden. Möge er insbesondere von den Verwirrung stiftenden Kräften geistigen Schweifens reingewaschen und geläutert werden. Möge ihm die Vollkommenheit konzentrierten Meditierens zuteil werden, und möge er alsbald die höchste Erleuchtung erlangen.

> Dieses Wasser, seiner Natur nach tiefste Weisheit,
> Wäscht rein von aller Befleckung durch Unwissen
> Und verleiht die höchste Vortrefflichkeit.
> Gewaschen sei daher mit diesem Wasser
> Der Verstorbene, den ich hier visualisiere.
> Om yamatanka samaya (usw.).

Möge dieser Mensch namens..., der jetzt gestorben und auf die andere Seite gegangen ist, von allen bösen Handlungen, von negativem Karma und allen geistigen Verblendungen gereinigt werden. Möge er insbesondere von dem aus verzerrter geistiger Wahrnehmung stammenden Unwissen reingewaschen und geläutert werden. Möge ihm vollkommene Weisheit zuteil werden, und möge er alsbald die höchste Erleuchtung erlangen.

> Durch die Waschung mit diesen sechs Wassern
> Werden die sechs geistigen Befleckungen ausgelöscht
> Und die sechs Vollendungen eines Bodhisattva erreicht.
> Ihm, der nunmehr von allen Mängeln befreit wurde,
> Bringe ich meine Huldigung dar.
> Om yamatanka samaya (usw.).

> In gläubigem Vertrauen neige ich mich
> Vor den erleuchteten Wesen,
> Welche die sechs Vollendungen erlangten
> Und von keiner Befleckung verunreinigt sind.
> Vor ihnen vollziehe ich dieses läuternde Ritual.
> Om yamatanka samaya (usw.).

Möge dieser Mensch namens..., der jetzt gestorben und auf die andere Seite gegangen ist, von allen bösen Handlungen, von negativem Karma und allen geistigen Befleckungen gereinigt werden. Möge er insbesondere von allen Taten, mit denen er sich gegen die sechs Vollkommenheiten eines Bodhisattva verging, reingewaschen und geläutert werden. Mögen ihm die sechs Vollendungen zuteil werden, und möge er alsbald die höchste Erleuchtung erlangen.

> Begierde, Haß und Unwissen –
> Dies sind die drei weltlichen Gifte.
> Mögen die erleuchteten Wesen,
> Die frei sind von diesen Giften,
> Alle Gifte vernichten in dem Lichte des Buddha.
> Om yamatanka samaya (usw.).

Möge dieser Mensch namens..., der jetzt gestorben und auf die andere Seite gegangen ist, von allen bösen Handlungen, von negativem Karma und allen geistigen Verblendungen gereinigt werden. Möge er insbesondere von den aus verzerrter geistiger

Wahrnehmung stammenden sechs seelischen Giften reingewaschen und geläutert werden, und möge er alsbald die höchste Erleuchtung erlangen.

> Die Erde ist die Mutter der seelischen Gifte,
> Die Erde ist auch der Vater der seelischen Gifte.
> Zunichte werden sollen die seelischen Gifte des Verstorbenen
> Durch die Kraft dieser Worte der Wahrheit!
> Werdet, Gifte, wieder zu Erde!
> Gehet ein, Gifte, in das Gefäß alles Harten! Svaha!
> Die ihr entstandet aus den Elementen –
> Seid wieder geschieden vom Erd-Element!
> Seid aufgelöst in das Erd-Element!
> Möge das Erd-Element des Verstorbenen sich läutern
> Und wiedererstehen im reinen Wesen der Dakini Lochana.

> Das Wasser ist die Mutter der seelischen Gifte,
> Das Wasser ist auch der Vater der seelischen Gifte.
> Zunichte werden sollen die seelischen Gifte des Verstorbenen
> Durch die Kraft dieser Worte der Wahrheit!
> Werdet, Gifte, wieder zu Wasser!
> Gehet ein, Gifte, in das Gefäß alles Flüssigen! Svaha!
> Möge das Wasser-Element des Verstorbenen sich läutern
> Und wiedererstehen im reinen Wesen der Dakini Mamaki.

> Das Feuer ist die Mutter der seelischen Gifte,
> Das Feuer ist auch der Vater der seelischen Gifte.
> Zunichte werden sollen die seelischen Gifte des Verstorbenen
> Durch die Kraft dieser Worte der Wahrheit!
> Werdet, Gifte, wieder zu Feuer!
> Gehet ein, Gifte, in das Gefäß alles Glühenden! Svaha!
> Möge das Feuer-Element des Verstorbenen sich läutern
> Und wiedererstehen im reinen Wesen der Dakini Pandara.

Die Luft ist die Mutter der seelischen Gifte,
Die Luft ist auch der Vater der seelischen Gifte.
Zunichte werden sollen die seelischen Gifte des Verstor-
Durch die Kraft dieser Worte der Wahrheit!   [benen
Werdet, Gifte, wieder zu Luft!
Gehet ein, Gifte, in das Gefäß alles Bewegten! Svaha!
Möge das Luft-Element des Verstorbenen sich läutern
Und wiedererstehen im reinen Wesen der Dakini Tara.«

Der Meister stimmt sodann die folgenden glückverheißenden
Verse an, wobei er am Ende eines jeden eine Blume zur Erde
gleiten läßt:

»Die Heiligen, die eingingen in den Frieden
Und keinen Gedanken des Unheils mehr denken,
Die auslöschten in sich alles unreine Begehren –
Sie werden Freude dir schenken und die Fülle des Guten.

Die geistigen Meister, welche die Wesen
Hinleiten zum Pfad der höchsten Befreiung
Und ihnen alle Wahrheit enthüllen –
Sie werden Freude dir schenken und die Fülle des Guten.

Die Lehrer, die Beistand leisten den lebendigen Wesen,
Die der Welt zum Heile
Die Suchenden in das Land der Glückseligkeit führen –
Sie werden Freude dir schenken und die Fülle des Guten.

Die Heiligen, die jedes lebendige Wesen
Mit Blicken voll Liebe betrachten
Wie eine Mutter ihr einziges Kind –
Sie werden Freude dir schenken und die Fülle des Guten.

Die Bodhisattvas, die allen lebendigen Wesen,
Welche ziellos dahintreiben im Meer des Werdens,
Helfende Freunde und Heimat sind –
Sie werden Freude dir schenken und die Fülle des Guten.

Sie, die daherkommen als Streiter des Geistes,
Auszuteilen die höchsten der Güter.
Sie, die jeder Hoffnung Wirklichkeit verleihen –
Sie werden Freude dir schenken und die Fülle des Guten.

Jene, bei deren Geburt schon
Erde und Wälder furchtsam erzitterten
Und die lebendigen Wesen selige Tränen weinten –
Sie werden Freude dir schenken und die Fülle des Guten.

Jene, die im Augenblick ihrer Erleuchtung
Ins Wanken brachten die sechs Welten
Und der bösen Mara Herz angstvoll erstarren ließen –
Sie werden Freude dir schenken und die Fülle des Guten.

Sie, die kreisen lassen das Rad des Dharma
Und verkünden die Vier Edlen Wahrheiten,
Indem sie als Muni, als Weise, erscheinen –
Sie werden Freude dir schenken und die Fülle des Guten.

Sie, die durch der Schönheit Macht
Die falsche Meinung der Sophisten zerschmettern
Und den wilden Geist der Barbaren zügeln –
Sie werden Freude dir schenken und die Fülle des Guten.

Mögen die erleuchteten Wesen
Freude dir schenken im Übermaß
Und ausstatten dich mit allen Vorzügen der Götter und
Menschen.
Mögen sie Glückseligkeit dir verleihen,
Höher noch als die der mächtigsten Gottheit.

Sie, die an Vortrefflichkeit und Reinheit des Gedankens
Erhabener sind als die Götter alle,
Mögen sie noch am heutigen Tag
All deinem Hoffen Erfüllung gewähren.

Mögen sie unausgesetzt Freude dir schenken,
Bei Tag und bei Nacht, am Morgen und am Abend auch.
Mögen sie durch das Austeilen der Schätze geistigen Wissens
Aller Wesen Glück förderlich sein.

Mögen sie Freude uns schenken bei Tag und bei Nacht,
Am Mittag und auch zur Mitternacht.
Mögen sie uns allen Glücks teilhaftig werden lassen,
Uns lehrend, wie wir frei werden können von jeglichem
Übel.

Möge dieser Mensch namens..., der jetzt gestorben und auf die
andere Seite gegangen ist, vor einer Wiedergeburt in einem der
unteren Bereiche von Samsara bewahrt werden. Möge er an einem
Ort der Freude wiedergeboren werden. Möge er alle Hindernisse
überwinden und jedes der glückbringenden Zeichen gewahren.«

An diesem Punkt des Rituals verliest der Meister eine der Versionen aus dem Text-Zyklus ›Darlegung der wesentlichen Beschaffenheit des Bardo‹.[9] Es gibt eine Vielzahl derartiger Versionen –
die folgende ist eine der kürzesten:

»Ah! So möge es geschehen!
O, ...mit Namen, der du gestorben bist und auf die andere Seite
gegangen, höre meine Worte!
Du bist jetzt tot. Deinen früheren Körper hast du verlassen, einen
neuen jedoch noch nicht gefunden. Du befindest dich in einem
Daseinsbereich, der ›Bardo des Werdens‹ heißt. Dies klar zu
erfassen ist deine Aufgabe.
Woraus kannst du entnehmen, daß du dich nun im Bardo befindest? Viele seltsame und erschreckende Dinge dringen auf dich
ein, anders als alles, was du je gesehen hast. Zeichen sind dies, daß
du im Bardo angekommen bist. Auch haben die körperlichen
Energien des Erd-Elements ihr Wirken eingestellt, und du hörst
daher Geräusche, als würden Berge zerbersten und die Erde von
Beben geschüttelt; auf der Erde scheint alles auseinanderzufallen
und einzustürzen, und ein Regen von Steinen prasselt nieder.

Die Energie des Wasser-Elements hat aufgehört zu strömen, und es will dir vorkommen, als versänkest du in den Fluten eines unermeßlichen Ozeans.

Die Energie des Feuer-Elements ist versiegt. Allerorts scheinen jetzt Feuer zu wüten und das schreckenerregende Geräusch knisternder, rasender Flammen dröhnt donnergleich in deinen Ohren und läßt dein Herz erbeben.

Die Energien der Winde haben ihre Richtung verkehrt, und du hast die Empfindung, in einem ungeheuren Orkan zu stehen, so, als sei das Ende eines Zeitalters angebrochen, und du bist vor Angst wie gelähmt.

Alle diese beängstigenden Erscheinungen zeigen an, daß du gestorben und in den Bardo eingegangen bist.

Zudem gibt es noch die sechs entfernten Zeichen. In deinem vergangenen Leben waren Berge, Mauern und ähnliche Dinge für dich etwas, das deine freie Beweglichkeit einschränkte – jetzt aber kannst du dich überallhin wenden, nichts kann dich hindern, dein bloßer Wunsch schon genügt. Einst mußtest du dich mühen, um irgendein Werk zu vollbringen, doch nun geschieht alles wie von selbst. Wenn früher du das Wort richtetest an Freunde oder Verwandte, gaben diese dir Antwort; sagst du aber jetzt etwas, wird niemand dir antworten. Auch bemerkst du, daß Sonne und Mond keine Lichtstrahlen aussenden und daß dein Bardo-Körper keinen Schatten wirft. Es sind dies sechs verläßliche Zeichen, daß du gestorben und in den Bardo gelangt bist.

Desgleichen treten sechs Zeichen einer Ungewißheit im Verhalten auf. Nichts scheint mehr sicher, alle Kontinuität ist abgebrochen. Ständig wechselt der Schauplatz, manches ist dir vertraut, anderes hingegen fremd; was du erblickst, ist mitunter angenehmer Natur, dann wieder ist es abstoßend und läßt dich erschrecken; in rascher Folge lösen Wälder, Tempel und andere Dinge einander ab; in einem Augenblick wanderst du einfach so dahin, im nächsten ißt du irgend etwas, schläfst oder ruhst an irgendeinem Ort; auf Speisen reagierst du unterschiedlich, wohlschmeckend findest du die eine, übelschmeckend und verdorben gleich darauf eine andere; über deine Begleiter bist du dir völlig im unklaren, du hältst sie für Freunde, doch wenig später erscheinen sie dir als

Feinde und jagen dir einen Schrecken ein; sprunghaft und flüchtig sind deine Gedanken, unablässig eilen sie von einem Gegenstand zum nächsten. Bemerkst du diese sechs Zeichen der Ungewißheit deines Verhaltens, dann weißt du, daß du gestorben und nun im Bardo bist.

Bald schon wird dir der Herr des Todes erscheinen, mit Augen glühend wie Feuer. Seine Diener, grimmigblickend und von mächtiger Gestalt, werden spitze Speere nach dir schleudern. Viele Wesen des anderen Geschlechts – einige darunter wunderschön, andere häßlich – wirst du erblicken, und sie werden versuchen, dich mit ihren Reizen an sich zu ziehen.

Auf die Geister des Gerichts wirst du dann treffen, und mit schwarzen und weißen Kieseln werden sie deine vergangenen Tage zählen und diese aufrechnen nach schlechten und guten. Nur mühsam gelingt es dir, die Tätigkeit deines Bewußtseins zu steuern; es droht deiner Kontrolle zu entgleiten und zeigt Neigung, jedem merkwürdigen Einfall zu folgen.

Untrügliche Zeichen sind auch dies, daß du gestorben und im Bardo bist.

Wenn du auf eine Wiedergeburt in einem der niedrigen Bereiche zugehst, werden verkohlte Wälder, Rauchgebilde und ähnliches vor dir auftauchen. Gehst du indessen einer Wiedergeburt in einem der höheren Bereiche entgegen, werden Gold, frisch gesponnene weiße Wolle und ähnliches dir Wegzeichen sein. Gewiß ist es erfreulich, wenn die Zeichen auf eine höhere Wiedergeburt hindeuten, doch auch negative Zeichen dürfen dich nicht beunruhigen. Ein fühlendes Wesen ist wie eine kleine Barke auf einem großen Strom, ohne Mühe läßt ihr Kurs sich ändern. Über alle Vorstellungskraft erhaben ist das segensreiche Wirken der Gurus und der Drei Juwelen, und Großes vermögen auch Mantra und Meditation zu leisten. Sei daher ohne Furcht! Wie schauerlich deine Visionen auch sein mögen – betrachte sie als bloße Bilder, über die du dann meditierst. Nichts gibt es in Wahrheit, wovor du dich fürchten müßtest – nicht das allerwinzigste Staubkörnchen.

Du bist jetzt tot. So, wie du alle Freunde und Verwandte verlassen hast, haben auch sie dich verlassen. Freunde, Verwandte, Besitz – sieh alles an, als wären es Dinge, die dir in einem Traum begegneten und klammre dich nicht an sie! Bleibst du ihnen weiterhin verhaftet, wirst du weder Erlösung erlangen von den Schrecken des Todes, noch auch vor einer niedrigen Wiedergeburt bewahrt werden.

All deine Kraft biete auf, jede Spur von Furcht zu bekämpfen. Gelingt es dir, unerschütterlich an der Zuflucht zu deinem geistigen Führer und den Drei Juwelen festzuhalten, wirst du von einer Wiedergeburt in einem der unteren Bereiche verschont werden. Gib daher deinen Gedanken Festigkeit, verbiete ihnen jegliches Abschweifen und halte sie unverrückbar auf die Zuflucht gerichtet!

Laß vor deinem inneren Auge eine pfeilgerade Arterie entstehen, die entlang deiner Körperachse verläuft – von der Schädelkrone bis zum Nabel. An deinem Herzen befindet sich – in der Form eines weißen Tropfens – dein Bewußtsein. Es hat die Größe einer Erbse, doch ist es ohne feste Substanz und leicht wie eine Flaumfeder.

An seinem oberen Ausgang ist der Kanal weit geöffnet. Während die nachfolgenden Verse gesungen werden, visualisierst du, wie du aus Sukhavati, dem Reinen Land der Freude, Buddha Amitabha herbeirufst. In Wahrheit ist er dein eigener Grund-Lehrer. Im Augenblick ist er zur Stelle und läßt sich oberhalb der Öffnung deiner Schädelkrone nieder.

O Guru, unlösbar verbunden mit Buddha Amitabha,
Kommt herbei im Gefolge der himmlischen Scharen
Aus Eurer göttlichen Heimstatt
Im Lande der Reinen Freude.
Um Eurer großen Barmherzigkeit willen kommt herbei
Und setzt voller Huld Euch zu Häupten des Toten.

Verneigend mich vor Euch bringe ich Gaben dar,
Alle meine schlechten Taten gestehe ich ein.
Voller Entzücken bin ich angesichts all des Vortrefflichen.
Kreisen laßt, so bitte ich Euch,
Das Rad der erhabenen Lehren.
Stehet immer zur Seite uns in dieser Welt!

Was immer an Verdiensten ich mir erwarb,
Gebe ich hin für das unvergleichliche Werk der
Erleuchtung.«

Der Meister bringt darauf das Mandala dar und rezitiert – wie
zuvor – einige Verse ehrerbietigen Sich-Niederwerfens vor Amitabha, dem Buddha grenzenlosen Lichtes. Dann fährt er fort:

»O auserwähltes Kind aus edlem Geblüt,
Unweigerlich steht am Ende des Lebens der Tod.
Ohne Unterschied trifft er Alte und Junge.
Bewußt sei dir daher der Bedeutung des Todes
Und hab acht auf meine Worte.

Verbiete deinen Gedanken zu schweifen
Und binde sie fest an dein Herz.
Nicht klammern sollst du dich an deinen Körper,
Auch an früheren Reichtum nicht und Besitz,
Auch nicht an jene, die einstmals dir nahe waren.

Greifst du verlangend auch jetzt nach alledem,
Droht eine Wiedergeburt dir als Geist.
Doch kannst du dich lösen aus allem Begehren,
Wirst du eingehen in das Land der Reinen Freude.

O Kind, was du gesammelt, wird wieder verstreut.
Der stolzeste Bau wird einst zur Ruine.
Jede Begegnung endet mit Abschied,
Und die Geburt bereitet dem Tod seinen Weg.

Zeit ist es nun, daß du sterben mußt –
Doch nicht allein dich trifft der Tod.
Alles, was lebt, muß einst ihm begegnen.
Wisse, daß du nun gestorben bist,
Doch hüte dich vor allem Erschrecken.

O Kind, niemandem ward ein günstigeres Geschick,
Niemand darf sich glücklicher nennen.
Denn ruhend auf Lotusblume und Mond,
Thront dir zu Häupten der erhabene Lehrer,
Der wesenseins ist mit Buddha Amitabha.
Ihn bitte, daß er den Weg dir bereite
Zur Umwandlung deines Bewußtseins.
Alle Kräfte der Konzentration biete auf,
Wenn du jetzt dieses Gebet an ihn richtest.

O Amitabha, hoher Herrscher, Buddha des grenzenlosen
Lichtes,
Aller Zuflluchten erhabene Verkörperung.
Leuchtender Held, der die Wesen bewahrt
Vor einer Wiedergeburt im unteren Bereich.
Kundiger Lotse, der den Weg weist
Zum Land der Reinen Freude.
Ihr seid es, an den mein Gebet ich richte.

Haltet fern von den lebendigen Wesen das Böse.
Laßt unversehrt sie überstehen
Die gefährliche Gratwanderung des Bardo.
Verschließt vor ihnen das Tor zu den unteren Bereichen
Und geleitet sie sicher nach Sukhavati,
Der über alles erhabenen Heimstatt.«

Die letzten beiden Verse werden jeweils dreimal wiederholt. Der Meister des Rituals visualisiert, wie sichelförmige Lichtstrahlen vom Herzen Amitabhas ausgehen, an der Öffnung der Schädelkrone in den Körper des Verstorbenen eintreten und bis zu dessen Nabel gelangen. Auf ihrem Weg dorthin geben sie dem Tropfen am Herzen – seinem Wesen nach ist es der Geist des Verstorbenen selbst – einen kräftigen Stoß, und, ähnlich wie Eisenspäne auf einen Magneten reagieren, geraten daraufhin alle körperlichen Energien in Bewegung, während von unterhalb des Nabels her sich kräftige Energiewinde erheben.

Mit lauter Stimme ruft der Meister alsdann die Silbe *Hik*, worauf der Tropfen vom Herzen aufwärts bis zur Kehle schnellt. Ein weiteres Mal wird das *Hik* gerufen, und der Tropfen springt empor bis zur Stirn. Und zum drittenmal ruft der Meister das *Hik*, was den Tropfen bis zur Schädelkrone gelangen läßt.

Danach ruft der Meister die Silbe *Phat* – der Tropfen wird aus der Schädelöffnung herausgeschleudert, fließt hin zum Herzen Amitabhas, mit dem er wesenseins wird.

Amitabha, der Buddha grenzenlosen Lichtes, kehrt daraufhin heim in das Land Sukhavati; mit sich führt er den Geist des Verstorbenen, der dort als himmlisches Wesen in einer Lotusblume wiedergeboren wird. Von seinem Herzen läßt Amitabha Lichtstrahlen ausgehen. Diese treffen auf die Lotusblume und bringen deren Blütenblätter zur Entfaltung. Zum ersten Mal schaut da der Verstorbene das herrliche Antlitz von Buddha Amitabha und lauscht verzückt dem Nektarfluß seiner Stimme. An diesem Ort wird er fortan leben und meditieren, bis er die höchste Erleuchtung erlangt hat.

Der Meister verweilt einige Zeit in Betrachtungen über dieses Bild und spricht zum Abschluß Gebete und glückverheißende Verse.

Solcherart ist die Zeremonie, dem Verstorbenen das Wesen des Bardo zu deuten und seinem Geist zu einer reinen Wiedergeburt zu verhelfen. Hierauf ruft der Meister des Rituals Vajra-sattva an, den Diamantenen Helden, als Inbegriff des Läuterungs-Yogas, und bringt ihm, der gegenwärtig ist, dieses Gebet dar:

»Möge dieser Mensch namens…, der jetzt gestorben und auf die andere Seite gegangen ist, der Fesseln ledig werden, mit denen der Augen-Sinn den Menschen an die Schönheit dieser Welt bindet. Möge eine günstige Fügung ihn sich aller sichtbaren Dinge erfreuen lassen auf eine Weise, die seiner höchsten Erleuchtung förderlich ist.

Möge er ledig werden der Fesseln, mit denen angenehme Klänge den Ohr-Sinn binden. Möge eine günstige Fügung ihn sich aller hörbaren Dinge erfreuen lassen auf eine Weise, die seiner höchsten Erleuchtung förderlich ist.

Möge er ledig werden der Fesseln, mit denen liebliche Düfte den Nasen-Sinn binden. Möge eine günstige Fügung ihn sich aller lieblichen Düfte erfreuen lassen auf eine Weise, die seiner höchsten Erleuchtung förderlich ist.

Möge er ledig werden der Fesseln, mit denen alles Wohlschmekkende den Gaumen bindet. Möge eine günstige Fügung ihn sich alles Wohlschmeckenden erfreuen lassen auf eine Weise, die seiner höchsten Erleuchtung förderlich ist.

Möge er der Fesseln ledig werden, mit denen gefühlte Dinge den Tast-Sinn binden. Möge eine günstige Fügung ihn sich aller gefühlten Dinge erfreuen lassen auf eine Weise, die seiner höchsten Erleuchtung förderlich ist.

Möge er, in aller Kürze gesagt, frei werden von jeglichem Anhaften an Dinge, die seinen Sinnen zugänglich sind. Möge eine günstige Fügung ihn sich aller Sinneswahrnehmungen erfreuen lassen auf eine Weise, die seiner höchsten Erleuchtung förderlich ist.

O Kind, das aus diesem Leben schied,
Verlassen mußt du alle Verwandten und Freunde.
Klammre dich nicht an sie – sei bereit,
Einzugehen in den Bereich des unermeßlichen Guten.

Frei sollst du sein vom Anhaften an die Sphären,
Die deine fünf Sinne dir erschließen.
Möge ein günstiges Geschick Freude dir schenken
An allem, was deine Sinne gewahren,
Um so dich zur höchsten Erleuchtung zu führen.

Körper, Rede und Geist mögen geläutert dir werden
Im Glanze der kostbarsten Juwelen,
Der ausgeht von den herrlichsten Edelsteinen,
Welche sind Buddha, Dharma und Sangha.

Mögest rasch du durchschreiten die fünf Pfade,
Die dich zur höchsten Vollendung führen,
Die Pfade des Ansammelns guter Taten,
Der Vorbereitung, der Vision, der Versenkung,
Den Pfad schließlich, der über alles Üben hinaus ist.

Mögest deinen Fuß du setzen auf jenen Pfad,
Der alle Dunkelheit hinter sich läßt,
Den Pfad zu immerwährender Freiheit.
Lösch aus in dir alle Neigung zum Bösen,
Wandre den Weg zur höchsten Vollendung.«

An diesem Punkt des Rituals sollte der Meister dem Verstorbenen
die feste Gewißheit geben, daß er in Sukhavati, dem Reinen Land
der Glückseligkeit, wiedergeboren wurde.
In einem der früheren Abschnitte des Rituals war der Körper des
Toten zur Lagerstätte allen schlechten Karmas, aller Sünden und
geistigen Verdunkelungen erklärt worden, wodurch sein Geist
aller Unzulänglichkeiten und negativen Züge ledig wurde. Der
Körper, als das Gefäß aller Negativität, ist also die Substanz, die
von den Flammen der Weisheit verzehrt wird. Darüber meditiert
jetzt der Meister, wenn er mit lauter Stimme die Verse spricht:

>   »Kind aus edler Familie, schenke mir dein Gehör,
>   Da du nun gestorben bist, vernimm meine Worte:
>   Im lodernden Feuer der fünf Weisheiten des Buddha
>   Zergehen die fünf Anhäufungen deiner Unreinheiten.
>
>   Kind aus edler Familie, schenke mir dein Gehör,
>   Da du nun gestorben bist, vernimm meine Worte:
>   Im lodernden Feuer der vier Achtsamkeiten
>   Zergehen deine vier verunreinigten Elemente.
>
>   Kind aus edler Familie, schenke mir dein Gehör,
>   Da du nun gestorben bist, vernimm meine Worte:
>   Im lodernden Feuer des selbstlosen Bodhi-Geistes
>   Zergehen deine sechs verunreinigten Sinnesfähigkeiten.
>
>   Kind aus edler Familie, schenke mir dein Gehör,
>   Da du nun gestorben bist, vernimm meine Worte:
>   Im lodernden Feuer der sechs Dakinis der Weisheit
>   Zergehen die sechs verunreinigten Gegenstände deiner
>   Wahrnehmung.

Kind aus edler Familie, schenke mir dein Gehör,
Da du nun gestorben bist, vernimm meine Worte:
Im lodernden Feuer der drei *Kayas* des Buddha
Zergehen dein Körper, deine Rede, dein Geist.

Möge zum Heile aller fühlenden Wesen
Der Dahingegangene noch in diesem Augenblick
Die Vollendung der drei *Kayas* des Buddha
Wie auch die fünf transzendenten Weisheiten erlangen.

Verehrung Vairochana, dem Buddha von leuchtender
Gestalt.
Sein Mudra zeigt ihn als Wesen,
Welches die höchste Vollendung erreichte.
Die Weisheit des *Dharma-dhatu* ist sein Vajra-Körper,
In welchem der weite Raum des Nicht-Wissens
Sich wandelte zur Einsicht in die leuchtende Leerheit.

Verehrung Vajra Akshobya, dem unbewegten Buddha,
Der niederhält mit seinem Mudra das Böse.
Die spiegelgleiche Weisheit ist sein Vajra-Körper,
In welchem der trügerische Boden des Anhaftens
Sich wandelte zu diamantener Festigkeit.

Verehrung Ratna-sambhava, dem Edelstein,
Der aus sich selber entstand.
Sein Mudra zeigt vollkommene Großzügigkeit.
Die Weisheit des Gleichmuts ist sein Vajra-Körper,
In welchem zu Vajra-Juwelen sich wandelten
Die Feuer des Zorns.

Verehrung Amitabha, dem Buddha des grenzenlosen
Sein Mudra bezeugt, daß er errang   [Lichtes,
Die Wahrheit der tiefsten Versenkung.
Die allesunterscheidende Weisheit ist sein Vajra-Körper,
In welchem zu diamantenem Wissen
Sich wandelte alles Begehren.

Verehrung Amogha-siddhi, dem Buddha der Tatkraft.
Sein Mudra zeigt ihn als den Zuflucht-Gewährenden.
Die allesvollendende Weisheit ist sein Vajra-Körper,
In welchem zu diamantenem Handeln
Sich wandelten die Stürme des Neides.«

Hiermit endet das Ritual zur Führung des Toten. Zum Abschluß
sollte der Meister das hundertsilbige Mantra rezitieren und Gebete
darbringen für ein langes Leben der Gurus. Auch sollte er das
Ende mit einigen Versen der Hingabe allen Verdienstes schmücken
und für günstige Bedingungen beten, auf daß Freude und Glückseligkeit sich in der Welt ausbreiten mögen.

Möge dem von mir niedergeschriebenen Text die segensreiche
Wirkung werden, unzähligen Wesen zu höchster Glückseligkeit
und zur Befreiung zu verhelfen. Ich, der Lama Maha-sukha,
schrieb ihn nieder auf Bitten einiger meiner Schüler, die einen
rituellen Text zur Führung eines Toten zu erhalten wünschten, als
Grundlage für ein einfach zu vollziehendes Zeremoniell, das
zudem in der Tradition des machtvollen *Vajra-bhaivara-tantra*
stehen sollte, der Praxis des Diamantenen Vernichters des Todes.
Das war der Grund, der mich zur Feder greifen ließ. Für die
Niederschrift dieses Rituals habe ich die Unterweisungen meiner
unzähligen Lehrer und geistigen Führer herangezogen. Möge dieses Ritual für jene, die den Sterbenden einen Dienst leisten wollen,
wie ein wunscherfüllender Edelstein sein, der mit seinen magischen Kräften zahllosen Wesen zu einer günstigen Wiedergeburt
zu verhelfen vermag.

IX.
BETRACHTUNGEN ÜBER DIE VERGÄNGLICHKEIT

Mir gibt ein Rendezvous der Tod,
Wenn um ein Bollwerk tobt die Schlacht,
Wenn Frühlung kehrt mit Schattenpracht
Und Blütenduft die Luft durchschwingt.
Alan Seegar: Mir gibt ein Rendezvous der Tod

Zur Einführung

Letzter Beitrag dieser Sammlung ist ein kurzes Inspirationsgedicht, das den Siebten Dalai Lama zum Autor hat. Unter allen Lamas der Frühzeit gilt ihm meine besondere Vorliebe. Sein Leben war von jener musterhaften Einfachheit und Schönheit, die das Leben des vollkommenen Weisen kennzeichnet[1]; und seine Werke gehören zu dem Besten, was bis heute im Lande des Schnees geschrieben wurde seit den Tagen, da in Tibet das Schreiben den Rang einer Kunst gewann. Alle waren sie bedeutend, die Lamas jener frühen Zeit, jeder auf seine Art, und fast alle waren eifrige Schriftsteller[2].

Doch im Falle des Siebten Dalai Lama kommt hinzu, daß zu seiner Zeit das Land mit großen inneren und äußeren Schwierigkeiten zu kämpfen hatte. Es war eine Epoche der Intrigen, kriegerischer Auseinandersetzungen und gewaltsamer Umstürze. Von Norden her drangen die Mongolen nach Tibet ein und verwüsteten das Land[3], im Osten zettelten die Chinesen Verschwörungen an – und zwischen den beiden Mächten eingezwängt lag Tibet mit seinen vielfältigen Orden und Sekten wie in einer Falle. Irgendwie gelang es dem Siebten Dalai Lama, mit all diesen Schwierigkeiten fertig zu werden, und als er 1757 starb, betrauerte Tibet in ihm einen der am meisten verehrten Heiligen, die dem Land in seiner langen und geheimnisvollen Geschichte erschienen waren.

Der Gedanke an den Tod scheint den Siebten Dalai Lama sein Lebtag begleitet zu haben, Reflexionen über den Tod begegnen uns häufig in seinen Schriften. Zum Teil rührt dies zweifellos daher, daß sein Wirken und Lehren in der Atisha-Linie steht[4], in der das Meditieren über den Tod großen Raum einnimmt; doch es drängt sich einem das Gefühl auf, daß damit noch nicht alles gesagt ist. Man spürt sein Bemühen, einer Gefährdung Ausdruck zu verleihen, von der er sich sein ganzes Leben hindurch ständig umgeben sah.

Unter den vielen von seiner Hand stammenden Gedichten habe ich ein Werk ausgewählt, das den schlichten Titel trägt ›Betrachtungen über die Vergänglichkeit‹. Von allen seinen Gedichten dürfte dies den Tibetern wohl das bekannteste sein, sie schätzen es wegen seiner typisch tibetischen Bilder. Man spürt geradezu den Duft des Buttertees und des Haferbreis und den Geschmack von Yak-Käse darin. Zwar handeln die Verse von Tod und Vergänglichkeit – doch ihre Bilderwelt ist bestimmt von ›goldenen Bergen‹, ›kreisenden Nebelschleiern‹, ›türkisfarbenen Saaten‹ und einer ›Sonne, die als riesiger Schirm sich am Himmel entfaltet‹.

Man ahnt, wie sehr sich der Siebte Dalai Lama der Ehrerbietung bewußt ist, die ihm die Tibeter entgegenbringen, und wie ihn deren einfältige Gläubigkeit in Erstaunen setzt – in Zeilen etwa wie diesen:

> Tag für Tag sterben sie, Alte wie Junge,
> Und mich bitten sie, ihre Seelen ins Reine Land zu geleiten,
> Und ihnen zu sagen, von welcher Art ihre Wiedergeburt
> sein wird.

Und fast können wir ihn vor uns sehen, wie er sich im Potala-Palast zum Fenster hinausbeugt, wenn er schreibt:

> Unter mir breitet weit sich die Ebene.
> Wie Sterne glühen dort
> Die Lagerfeuer reisender Kaufleute.
> Doch morgen schon werden sie weiterziehen,
> Und nichts wird zurückbleiben als Unrat.

Was der Fünfte Dalai Lama geschrieben hat, mag kunstreicher sein, als diese Verse es sind, doch fühlen wir uns dadurch nicht so stark angerührt, auch ist es nicht von der gleichen einfachen Anmut. Die Verse des Sechsten Dalai Lama mögen geheimnisvoller sein – an sinnlicher Frische erreichen sie die des Siebten nicht. Wie das dunkle Dröhnen eines tibetischen klösterlichen Rituals kehrt in unserem Gedicht ständig der Refrain wieder ›An meinen eigenen Tod muß ich nun denken‹.

Sterben und Tod sind zugleich das einfachste und das tiefgründigste Geschehen im Leben. In einer Hinsicht verleiht das Sterben dem Leben seinen höchsten Sinn, während es uns andererseits aller Ziele und anspornenden Kräfte zu berauben scheint. Der Siebte Dalai Lama hat ein feines Empfinden für diese Schönheit und für den Schrecken des Sterbens, und aus dem Widerspiel dieser beiden Stimmungen gewinnen seine Verse ihre eigentümliche Spannung.

Betrachtungen über die Vergänglichkeit
Gedicht von Gyal-wa Kal-zang Gya-tso,
dem Siebten Dalai Lama

An den Lama-lha[5], der mir Zuflucht und Vater ist,
Dessen Andenken alle Betrübnis auflöst,
Wende ich mich und bitte um geistige Führung.
Segne mich mit deinen wandlungschaffenden Kräften,
Auf daß der Gedanke an meinen Tod mir stets nahe sei
Und ich gemäß dem heiligen Dharma leben möge.

Über den Wiesen der fernen goldenen Berge
Hängen kreisende Nebelschleier.
Wie aus festem Stoffe gewirkt scheinen sie
Und sind doch im Nu verschwunden.
An meinen eigenen Tod muß ich nun denken.

Im Frühling, der warmen Zeit des Wachsens,
Waren die Saaten von türkisfarbenem Grün.

Jetzt aber, da es Herbst ward,
Liegen brach die Felder und ausgedörrt.
An meinen eigenen Tod muß ich nun denken.

In meinem Garten die Äste der Bäume
Senken sich tief unter reifenden Früchten.
Kahl werden sein gar bald schon die Zweige.
An meinen eigenen Tod muß ich nun denken.

Tag für Tag sterben sie, Alte und Junge,
Und mich bitten sie, ihre Seelen ins Reine Land zu geleiten,
Und ihnen zu sagen, von welcher Art ihre Wiedergeburt
sein wird.

Hinter den Gipfeln des Potala-Berges
Entfaltete als riesiger Schirm sich die Sonne am Himmel.
Gesunken ist sie jetzt hinter den Höhenzügen im Westen.
An meinen eigenen Tod muß ich nun denken.

Graues Gewölk verfinstert den Himmel,
Erste Regentropfen werden gleich fallen,
Die nachtschwarzer Wind weithin verweht.
An meinen eigenen Tod muß ich nun denken.

Unter mir breitet weit sich die Ebene.
Wie Sterne glühen dort
Die Lagerfeuer reisender Kaufleute.
Doch morgen schon werden sie weiterziehen,
Und nichts wird bleiben als Unrat.
An meinen eigenen Tod muß ich nun denken.

Bunt wimmelt das Leben an warmen Sommertagen,
Menschen tanzen in selbstvergessener Freude.
Doch jäh werfen kalte Winterstürme sie nieder.
An meinen eigenen Tod muß ich nun denken.

Einträchtig kreisen blaue Drachen am Himmel,
Des Kuckucks lieblicher Ruf tönt ganz nah.
Rasch aber rückte weiter die Zeit,
Drachen und Kuckuck entflogen.
An meinen eigenen Tod muß ich nun denken.

Das Dharma, die kostbare Lehre der Erleuchteten,
Ist das wirksamste Heilmittel,
Welches den Geist von allen Gebrechen befreit.
Heilige schauen auf uns in großer Zahl,
Die lange schon eingingen in das Reine Land.
An meinen eigenen Tod muß ich nun denken.

Schwer fällt es uns, Abschied zu nehmen
Von der Mutter, die uns trug, von Freunden und
Angehörigen.
Doch die vergehende Zeit löst, was uns einstmals verband.
An meinen eigenen Tod muß ich nun denken.

Ein junger Mann, hoffend auf eine große Zukunft,
Mit weitgreifenden Plänen für Monate und für Jahre,
Ganz plötzlich starb er, es blieb kaum eine Spur.
An meinen eigenen Tod muß ich nun denken.

Buddha erlangte den unsterblichen Vajra-Körper,[6]
Doch auch er mußte einst sterben.
Dieser von Haut überzogene Körper
Aus Fleisch, Blut und Knochen –
Er ist dem Tode verfallen.
Wie eine Blase zergeht er auf der Oberfläche des Wassers.

Altern sieht das Kind die eigenen Eltern,
Kaum, daß es geboren ward,
Sieht, wie sie dem Grabe näherkommen mit jedem Tag.
Wie magst du da sagen:
›Aber ich, ich bin noch so jung.‹?

Nimm dich in acht, denn vor dem Tode
Kannst du dich nicht verbergen!

Noch an diesem Morgen waren hochgemut die Männer,
Voll großer Erwartungen, und sie sprachen darüber,
Wie man den Feind niederwerfen
Und schützen werde das eigene Land.
Nun aber, da die Nacht hereinbrach,
Sind ihre Körper den Vögeln und Hunden ein Fraß.
Wer wohl hätte zu denken gewagt,
Sie könnten es sein, die heute der Tod ereilt?[7]

Schau um dich und sieh', ob in deiner Heimat
Ein einziger Mensch nur lebt, der hundert Jahre zählt.
Triffst du auf einen einzigen nur,
Solltest du glücklich dich schätzen.
Wie magst du da noch zweifeln,
Daß auch du dereinst sterben mußt?

Wenn du die Menschen und Dinge,
Die um dich sind, eingehend betrachtest,
So erkennst du, wie alles dauernd im Flusse ist.
Alles lehrt dich, wie unbeständig die Dinge sind.

Mein Körper war einst der eines Kindes,
Zu dem eines Knaben wuchs er heran.
Heute ist an ihm alles lahm und verbogen.
Doch immer noch ist es mein eigener Körper,
Wenn auch sein Anblick mich schmerzt.

Selbst der Geist, er ist nicht von Dauer,
Immerfort schwankt er
Zwischen Freude, Schmerz und Gleichgültigkeit,
Ganz so, wie es das Karma bewirkt,
Das positive, das negative und das neutrale.[8]

Wohin du auch deinen Blick lenken magst,
Zu dir selbst oder zu einem anderen –
So rasch wie ein Blitz schwindet das Leben.
Bist erst du umzingelt von Yamas Boten,
Die nach dem Leben dir trachten –
Was wird dir dann wohl widerfahren?

Angehörige, Freunde, Reichtum, Besitz –
Ihr Glanz blendet die Augen weltlich gesinnter Menschen
Und läßt diese in die Falle des Anhaftens geraten.
Wie nur wird dieses klägliche Schauspiel enden?

Hingestreckt liegt ein Körper auf seinem letzten Lager,
Leise Stimmen flüstern letzte Worte.
Eine letzte Erinnerung gleitet durch das Bewußtsein.
Wann kommt für dich der Tag dieses Dramas?

Erzeugst du durch dein Handeln immer nur negatives
Karma,
Dann wirst du im Jenseits alle Führung entbehren müssen.
Wohin wirst nach dem Tod du dich wenden?
Der Gedanke allein schon läßt dich schaudern.

Ratsam wäre es daher, wenn ich selbst
Und Menschen, die sind wie ich,
Abließen von allem sinnlosen Treiben
Und wenn wir uns anvertrauten
Den Lehrern, den Meditations-Gottheiten und den Dakinis,
Betend darum, daß sie uns führen mögen
Auf dem Wege des Todes.

Wer in Frieden sterben will,
Freudig und in der Gewißheit,
Erreicht zu werden von den Lichtstrahlen geistigen Bewußt-
seins,
Der sollte schon heute sein Leben einrichten danach
Und vertraut sich machen mit dem tiefen Wissen der Sutras
[und Tantras.

Mögen diese Verse Menschen, die so sind wie ich,
Von geringem Glauben und besser kaum als Barbaren,
Hineinführen in das Feuer der Reue und der Entsagung.
Möge ihnen geistige Entfaltung werden,
Und mögen sie die höchste Befreiung erlangen.

EPILOG

Weiten soll sich der Geist, so weit, wie er es vermag,
auf daß er fasse die Majestät geheimnisvoller Wunder –
nie aber seien eingezwängt die Geheimnisse
in den Kerker eines allzu engen Geistes.

Sir Francis Bacon: Zur Beförderung des Wissens

Die tibetische Überlieferung zu Tod und Sterben ist gleich einem
Bau, der aus den verschiedensten Materialien errichtet wurde.
Manches darin hat ein durch und durch rationales Gepräge, wie
etwa die Meditations-Systeme, die im zweiten Kapitel erläutert
wurden. Andere Aspekte sind mystischer Natur – im Sinne des
Yoga; das sechste und siebte Kapitel ist ihnen gewidmet. Ferner
gibt es eine Fülle okkulter Texte, für die das fünfte Kapitel ein
Beispiel lieferte. Und dann ist da noch eine Flut von Ritual-
Handbüchern, die das Leben nach dem Tode zum Thema haben;
über sie wurde im achten Kapitel gesprochen. Außerdem finden
wir Gedichte, Gebete, Gesänge der Vollendung, Geschichten über
das Hellsehen – und schließlich eine schier unübersehbar sich
verzweigende Vielfalt von literarischen Unterabteilungen, die sich
mit anderen Facetten des überlieferten Brauchtums befassen.
Zu jedem einzelnen dieser Themen ließe sich eine gesonderte
Arbeit schreiben, von denen jede mehrere Bände füllen könnte,
ohne je das Quellenmaterial zu erschöpfen.
Und tatsächlich haben alle bisher veröffentlichten Arbeiten zur
tibetischen Überlieferung von Tod und Sterben einen ganz besonderen Aspekt in den Mittelpunkt gestellt. Der Vorteil eines solchen Verfahrens liegt darin, daß dabei spezielle Einzelfragen sehr
ausführlich behandelt werden können; sein Mangel liegt darin, daß
es nur eine Teilansicht des gesamten Systems darstellen kann und
somit Gefahr läuft, dem Leser ein einseitig verzerrtes Bild zu
vermitteln. *Das Totenbuch der Tibeter* wies den genannten Vor-
zug auf, es hatte aber zur Folge, daß eine falsche Vorstellung von

der tibetischen Überlieferung als Ganzes entstand. Es ist ein bewundernswertes Buch – im Original und in der Übersetzung, doch rief es in der westlichen Hemisphäre eine Generation von Hobby-Tibetologen auf den Plan, für die ein tibetischer Lama vor allem so etwas wie ein magischer Zeremonienmeister war, dessen Haupttätigkeit darin bestand, an der Seite eines Verstorbenen zu sitzen und okkulte Texte an dessen Ohr zu verlesen. Das Buch von Timothy Leary *Psychedelische Erfahrungen auf der Grundlage des tibetischen Totenbuchs* war, wie ich glaube, kein Beitrag, der einem rechten Verständnis förderlich gewesen ist – auch wenn es zweifellos dem Absatz des *Totenbuchs* zugute kam. Oft habe ich im Osten erleben müssen, wie Lamas höchst belustigt die Augen verdreht haben über Menschen aus dem Westen, deren ganzes ›Wissen‹ über den tibetischen Buddhismus sich ausschließlich auf die Kenntnis eines der beiden Bücher gründete.

Mit dem Buch *Die Schwelle zum Tod* wird der Versuch unternommen, die tibetischen Anschauungen zu Tod und Sterben als eine heute noch lebendige organische Einheit sichtbar zu machen. Weder will es das *Totenbuch* ersetzen, noch beabsichtigt es, als dessen Alternative aufzutreten – vielmehr versteht es sich als eine Ergänzung zu diesem und auch zu anderen Forschungsarbeiten zur gleichen Thematik, die zu einem früheren Zeitpunkt veröffentlicht worden sind. Es soll einen Überblick über das gesamte tradierte System bieten und seinen ganzheitlichen Zugang zu Leben und Tod aufzeigen. Das Buch möchte somit das in früheren Arbeiten erkundete Gebiet erweitern helfen und damit dem ernsthaft Interessierten die Gelegenheit geben, größeren Nutzen aus den bisherigen Publikationen zu ziehen. Um die gesamte Überlieferung in das Blickfeld zu rücken, habe ich für ein bestimmtes Thema jeweils die Übersetzung eines Originaltextes beigebracht. Diese Texte repräsentieren verschiedene Literaturgattungen, und jedes Stück hat beispielhaften Charakter.

Die Tibeter pflegen zu sagen: »Die Lehren des Buddha sind wie ein Kissen – einerlei, an welchem Zipfel man sie ergreift, immer hält man das Ganze in Händen!« Nichts könnte zutreffender sein für die Lehren über Tod und Vergänglichkeit, die den Buddhismus auf allen seinen Ebenen durchdringen. Ge-she Dar-gye hat darauf hingewiesen, daß Buddha das Thema Tod und Vergänglichkeit zum Gegenstand seiner ersten Unterweisung im Hirsch-Park gemacht hat, als er dort über die Vier Edlen Wahrheiten sprach; es bildete auch den Inhalt seiner letzten Belehrung, als er vor den Augen seiner Schüler verschied und mit seinem letzten Atem die Worte sprach: »Vergänglich sind alle Dinge. Mit Umsicht und Klugheit geht daher an das Werk eurer Befreiung!« Fünfundvierzig Jahre war Buddha als Lehrer tätig – und was die Fahrzeuge des Hinayana, Mahayana und Vajrayana von seiner Lehre übermitteln, ist wahrlich reich und unermeßlich.

Mit Hingabe gingen die Tibeter daran, sich diese aus Indien stammenden Lehren zu eigen zu machen, und der Eifer, der Fleiß und die lautere Gesinnung, in der sie dies taten, ist wahrhaft bewundernswert. Andere Länder übernahmen den Buddhismus eines bestimmten Zeitabschnitts aus irgendeinem Teil Indiens – nicht so die Tibeter, die über einen Zeitraum von fast 1000 Jahren hinweg den Buddhismus aus allen Teilen Indiens bezogen haben. Insofern stellt der tibetische Buddhismus eine Besonderheit dar, als sich in ihm der indische Buddhismus in der ganzen Vielfalt seiner Aspekte – Hinayana, Mahayana und Vajrayana – widerspiegelt. Für das buddhistische Vermächtnis über Tod und Sterben bedeutet dies, daß die tibetische Überlieferung einmalig reich ist an Lehren, die von diesen drei *yanas* ausgehen. Die tibetischen Lamas gaben sich nicht damit zufrieden, die neuen Ideen als trockenes Wort in übersetzten Schriften zu betrachten, sondern es entwickelte sich eine Fülle eigenständiger Literatur zu den verschiedenen Überlieferungen. Häufig werden in diesem Schrifttum die indischen Quellen zitiert, um damit den Herkunftsort einer bestimmten Lehre kenntlich zu machen. Man tat dies aus einer tiefen Hochachtung vor einem zeitlos gültigen Wissen, das aus den vollendeten Lehrern der verschiedenen Übermittlungslinien sprach und das der Bewältigung der eigenen Gegenwart und Zukunft diente. Dieses Wissen in vollkommener Reinheit zu bewahren, war das erstrebte Ziel.

Ich habe für meine Sammlung ausschließlich solche Texte benutzt, die in Tibet selbst entstanden sind, und keine, die aus dem Sanskrit übersetzt wurden, da die eigenständigen tibetischen Schriften die

Überlieferungen als ein lebendiges System sehr viel besser repräsentieren, als es Übersetzungen indischer Texte vermocht hätten. Doch habe ich Texte ausgewählt, die ausgiebig die indischen Quellen zitieren und dadurch beweisen, wie tief der tibetische Buddhismus in jenem Boden verwurzelt ist, der von Buddha und den buddhistischen Meistern Indiens bereitet wurde. Der ›Lamaismus‹[1], wie die tibetische Kultur häufig bezeichnet wird, ist nichts anderes als der indische Buddhismus, wie er von den tibetischen Gelehrten und Yogis im Lande des Schnees bewahrt und weiterentwickelt wurde. Was wir oftmals hier im Westen über einen ›entarteten tibetischen Buddhismus‹ lesen können, der durch schamanistische Überreste aus dem alten Tibet verfälscht und verdorben sei, ist lediglich das Produkt einer falschen westlichen Vorstellung, die auf einen Mangel an ernsthafter Beschäftigung mit der Überlieferung schließen läßt. Die Tibeter haben keine Mühe gescheut, den Buddhismus aus Indien in seiner reinsten Gestalt zu erhalten und ihn unverfälscht durch die Zeitalter zu bewahren. Ein unvoreingenommener Betrachter, der die historischen Berichte über die Übermittlungslinien und die sie betreffenden tibetischen Kommentare prüft, wird unweigerlich zu dem Ergebnis kommen, daß diese Feststellung zutrifft und hier nicht Geschichte reingewaschen wird. Auch die große Anzahl buddhistischer Sanskrit-Texte, die in Nepal und anderenorts aufgefunden wurden, bestätigt dies.[2]

Der Tod stellt uns vor ein Rätsel, das wohl niemals in einem wissenschaftlichen Sinn endgültig zu lösen ist. Aufschluß über sein Wesen wird vermutlich für immer der Sphäre persönlichen geistigen Wissens vorbehalten sein, jenem mystischen Erkennen, das seit Anfang der Zeiten den gewöhnlichen Sterblichen von einem Heiligen unterschieden hat. Der Tod ist ein Faktum, dem wir tagtäglich begegnen – ohne es jedoch auf uns selbst zu beziehen, es sei denn, auf einer ganz oberflächlichen intellektuellen Ebene. Zu fast allen Menschen kommt der Tod als ein Schock, als furchtbare Bedrohung, als tragisches Ereignis – obwohl man doch schon seit seiner Kindheit von ihm weiß.

Die westliche Kultur hat geradezu übermenschliche Anstrengungen unternommen, den Tod aus ihrem Bewußtsein zu verdrängen und ihn aus dem öffentlichen Leben zu verbannen. Frau Kübler-Ross hat dies so ausgedrückt: »Je tiefer wir in die Naturwissenschaften eindringen, um so mehr scheinen wir die Realität des Todes zu fürchten und zu verleugnen... So wie wir von Tod und Sterben in beschönigenden Umschreibungen zu reden pflegen, richten wir die Toten her, daß sie wie Schlafende aussehen. Wir schicken die Kinder fort, um sie vor der Angst und Unruhe im Haus zu schützen, und wir erlauben ihnen auch nicht, die sterbenden Eltern im Krankenhaus zu besuchen. Wir führen ausgiebige Diskussionen, ob man einem Patienten die Wahrheit über seinen Zustand mitteilen sollte... Vielleicht müßte die Frage lauten: Werden wir menschlicher oder unmenschlicher?«

Ein Buddhist nähert sich dem Tod genau umgekehrt. Das Bewußtsein unserer Sterblichkeit muß in unserem Denken stets den ersten Platz einnehmen, wenn wir ein glückliches, gesundes und harmonisches Leben führen wollen. Es sei noch einmal an das Wort von Ge-she Dar-gye erinnert: »So wir beim morgendlichen Erwachen nicht über den Tod meditieren, wird der gesamte Vormittag vergeudet sein. Versäumen wir es, am Mittag über den Tod zu meditieren, so ist der Nachmittag vergeudet. Und auch die Nacht wird vergeudet sein, so wir nicht am Abend über den Tod meditieren.« Das ist – auf die kürzeste Formel gebracht – die buddhistische Haltung zum Tod.

Die Menschheit hat in den vergangenen Jahrtausenden einen weiten Weg zurückgelegt – doch bei allem materiellen Fortschritt scheinen wir es nicht zu einem wirklichen Zuwachs an innerem Frieden und Glück für den einzelnen Menschen gebracht zu haben. Faßt man einen Durchschnittsmenschen auf den Straßen New Yorks oder Londons einmal näher ins Auge, so gewinnt man den Eindruck, er sei von Ängsten und innerem Leid ebensosehr – oder gar stärker – gequält als der Bewohner eines primitiven, aber in der Religion hochstehenden Dorfes in Afrika oder Asien.

Und auch als Ganzes genommen scheint die Menschheit dem Ziel des Weltfriedens nicht nähergekommen zu sein. Es sieht so aus, als hätten wir bei allen Fortschritten etwas Entscheidendes übersehen. Die Antwort des Buddhismus auf unsere Zweifel und Fragen lautet: Allein das Bewußtsein unserer Sterblichkeit kann hier

Abhilfe schaffen. Es befähigt uns, von sinnlosem Streben abzulassen und unserer Menschlichkeit innezuwerden. Sind wir uns der eigenen Menschlichkeit erst einmal bewußt, können wir auch die Menschlichkeit in anderen wahrnehmen. Das wird uns dazu bringen, uns von allen selbstzerstörerischen Zielen abzuwenden, und wir werden unseren Mitmenschen gegenüber duldsamer und verständnisvoller werden. Indem wir unsere Gier und Intoleranz mäßigen, werden wir den Teufelskreis negativen Handelns brechen, der uns zwingt, uns selbst und anderen Schaden zuzufügen – aus Blindheit für die uns allen gemeinsame Menschlichkeit. Wenn wir den Tod richtig verstehen, werden wir seine negativen Wirkungen überwinden lernen und in den todlosen Zustand gelangen. Das ist der Grund, warum Buddha Tod und Sterben zum Gegenstand seiner ersten und seiner letzten Unterweisung gemacht hat.

ANMERKUNGEN

Einleitung

1 Welch hohe Bedeutung in der Religion des alten Ägypten dem Tod zukam, wird beispielhaft sichtbar in *The Egyptian Book of the Dead,* dessen erste englische Übertragung 1895 im Auftrag des Britischen Museums erfolgte. Der Übersetzer und Herausgeber war E. A. Wallis. Ein Neudruck erschien 1967 bei Dover Press, New York.

2 Siehe Jacques Choron, *Death and Western Thought,* Collier Books, New York, 1963.

3 Siehe Norman L. Farberow (Hrsg.), *Taboo Topics,* Atherton Press, New York, 1963.

4 Siehe Elisabeth Kübler-Ross, *Interviews mit Sterbenden,* Kreuz-Verlag, Stuttgart, 1969.

5 Dieser Vers wird im zweiten Kapitel von Ge-she Nga-wang Dar-gye zitiert. Er entstammt dem *Sutra vom Eingehen des Buddha ins Parinirvana;* Skr. *Mahā-parinirvāna-sūtra;* Tib. *mDo-sde-mya-ngan-las-'das-chen.* Viele der Worte Buddhas, die im Volke Verbreitung fanden, haben in dieser Schrift ihren Ursprung.

6 Gen-dun Cho-pel, *The White Annals* (Tib. *Deb-ther-dkar-po).* Die von Samten Norboo angefertigte englische Übersetzung erschien 1978 und befindet sich in der Bibliothek Tibetischer Schriftwerke und Dokumente in Dharamsala.

7 Diese neue Schriftart hatte eine in Kaschmir gebräuchliche Sanskrit-Variation zur Grundlage. Wie die Schriften Indiens und Europas ist sie daher eine Lautschrift – keine Bilderschrift, wie die Chinas oder Japans. Da sie auf dem Sanskrit fußt, war sie wie geschaffen, die buddhistischen Texte in die tibetische Sprache zu übertragen.

8 Dieser Abschnitt der Geschichte Tibets wird hinreißend geschildert von Ye-she Tso-gyal in *The Life and Liberation of Padmasambhava* (Tib. *Gu-ru-rnam-thar).* Die englische Übersetzung wurde von Kenneth Douglas und Gwendolyn Bays angefertigt und erschien 1978 bei Dharma Publishing, Emeryville, California.

9 Wörtlich *bKa-'gyur* oder »Ein übersetzter Ausspruch (des Buddha)«.

10 Wörtlich *bsTan-'gyur* oder »Übersetzte Abhandlungen«.

11 Eine ausführliche Erörterung der Unterschiede zwischen den drei Fahrzeugen findet sich bei Tsong-ka-pa (sic), *Tantra in Tibet,* übersetzt von Jeffrey Hopkins, Allen & Unwin, London, 1977.

12 Siehe »The History of the Advancement of the Buddhadharma in Tibet« in XIVth Dalai Lama, *The Opening of the Wisdom Eye,* Quest Books, Wheaton, Ill., 1966.

13 D.I. Snellgrove and H. Richardson, *A Cultural History of Tibet,* Weidenfeld & Nicholson, London, 1968.

14 Siehe Robert Thurman (Hrsg.), *The Life and Teachings of Tsong Khapa,* Bibliothek Tibetischer Schriftwerke und Dokumente, Dharamsala, Indien,

1982. Ferner Glenn H. Mullin, *Four Songs to Je Rinpoche*, Bibliothek Tibetischer Schriftwerke und Dokumente, 1978.

15 Hierüber berichtet Geshe Rabten in *The Life and Teachings of Geshe Rabten*, übers. von Alan Wallace, Allen & Unwin, London, 1980.

16 Robert Thurman, a.a.O.

17 Sir Charles Bell, *The Religion of Tibet*, Collins Books, Oxford, 1931.

18 Ebenda

19 Ebenda. Der Fünfte Dalai Lama erließ, nachdem ihm die Regierungsgewalt übertragen worden war, Gesetze, die eine freie Religionsausübung zusicherten. Diese wurden später vom Siebten und dann vom Dreizehnten Dalai Lama noch klarer gefaßt. Siehe hierzu Ehrwürden Shakapa, *A Political History of Tibet*, Yale University Press, New Haven, Conn., 1967.

20 *The Tibetan Book of the Dead*, Introduction, Oxford University Press, Oxford, 1927.

21 *Foundations of Tibetan Mysticism*. Rider & Co., London, 1960.

22 Lama Chinpa and A. Chattopadhya, *Atisha in Tibet*, Indian Studies Institute, Calcutta, 1968.

23 Meine Untersuchung beruht auf Tsong Khapas *Lam-rim-chen-mo* sowie auf der vom Dritten Dalai Lama verfaßten Schrift *Essence of Refined Gold*, die von mir ins Englische übertragen wurde. Sie erschien bei Snow Lion Press, New York, 1982.

24 *Udāna-varga*, »Das Kapitel über die Disziplin«.

25 Plato, *Phaidon*.

26 Evans-Wentz erläutert dies in seiner Einführung zu *The Tibetan Book of the Dead*, a.a.O.

27 Dies wird nachdrücklich hervorgehoben von Tsong Khapa in dem Abschnitt über das Traum-Yoga in seinem Werk »The Six Yogas of Naropa«, wiedergegeben in *The Tibetan Book of the Dead*, Muses-Chang, Falcon's Wing Press, California, 1961. Neudruck bei Samuel Weiser, New York, 1982.

28 *Udāna-varga*, a.a.O.

29 Tib. *Bar-doi-ngo-sprod*.

30 Die Form, in der die tantrischen Gottheiten hier auftreten, stellt eine besondere Eigenart der Nying-ma-Tradition dar. Man sollte sich in diesem Zusammenhang bewußt sein, daß es sich bei ihnen lediglich um meditative Symbole handelt und sie nicht wirklich in den Visionen des Bardo erscheinen. Sie stehen vielmehr für bestimmte Aspekte des Bewußtseins, die im Verlauf einer Meditation über die Gottheiten – entsprechend ihrer Anordnung im Mandala – hervortreten. Jemand, der schon während seines irdischen Lebens über das Mandala der 110 *Shi-tro*-Gottheiten meditiert hat, wird im Sterben über deren Erscheinen meditieren – während sie für jemanden, der zuvor nicht über sie meditiert hat, vollkommen bedeutungslos sind.

31 Eine vom Siebten Dalai Lama niedergeschriebene Tara-Meditation zur Verlängerung des Lebens habe ich aufgenommen in meine Sammlung *Meditations on the Lower Tantras* (Sie enthält Schriften der frühen Dalai Lamas). Bibliothek Tibetischer Schriftwerke und Dokumente, Dharamsala, Indien, 1983.

32 Ein kurzer Überblick über einige der populären '*das-lok*-Materialien findet sich bei Lawrence Epstein in On the History and Psychology of the 'Das-log(sic), *The Tibet Journal*, vol. VII, no. 4, Bibliothek Tibetischer Schriftwerke und Dokumente, Dharamsala, Indien, 1982.

33 Ich muß gestehen, daß ich versucht war, meiner Sammlung auch einen Beitrag über die Mumifizierung einzufügen. Viele Lehrer von hohem Rang – darunter auch die meisten der Dalai Lamas und der Pänchen Lamas – wurden in Tibet mumifiziert. Berichte über die dabei angewandten Verfahren befinden sich noch heute in den historischen Archiven – einen davon, der die Mumifizierung des Fünften Dalai Lama zum Inhalt hat, habe ich gelesen, er hat mich tief beeindruckt. Desgleichen gibt es eine Reihe von Leitfäden, die die Einzelheiten des Verfahrens darstellen; sie sind höchst interessant. Doch habe ich mich entschlossen, auf einen Beitrag dieser Art zu verzichten angesichts zahlreicher technischer Schwierigkeiten, die eine solche Übertragung geboten hätte. Auch hatte ich Bedenken, daß Exzentriker dazu verleitet werden könnten, an allen möglichen Objekten Mumifizierungsversuche vorzunehmen.

In Tibet wurden allein solche Personen mumifiziert, die in dem Ruf der Heiligkeit standen. Der mumifizierte Leichnam wurde dann später in einen goldenen oder silbernen Schrein getan, um ihn gegen den zerstörenden Einfluß der Elemente zu sichern. Als die chinesischen Kommunisten den Schrein aufbrachen, der die Mumie Tsong Khapas barg, soll – so wird gesagt – dessen Körper noch voller Lebenswärme gewesen sein. Nicht die geringste Spur von Zersetzung war zu entdecken, Haare und Nägel waren weitergewachsen. Die Chinesen warfen den Körper in den Fluß, er trieb auf der Wasseroberfläche dahin. Daraufhin übergossen sie ihn mit Benzin und versuchten, ihn zu verbrennen. Einigen Tibetern jedoch gelang es, einen Teil der sterblichen Überreste aus dem Feuer zu retten und diese nach Indien zu bringen, wo sie gegenwärtig in einem Schrein ruhen, der sich im Kloster des Dalai Lama zu Dharamsala befindet.

34 Ich hatte das große Glück, von allen vier Meistern Belehrungen und Einweihungen zu empfangen: von Kyab-je Ling Rinpoche, dem Senior-Tutor; von Kyab-je Tri-jang Rinpoche, dem Junior-Tutor; von Kyab-je Ser-kong Rinpoche, dem geistlichen Berater; und von Tenzin Gyal-tsen, dem persönlichen Berater. Während meiner ersten zehn Jahre in Dharamsala war es für jeden Besucher leicht, Zugang zu finden zu den erstgenannten drei Meistern, und ich muß gestehen, daß ich von dieser Möglichkeit ausgiebig Gebrauch gemacht habe. Ten-zin Gyal-tsen, der vierte, war eher ein Guru, der sich häufig auf Reisen befand und nur selten in Dharamsala anzutreffen war. Diese Lehrer sind alle im Verlaufe der letzten fünf Jahre verstorben. Für die tibetischen Flüchtlinge bedeutet das unaufhaltsame Wegsterben der alten Lamas einen schweren Verlust. In diesen ranghöchsten Lehrern verkörperte sich die geistige Kultur Tibets, sie waren von staunenswerter Gelehrsamkeit. Die neue Generation, die als Flüchtlinge in Indien heranwuchs, hat mit Ernst und Eifer studiert und gelernt – ob sie aber an die Größe der vorhergehenden Generation heranreicht, läßt sich nur schwer sagen. Die Anforderungen des entbehrungsreichen Flüchtlingslebens, das ungünstige Klima Indiens sowie die vielfältigen Krankheiten und Zwänge stellen unzweifelhaft ein schweres Hindernis dar.

Die Älteren und Jüngeren Tutoren des Dalai Lamas waren in besonderer Weise bemerkenswert. Aus allen Regionen Zentralasiens kamen die Menschen zu ihnen, um Rat zu erbitten in allen möglichen Angelegenheiten, von persönlichen Dingen bis hin zu den vertracktesten philosophischen Fragen, und Tag für Tag fanden alle, die kamen, während vieler Stunden Gehör und Beratung. In seinem achtzigsten Lebensjahr hielt der Ältere Tutor in Süd-Indien vor den höchsten Gelehrten Zentralasiens Belehrungen, die jeden Tag sechs bis sieben Stunden dauerten und sich über einen Monat erstreckten. Nicht ein einziges Mal zeigte er dabei Spuren von Ermüdung. Genauso hatte auch der Jüngere Tutor ein Jahr vor seinem Hinscheiden langdauernde Unterweisungen gegeben, ohne daß sein hohes Alter spürbar geworden wäre. Beide schienen sie sich an alles erinnern zu können, was sie jemals gesehen, gehört oder gelesen hatten – und es gab offenbar nur wenig, was außerhalb ihres Wissensbereiches gelegen hätte. Die jüngere Generation wird daher die allergrößten Anstrengungen unternehmen müssen, wenn sie es mit einem dieser beiden aufnehmen will.

Erstes Kapitel

1 Diese Ansprachen bilden den ersten Abschnitt des zweiten Bandes der *Gesammelten Werke* (Tib. *gSung-'bum*) des Dreizehnten Dalai Lama. Der vollständige Titel dieser Sammlung lautet »Reden und Ansprachen sowie *Jātaka*-Lesungen anläßlich von Besuchen (des Dreizehnten Dalai Lama) im Kum-bum-Kloster, in anderen Klöstern und beim Großen Gebets-Fest in Lhasa«. Der Hinweis auf die *Jātaka*-Lesungen wird deshalb gegeben, weil die Ansprache am Vollmond-Tag stets eine teilweise Lesung von Ārya-suras *Jātaka-mālā* einschloß, einer Sammlung von vierunddreißig Geschichten aus den früheren Leben des Buddha.

2 Eigentlich dauerte das Fest einen ganzen Monat, doch nur die ersten zwei Wochen waren Feiertage für das ganze Land.

3 Tib. *Rin-po-che-thar-rgyan*. Eine ausgezeichnete Übertragung dieser Schrift wurde von H.V. Guenther angefertigt. Sie ist bei Shambala, Boulder, Colorado und London erschienen. Die Erstausgabe wurde von Rider & Co., London, 1959, veröffentlicht.

4 Tib. *Zhen-pa-bhzi-'prel*. Von den mehreren Dutzend Handbüchern dieser Literaturgattung sind nur wenige übersetzt worden.

5 Tib. *rDzogs-chen-kun-bzang-bla-ma-zhal-lung*.

6 Tib. *Byang-chub-lam-rim-chen-mo*.

7 Eine vorzügliche Schilderung dieser Ereignisse gibt Peter Fleming in *Bayonets to Lhasa*, Harper & Brothers, New York, 1961.

8 Sir Charles Bell, *Portrait of a Dalai Lama*, Collins Books, Oxford, 1946.

9 Dieser Vers ist Atishas »Zusammenfassender Darstellung der Mittel zur Vollendung des Mahayana-Pfades« (Skr. *Mahāyāna-patha-sādhana-varmasaṃgraha*; Tib. *Theg-chen-lam-gyi-sgrub-thabs-yi-ger-bsdus-pa*) entnommen, einer kurzen Schrift über die Praxis des Mahayana. Eine Übersetzung dieses Textes erscheint in *Atisha and Buddhism in Tibet*, das ich zusammen mit Ehrwürden Do-boom Tul-ku verfaßte und bei Tibet House, Neu-Delhi, 1983 herausgab.

10 Die acht Freiheiten und zehn Begünstigungen bilden die achtzehn Bedingungen, die ein Üben des Dharma – und damit auch die Erleuchtung – ermöglichen.

11 Wörtl. gSer-gling-pa, »Der Mann von den goldenen Inseln«. Ser-ling-pa stammte wahrscheinlich aus Borobudur – zumindest geht dies aus verschiedenen tibetischen Schriften zu diesem Thema hervor, mit denen ich mich beschäf-

tigt habe. Es müssen jedoch in dieser Sache noch weitere Nachforschungen angestellt werden. Gegenwärtig ist unter den Gelehrten die Auffassung vorherrschend, er sei in Sumatra und nicht in Java beheimatet gewesen – doch ist diese Ansicht eher in einer schlechten Übereinkunft als auf gesicherten Tatsachen begründet. Sein Ordens-Name war Dharma-kīrti, – doch ist er nicht identisch mit dem indischen Logiker gleichen Namens.

12 *Sieben Punkte zur Schulung des Geistes* (Tib. *bLo-spyong-don-bdun-ma*), ein Text, der von Ge-she Che-kha-wa geschrieben wurde, ist einer der grundlegenden Leitfäden in der Praxis des tibetischen Buddhismus. Den hierzu vom Ersten Dalai Lama verfaßten Kommentar habe ich übersetzt in meinem Buch *Selected Works of the Dalai Lama I: Bridging the Sutras and Tantras*, Snow Lion Press, New York, 1982.

13 Dies sind zwei Bezeichnungen, die für eine Vollendung des Hinayana-Pfades stehen.

14 Siehe Anmerkung 12 oben.

15 Skr. *Ratna-gūna-saṁgraha;* Tib. *dKon-mchong-yon-tan-bsdus-pa.*

16 Dieser und der folgende Vers wurden Nagarjunas *Wohlwollendem Brief* (Skr. *Suhrlleka;* Tib. *bShes-shrin*) entnommen.

17 Skr. *Udāna-varga;* Tib. *Ched-du-brjod-pai-tshoms.* In wörtlicher Übersetzung heißt dies »Ausgewählte Worte« (des Buddha). Ich habe die Bezeichnung *Tibetisches Dharmapada* gewählt, da unter diesem Titel eine von Ehrwürden Gareth Sparham angefertigte englische Übersetzung 1982 bei Mahayana Publications in Neu-Delhi erschienen ist. Der Text ist das Mahayana-Gegenstück zum *Dharmapada*, wiewohl er von beträchtlich größerem Umfang ist.

18 Skr. *Raja-vavā-daka;* Tib. *rGyal-po-la-gdams-pa.*

19 Dieser Vers entstammt dem Gedicht 'Schwermütige Betrachtungen über die Unzulänglichkeit', einem von einundvierzig Gedichten, die sich in meinem Sammelband der Werke des Siebten Dalai Lamas finden: *Songs of Spiritual Change*, Snow Lion Press, New York, 1982.

20 Skr. *Garbha-vakrānti-sūtra;* Tib. *mNgal-'jug-gi-mdo.*

21 Skr. *Śhiṣhya-lekha;* Tib. *Ka-ni-kai-slob-yig.*

22 Skr. *Abhi-dharma-kōsha;* Tib. *Chos-mngon-pa-mdzod.*

23 Siehe Anmerkung 17 oben.

24 Skr. *Ratnāvalī;* Tib. *Rin-chen-'preng-ba.*

25 Siehe Anmerkung 16 oben.

26 Siehe Anmerkung 21 oben.

27 Siehe Anmerkung 21 oben.

28 Siehe Anmerkung 12 oben.

29 Tib. *bLo-spyong-tshig-brgyad-ma*, ein weiteres grundlegendes Werk, das auch heute noch als Ausgangstext vieler Abhandlungen dient. Der jetzige Dalai Lama hat darüber im Westen mehrere Vorträge gehalten. Einer davon findet sich in seinem Buch *Four Essential Buddhist Commentaries*, das von Tse-pak Rig-zin und Jeremy Russel übersetzt wurde: Bibliothek Tibetischer Schriftwerke und Dokumente, Dharamsala, 1982.

30 Skr. *Śhravāka-bhumi;* Tib. *Nyan-thos-gi-sa.*

31 Ein bekannter Lehrer des Ersten Dalai Lama.

32 Er ist der Autor der *Enzyklopädie der buddhistischen Metaphysik.* Siehe Anmerkung 22 oben.

33 Ein Ka-dam-pa-Lehrer aus dem 12. Jahrhundert.

34 Siehe Anmerkung 32 oben.
35 Diese Zeilen entstammen dem in Verse gefaßten Werk des Fünften Dalai Lama, in dem es um die Verbindung von weltlicher und religiöser Tätigkeit geht. Es trägt den Titel *Srid-shi-zung-'prel-gyi-slab-bya* und kam zunächst als Ratgeber bei Mönchen, die im Dienste der Regierung standen, in Gebrauch; später wurde es auch von der weltlichen Beamtenschaft verwendet.
36 Skr. *Ārya-dāka-jñāna-sūtra;* Tib. *'Phags-pa-da-ka-ye-shes-gi-mdo.*
37 Dieser Vers ist Tsong Khapas »Gesang von den Stufen des geistigen Weges« entnommen. Seine Übersetzung sowie ein Kommentar finden sich in meinem Sammelband der Werke des Dritten Dalai Lama *Essence of Refined Gold*, Snow Lion Press, New York, 1983.

Zweites Kapitel

1 Tib. *rNam-sgrol-lag-skyangs.*
2 Wie Evans-Wentz in seiner Einführung zu *The Tibetan Book of the Dead*, Oxford University Press, Oxford, 1927, nachweist, benutzten die Tibeter vier verschiedene Methoden zur Beseitigung des Leichnams – entsprechend den vier Elementen des Körpers: Erde, Feuer, Wasser und Luft. Die individuell geeignete Methode pflegte man mittels astrologischer Beobachtungen herauszufinden. Erde ließ ein Begräbnis angezeigt sein, Feuer eine Verbrennung, Wasser eine Versenkung in einem Fluß oder See und Luft eine Darreichung als Nahrung für die Vögel. Im vor-buddhistischen Tibet wurde ausschließlich die Erdbestattung geübt. Die anderen drei Methoden wurden aus Indien übernommen. War ein hoher Lama zu bestatten, so wurde der Scheiterhaufen in der Form einer Stupa errichtet. Ich habe dies erleben können, als der Jüngere Tutor des Dalai Lama verbrannt wurde. Der Ältere Tutor hingegen, der im folgenden Jahr starb, wurde mumifiziert – er war der erste, dem in Indien diese Ehre zuteil wurde.
3 Diese Äußerung findet sich im *bKa'-gdams-gsung-'bum-thor-bu.*
4 Siehe Anmerkung 3 oben.
5 Skr. Bodhi-sattva-charyāvatāra; Tib. *byang-sems-spyod-'jug.*
6 Ich habe diesen Vers in der Einführung zitiert. Siehe Anmerkung 5 der Einleitung.
7 Es ist dies die Technik der Todes-Meditation, die vom Dreizehnten Dalai Lama im ersten Kapitel erläutert wird. Ge-she Dar-gyes Kommentar wurde daher von mir an dieser Stelle weitgehend gekürzt.
8 Tib. *Rin-po-che-thar-rgyan.*
9 Tib. *Lam-rim-chen-mo.*
10 Diese Methode wird im achten Kapitel erörtert.
11 Evans-Wentz kommentiert Sinn und Bedeutung der drei *kāyas* ausführlich in der Einführung zu *The Tibetan Book of the Dead*, Oxford University Press, Oxford, 1927. Im zweiten und achten Kapitel werden wir noch weiteres über sie erfahren.
12 Skr. *Udāna-varga;* Tib. *Tshoms.*
13 Diesem Thema ist das siebte Kapitel gewidmet.
14 Diese fünf sind den *Sieben Punkten zur Schulung des Geistes* entnommen, auf die im ersten Kapitel verwiesen wurde.

15 Dieses Thema wird ausführlich im achten Kapitel behandelt.
16 Skr. *Abhi-dharma-kośa;* Tib. *Chos-mngon-pa-mdzod.*
17 Tib. *mCod,* oder »Ritual des Durchtrennens«. Eine Übersetzung eines derartigen Textes nahm Evans-Wentz vor in *Tibetan Yoga and Secret Doctrines,* Oxford University Press, Oxford, 1935.

Drittes Kapitel

1 Der vollständige Titel dieses Textes lautet eigentlich »Ein Gespräch zwischen einem alten Mann und einem Jüngling über das Wesen von Tod und Vergänglichkeit«. Siehe auch die Bibliographie der übersetzten Texte am Ende dieses Buches.
2 Skr. *Ratnāvalī;* Tib. *Rin-chen-'phreng-ba.*
3 Tib. *rNam-sgrol-lag-skyang.*
4 Ge-she Tub-ten Wang-gyal, *A Guide to the Treasure Island,* Tibetan Studies Institute, Rikon, Schweiz, 1974.
5 Diese Übersetzung stammt von mir; ich hatte dieses biographische Gedicht meinem Sammelband über den Ersten Dalai Lama eingefügt: *Bridging the Sutras and Tantras,* Snow Lion Press, New York, 1982.
6 Sie werden im Buddhismus als die vier großen Leiden der unerleuchteten Existenzweise begriffen.
7 Wie eine solche Einweihung vor sich geht, erfahren wir im sechsten Kapitel.
8 Es ist eine Annahme der buddhistischen Metaphysik, daß sich die menschliche Lebensdauer mit jedem Jahrhundert um ein Jahr verringert. Dies gilt jedoch nur für die natürliche Lebensspanne, nicht aber für solche Fälle, wo das Leben durch medizinische oder andere Maßnahmen verlängert wird.
9 Das Elixier der Unsterblichkeit ist Inhalt zahlreicher buddhistischer Legenden. Von ihm heißt es, daß es – dem Zaubertrank der Alchemisten gleich – zu ewigem Leben verhelfe. Als eine spirituelle Metapher erscheint dieses Elixier des öfteren im siebten Kapitel dieses Buches.
10 Dies ließe sich als Analogie zu der christlichen Lehre auffassen: »Laßt die Toten ihre Toten begraben.«
11 In der buddhistischen Tradition wird der Tod als mit der südlichen Himmelsrichtung in Verbindung stehend gesehen. Dies wird später, im fünften Kapitel, noch deutlicher werden. Darin liegt auch der Grund, weshalb die Tibeter beim Schlafen niemals eine Körperhaltung einnehmen, in der der Kopf nach Süden und die Füße nach Norden zeigen, denn es ist ihre Überzeugung, daß die Ströme der Erdenergie die lebenserhaltende Kraft entziehen und eine Verkürzung des Lebens bewirken.
12 Dieser Hinweis auf Tsong Khapa, den Gründer des Gelb-Mützen-Ordens, läßt darauf schließen, daß der Autor dem Geluk-pa-Orden angehört.

Viertes Kapitel

1 Dem Hinscheiden des Buddha ist ein vollständiges Sutra gewidmet, nämlich das (Skr.) *Maha-parinirvāna-sūtra;* Tib. *mDo-sde-mya-ngan-las- 'das-chen.*

2 Eine ausgezeichnete Übersetzung dieser Schrift wurde unter dem Titel *Acts of the Buddha* 1936 von H.E. Johnson angefertigt. Sie enthielt jedoch lediglich die noch vorhandenen Sanskrit-Partien des Textes von Ashvagosha. Die noch fehlenden Textabschnitte gab derselbe Autor später in der dänischen Zeitschrift, *Acta Orientalia,* XV, 1937, heraus. Eine weitere Übersetzung, die auf derjenigen von Johnson fußt, wurde von Edward Conze veröffentlicht in *Buddhist Scriptures,* Penguin Books, London, 1959.

3 Die letzten Worte des Buddha existieren – wie aus dem unterschiedlichen Wortlaut der hier wiedergegebenen Zitate ersichtlich wird – in zweifacher Überlieferung. Sie stimmen nicht völlig überein, wiewohl sie, ihrem eigentlichen Sinne nach, gleichartig sind. Die beiden Quellen sind das *Lalita-vistara-sūtra* und das *Mahā-parinirvāna-sūtra.*

4 Diese und zahlreiche andere Geschichten über das Leben des Buddha finden sich im *Mūla-sarvāstivāda-vinaya.*

5 Lama Chinpa und A. Chattopadhya, *Ātiśa and Tibet,* Indian Studies, Calcutta, 1967.

6 W.Y. Evans-Wentz, *Tibet's Great Yogi Milarepa,* Oxford University Press, Oxford 1928.

7 Tib. *gTer-ston.*

8 Es existieren zwei maßgebliche Lebensbeschreibungen des Ersten Dalai Lama: »Die Juwelenkette« (Tib. *Nor-bu-'phreng-ba)* und »Die Zwölf Erstaunlichen Taten« (Tib. *mDzad-pa-ngo-mtshar-bcu-nyis).* Beide stimmen sie nahezu überein in der Beschreibung vom Hinscheiden des Dalai Lama.

9 Zehn Tage nach dem Vollmond im September 1954.

10 Wie wir später sehen werden, ist dies der geistliche Name des Gye-re Lama. Sehr wahrscheinlich ist es eine fälschliche Wiedergabe des Sanskrit-Namens Kumāra Sing-ha, welcher die Bedeutung »Junger Löwe« hat.

11 Auf diesem Hügel wurde die Stadt Kangra erbaut. Sie liegt einige Meilen südlich von Dharamsala und gilt als eine der vierundzwanzig mystischen Heruka-Stätten in Indien.

12 Es sind dies bekannte Orte im Lahoul-Tal.

13 Sechzehn bedeutende Schüler des Buddha, um die sich ein Netz von Mythen spinnt. Häufig werden sie als Gruppe in der religiösen Malerei Tibets dargestellt. Von ihnen heißt es, sie hätten einstmals die Höhle am Gye-re-Berg aufgesucht.

14 Das geschah um die Mitte des achten Jahrhunderts. Padma Sam-bhava und seinem Wirken in Tibet war es zu verdanken, daß Shanti-rakshita Sam-ye, das erste Kloster in Tibet gründen konnte.

15 Ein bedeutender Mystiker aus dem zwölften Jahrhundert, der im Lahoul-Tal lebte und dort zahlreiche Klöster errichtete.

16 Ein heiliger Berg in Lahoul.

17 All dies sind Namen geweihter Pilgerstätten in Süd- und Zentral-Tibet.

18 Eine sexuelle Form tantrischer Meditation.

19 Ein sagenumwobener König aus Ost-Tibet, vergleichbar dem König Arthur. Schilderungen seiner Abenteuer bilden den Inhalt vieler tibetischer Bücher.

20 Eine der weniger bedeutsamen Gottheiten in dem riesigen tibetischen Pantheon.

21 Der Text des sechsten Kapitels gehört zu dieser Kategorie von Schriften.

22 Es sind dies die Namen von Menschen, die in Lahoul zu jener Zeit lebten, als der Text niedergeschrieben wurde.

23 Eine wichtige Methode des Höchsten Yoga-Tantra, die innerhalb der Nyingma- und der Druk-pa Kagyü-Linie verbreitet war.

24 Sie beziehen sich jeweils auf die Mantras von Avalokiteshvara, Tara und Padmasambhava, die von den Bewohnern Tibets und Zentral-Asiens mit Vorliebe benutzt werden.

25 Für die Tibeter stehen die Moslems für Barbarei schlechthin – zum Teil wegen deren Verhalten während der Mogul-Invasionen, wo sie in Indien die Buddhisten niedermetzelten, zum Teil auch wegen ihrer religiösen Intoleranz und ihrer Einstellung den Frauen gegenüber.

In Ladakh und den nahegelegenen Tälern mit buddhistischer Bevölkerung, wie etwa Lahoul, geht von den Moslems eine immerwährende Bedrohung aus, die von den Briten verursacht worden ist durch die Form, in der sie 1947 Indien bei ihrem Abzug reorganisierten. Ladakh verblieb damals unter der Oberhoheit Kaschmirs und untersteht seitdem der Kontrolle des Muslim Sringar. Für Täler wie Lahoul stellt Ladakh die Hauptverbindung zur übrigen Welt dar, und sie befinden sich daher in einer verwundbaren Position.

Fünftes Kapitel

1 Ein Blick in die Biographie von Nagarjuna (siehe *Taranatha's History of Buddhism in India,* übers. von A. Chattopadhya, Indian Studies, Simla, 1970) bezeugt den Doppel-Charakter seines Lebens. Ähnliches gilt für viele andere der großen buddhistischen Meister Indiens, wie zum Beispiel Aryadeva, Asanga und Shantideva.

2 Tib. *'Chi-mtshan-rtags-pa-dang-thse-sgrub-'pho-bai-rnam-bshad.*

3 Tib. *'Chi-mtshan-rtags-pa.*

4 Skr. *Trivajra-āchala-tantra.*

5 Skr. *Samvāra-tantra.*

6 Tib. *Zab-chos-zhi-khro-dgongs-pa-rang-grol.*

7 Siehe Anmerkung 2 oben.

8 Es handelt sich um das oben bereits zitierte Werk.

9 Das *I Ching,* englische Fassung des von Richard Wilhelm ins Deutsche übertragenen I Ging: Cary E. Baynes (Übers.), Bollingen Series XIX, Princeton University Press, Princeton, New Jersey, 1950.

10 Eingehender befaßt sich C.G. Jung damit in *The Structure and Dynamics of the Psyche,* Collected Works of C.G. Jung, vol. 8, Bollingen Series, Pantheon Books, New York, 1953.

11 Dieses Bild ist Nagarjunas *The Friendly Letter* (Skr. *Suhṛllekha;* Tib. *bShes-shring)* entnommen. Daß er es zitiert, erweist den Autor als der frühen indischen Überlieferungs-Linie zugehörig.

12 Skr. *gana-chakra;* Tib. *tshogs-gyi-'khor-lo.*

13 Skr. *balim;* Tib. *gtor-ma;* eine tantrische Form der Darreichung.

14 Dies ist die im Buddhismus gebräuchlichste Meditations-Haltung. Da Vairochana den reinen Aspekt der Form verkörpert, wird er als Symbol für die Haltung benutzt.

15 Dies wurde im zweiten Kapitel erörtert.

16 Tib. *Ro-spyin-sreg-du-'bar-bai-rgyud.* Dieses Werk gehört nicht dem gebräuchlichen Schriften-Kanon der Tibeter an.

17 Einem Buddhisten gilt alles Lebendige als heilig, besonders jedoch das menschliche Leben, da es die Möglichkeit in sich birgt, zur Erleuchtung zu finden. Vor allem ein Übender des Tantra, der befähigt ist, die vollkommene Buddhaschaft innerhalb einer einzigen Lebensspanne zu erreichen, hat dem eigenen Körper gegenüber eine ganz besondere Verantwortung; denn dieser wird im Vajrayana als der Tempel der Gottheit betrachtet. Innerhalb des Tantra gehört es daher zu den vierzehn Grundvorschriften, jegliche Vernachlässigung des Körpers zu vermeiden.

18 Dies ist ein Hinweis auf das *Tibetanische Totenbuch,* zu dem der Text dieses Kapitels eine Einleitung darstellt.

Sechstes Kapitel

1 Dieser Vers ist meiner Übersetzung der *Songs of Spiritual Change* des Siebten Dalai Lama entnommen: Snow Lion Press, New York, 1982.

2 Hierauf wurde in der Einführung des vorhergehenden Kapitels hingewiesen.

3 J. Kelsang, *The Ambrosia Heart Tantra,* Bibliothek Tibetischer Schriftwerke und Dokumente, Dharamsala, Indien, 1977.

4 Dieses Zitat und die folgenden stammen aus dem obenerwähnten Werk des Ersten Dalai Lama.

5 Eine kurze Schrift über das Amitayus-System findet sich unter den *Lhai-rnal-'byor*-Abhandlungen des Siebten Dalai Lama.

6 G.C. Chang, *The Hundred Thousand Songs of Milarepa,* University Books, Seacaucus, New Jersey, 1962.

7 Die Fassung von Evans-Wentz *(Tibets Great Yogi Milarepa)* erschien bei Oxford University Press, Oxford, 1928. In jüngerer Zeit erschien eine neue Übersetzung von Lobsang P. Lhalungpa, *The Life of Milarepa,* Prajna Press, Boulder, Colorado, 1982. Die von Bacot angefertigte französische Übersetzung ist ebenfalls beachtlich und weithin bekannt.

8 Die Übermittlungslinie wird vom Zweiten Dalai Lama gegen Ende seiner Texterläuterungen angegeben. Biographische Angaben und die Tradition, in der diese frühen indischen Meister jeweils stehen, sind in Gos-lo-tsa-was *The Blue Annals* (Tib. *'Deb-ther-sngon-po)* aufgezeichnet und wurden von George Roerich übersetzt: Motilal Banarsiddhas, Calcutta, 1949.

9 Die Resultate, zu denen diese Ärzte kamen, können bei der Virginia University eingesehen werden. Darüber hinaus gibt es einen Film, auf dem die Einzelheiten des Testablaufs festgehalten sind. Die Yogis selbst empfanden den Test teils erheiternd, teils brachte er sie in Verlegenheit; doch standen sie ihn tapfer durch – des Spaßes wegen und der Wissenschaft zuliebe.

10 Das Mantra der Leerheit lautet: *om svabhāva śhuddhoh sarvadhārma svabhāva śhuddhoh ham.*

11 Eine ziemlich genaue Erklärung eines ähnlichen Umwandlungsprozesses findet sich bei Stephen Beyer in *The Cult of Tara,* University of California, Press, Berkeley, 1973.

12 Im Text des Zweiten Dalai Lama sind diese Mantras nicht enthalten, da sie für gewöhnlich beim Empfangen der Einweihung mündlich übermittelt wurden. Dies ist auch der Grund, weshalb ich sie nicht anführe.

13 Gemeint ist das kurze Mantra der Essenz.

14 Die mit dem Namen des Gurus dieser Überlieferungslinie verbundene Geschichte steht in *The Life of Marpa the Translator:* Nalanda Translation Committee, Prajna Press, Boulder, Colorado, 1982.

15 Dies bezieht sich auf die nährenden Pillen, die von den Yogis anstelle von fester Nahrung eingenommen werden. Sie werden nach genauer Vorschrift aus einer Mischung von Mineralien und pflanzlichen Substanzen hergestellt. Ich kannte einen Yogi, der zwei Jahre lang ausschließlich von ihnen gelebt hat; pro Tag aß er nicht mehr als ein halbes Dutzend. Anfangs verlor er ein wenig an Gewicht, doch nach wenigen Monaten gewann er seinen zweiten Atem und die den Pillen innewohnende Kraft, und für die verbleibende Dauer war er wieder im Besitz seines normalen Gewichts.

Siebtes Kapitel

1 Sie sind demselben Kommentar zu den Langlebigkeits-Yogas entnommen, der zuvor bereits zitiert wurde.

2 Tib. *Zab-lam-ni-gu-chos-drug-gi-'khrid-yig-ye-shes-mkha'-'gro-mai-zhal-lung* – was seinem vollständigen Wortlaut nach bedeutet »Anweisungen der Weisheits-Dakini – ein Kommentar zu den Tiefgründigen Pfaden der Sechs Yogas von Niguma.«

3 Siehe Anmerkung 2 oben.

4 Siehe Anmerkung 1 oben.

5 Die Bezeichnung *Lam-dre* (Tib. *lam-'bras)* zeigt an, daß diese besondere Anweisung auf die Sa-kya-Sekte zurückgeht.

6 Das heißt, daß sie einer gemeinsamen Quelle entspringen; dennoch sind die beiden Linien höchst unterschiedlich.

7 Es dient zur Kontrolle der feinstofflichen Körperenergien und verhilft zur Erfahrung paranormaler Zustände, wie sie im zweiten Kapitel erklärt werden.

8 Tib. *dNgos-grub-rgya-mtsho.*

9 Nähere Einzelheiten dazu bringt der Erste Dalai Lama in den »Bemerkungen zur Geistigen Wandlung«, die ich in meine Sammlung *Bridging the Sutras and Tantras* aufgenommen habe: Snow Lion Press, New York, 1982.

10 Skr. *Abhi-dharma-kośha;* Tib. *Chos-mngon-pa-mdzod.*

11 Skr. Ratna-megha-sūtra; Tib. *'Phags-pa-dkon-mchog-spring.*

12 Diese Namen beziehen sich auf Atisha und Lama Tsong Khapa. Sie werden nicht in ihrer gewöhnlichen Gestalt, sondern als himmlische Bodhisattvas visualisiert. Dieses Bild ist ein beliebtes Motiv der religiösen Malerei Tibets.

13 Skr. *Madhyamaka-garbha;* Tib. *dBu-mai-snying-po.*

14 Skr. *Madhyamakā-vatara;* Tib. *dBu-mai-'jug-pa.*

15 Skr. *Mahāyāna-pranidhāna-rāja;* Tib. *Theg-chen-smon-lam gyi-rgyal-po.*

16 Der Meister, auf den sich diese Stelle bezieht, ist einer der größten Philosophen

und Heiligen Tibets. Seine zahlreichen Werke zur buddhistischen Philosophiegeschichte Indiens haben vieles von den buddhistischen Lehren Indiens aufbewahrt, was sonst verlorengegangen wäre. Sein Werk *Große Darlegung des Systems der Glaubenssätze im indischen Denken* (Tib. *Grub-mtha'-chen-mo*) ist ein Klassiker auf diesem Gebiet. Siehe dazu Jeffrey Hopkins, *Meditation on Emptiness*, Wisdom Publications, London, 1982.

Achtes Kapitel

1 Vorwort des Dalai Lama zu dem Buch von Jeffrey Hopkins *Death, Intermediate State and Rebirth in Tibetan Buddhism*, Rider & Co., London, 1979. Aus dem Engl. von Matthias Dehne, *Stufen zur Unsterblichkeit*, Köln, [2]1987.

2 Tsong Khapas Kommentar zu den sechs Yogas gibt es in einer englischen Übersetzung, *Esoteric Teachings of the Tibetan Tantras*, Chang-Muses, Falcon's Wing Press, California, 1961. Leider weist sie eine Reihe von Fehlern auf, einige Passagen des Originals wurden ausgelassen, und sinnentstellende Fußnoten deuten auf die äußerst negative Einschätzung Changs von Tsong Khapa hin. Die in den Fußnoten ausgetragene Auseinandersetzung zwischen Chang und Muses läßt einen eher an einen Don-Camillo-und-Pepone-Film denken als an eine ernsthafte wissenschaftliche Arbeit. Das Ende dieser Kontroverse war, daß Chang verärgert nach Hongkong zurückkehrte, noch ehe die Veröffentlichung abgeschlossen war, und die letzten Einzelheiten Muses überließ, der – wenn überhaupt – nur wenig Tibetisch verstand.

3 Siehe Anmerkung zur Einführung des siebten Kapitels.

4 Dies findet sich in seinem Kommentar zu den Sechs Yogas von Naropa.

5 Das hundertsilbige Mantra wird in sämtlichen tantrischen Systemen benutzt, wobei es im Einzelfall geringfügig abgewandelt wird – entsprechend der besonderen Eigentümlichkeit einer bestimmten Familie und Klasse des Tantra; beim Höchsten Yoga-Tantra sieht diese Modifikation so aus, daß der Name der obersten Gottheit des Mandala einbezogen wird.

6 Der allgemeine Charakter der Yogas dieses Tantra-Systems wurde im zweiten Kapitel erörtert, worin diese Überlieferung als eine Methode der Selbstverwirklichung sichtbar wurde (Tib. *sgrub-thabs*). Hat einer in dieser Art des Übens genügend Fähigkeit erlangt, steht es ihm offen, sich dem Tätigkeits-Aspekt (Tib. *las*) dieser Praxis zuzuwenden, bei dem es darum geht, diese Methode zum Nutzen anderer zu gebrauchen.

7 Dies schließt häufig die Lesung des langen *sādhana* ein, einer Meditationsübung der Erzeugungsstufe.

8 Hier und an anderen Textstellen, wo Mantras zitiert werden, habe ich diese nicht in ihrem vollständigen Wortlaut wiedergegeben, da dieser nur für jemanden von Bedeutung ist, der eine Einweihung empfängt. Mir geht es in diesem Zusammenhang vor allem darum, die grundsätzliche Eigenart der Geistigkeit sichtbar zu machen, welche diesem Ritual unterliegt, und wie sich dieser Brauch in die tibetische Tradition zu Tod und Sterben einfügt. Für den Nicht-Eingeweihten ergeben die Mantras keinen Sinn. Der Text selbst jedoch spiegelt deutlich das Grundgefühl, mit dem der Buddhist auf den Tod blickt, und er gibt einen Einblick in die Art der Meditationen, die der Ritualist im Dienste der

Verstorbenen durchführt. Die psychologische Bedeutung des Textes ist offenkundig.

9 Tib. *Bar-doi-sngos-sprod. Das Tibetanische Totenbuch* gehört dieser Kategorie an; für den Fall, daß von ihm Gebrauch gemacht würde, käme es an dieser Stelle zur Verlesung – anstelle der kurzen Version, die der Autor angibt.

Neuntes Kapitel

1 Der Sechste Dalai Lama hatte es abgelehnt, ein Mönch zu werden. Das wenig disziplinierte Leben, das er führte, ist vielleicht die Ursache dafür, daß der Siebte Dalai Lama die Einfachheit so hoch schätzte; denn die exzentrische Lebensweise des Sechsten Dalai Lama führte zu ungeahnten Rückwirkungen, sie beeinflußte die Entwicklung in Zentral-Asien und führte dort zu Schwierigkeiten. Siehe hierzu *Love Songs of the Sixth Dalai Lama,* übers. von K. Dhundup, Bibliothek Tibetischer Schriftwerke und Dokumente, Dharmasala, Indien, 1981.

2 Einige Schriften der anderen Dalai Lamas haben wir in früheren Kapiteln kennengelernt. Unter den Dalai Lamas der Frühzeit waren besonders der Erste, der Dritte und der Fünfte eifrige Schreiber. Die späteren Dalai Lamas, vom Neunten bis hin zum Zwölften, schrieben wenig, da ihr Leben nur von kurzer Dauer war.

3 Die Mongolen unter Lhasang Khan waren ins Land eingedrungen und hatten den Sechsten Dalai Lama entthront, was vermutlich zu dessen Tod führte. Lhasang Khan herrschte in Lhasa, bis ihn ein von den Chinesen unterstützter Aufstand zum Rückzug zwang. Dadurch gelangte der jugendliche Siebte Dalai Lama zur Herrschaft, wobei jedoch die Chinesen in der Gegnerschaft von Tibetern und Mongolen ein günstiges Mittel sahen, selbst die Kontrolle über Zentral-Asien zu erlangen.

4 Es handelt sich um die Atisha-Übermittlungslinie der Todes-Meditation, die wir im sechsten Kapitel kennengelernt haben.

5 Dieser Ausdruck, der seiner wörtlichen Bedeutung nach so viel bedeutet wie »der Guru als Gottheit« (im Sinne der Göttlichkeit eines Buddha), ist eine wortgetreue Übersetzung des klassischen Sanskrit-Begriffs guru-deva.

6 Skr. Vajra-kāya. Dabei ist die Vorstellung grundlegend, daß der Weise Herr ist über die Elemente seines Körpers und damit über die Dauer seines Lebens. Er selbst wählt den Zeitpunkt seines Todes. Er vermag daher sein Sterben als ein Lehrstück zu gestalten, welches den Übenden zum Nutzen ist.

7 Die Entstehung des Gedichts wurde vom Dalai Lama nicht datiert. Es könnte wohl sein, daß in diesem Vers auf die heftigen Kämpfe, die während des Eindringens der Mongolen unter Lhasang Khan ausbrachen, angespielt wird – oder auf eine spätere Zeit, wo er selbst für sieben Jahre nach Ost-Tibet verbannt wurde.

8 Leider ist es in diesem Vers kaum möglich, das Versmaß durchgängig einzuhalten. Der Sinn ist, daß die karmischen Gesetze – das Gute führt zu Glück und Zufriedenheit, das Böse zu Leiden, Gleichgültigkeit und Langeweile – uns an die Vergänglichkeit gemahnen und insbesondere die flüchtige Natur aller Bewußtseinserfahrung betonen.

Epilog

1 Wer als erster den Terminus »Lamaismus« prägte, läßt sich schwer feststellen, populär jedoch wurde er durch L. A. Waddell, dessen Werk *The Buddhism of Tibet or Lamaism* (London, 1895; Neudruck bei W. Heffer & Sons, Cambridge, 1939) zu einer maßgeblichen Quelle für alle späteren wissenschaftlichen Untersuchungen über Tibet und seine Kultur wurde. Waddell scheint eine starke Abneigung gegen den tibetischen Buddhismus gehegt zu haben; er verwandte viele Jahre darauf, bestimmte Aspekte der Kultur Tibets herauszuarbeiten, um sie dann als Unfug abzutun. Er verbreitete die Überzeugung, der tibetische Buddhismus oder »Lamaismus« sei nichts weiter als ein von tibetischem Schamanismus völlig verfälschter Buddhismus. Da sich viele Gelehrte in der Folgezeit dieses Buches als Quelle bedienten, fand diese verzerrte und unzutreffende Ansicht Eingang in das Schrifttum der nächsten Generation – und auch heute noch, fast hundert Jahre danach, taucht sie zuweilen hier und da auf. Daß die Tibeter selbst das Werk und das ihm zugrundeliegende Konzept als höchst beleidigend empfinden, versteht sich von selbst.

2 Prof. A.K. Warder hat einen Abriß der buddhistischen Sanskrit-Literatur verfaßt, der sich in seinem Werk *Indian Buddhism* findet: Motilal Banardhas, Delhi, 1970. Siehe auch Winternitz *History of Indian Literature*, Motilal Banarsiddhas, Calcutta, 1927.

3 Elisabeth Kübler-Ross, a.a.O.

QUELLENNACHWEIS

Erstes Kapitel
Die Vorbereitungen eines Bodhisattva auf den Tod. *mDo-smed-sku-'bum-byams-pa-gling-dang-lha-ldan-smon-lam-chen-por-tshogs-dgon-du-phebs-skabs-sogs-kyi-gsung-bshad-lzags-bsgrings-'chi-bai-sgom-tshul dang byang-sems-slab-bya.*
Gyal-wa Tub-ten Gya-tso (rGyal, ba-thub-bstan-rgya-mtsho), der Dreizehnte Dalai Lama.

Zweites Kapitel
Tibetische Überlieferungen zur Meditation über den Tod. *Bod-lugs-nang-chos-'chi-ba-mi-rtags-pa-sgom-tshul*
Ge-she Nga-wang Dar-gye (dGe-gshes-ngag-dbang-dar-rgyas)

Drittes Kapitel
Gespräch mit einem alten Mann. *Nyam-myong-rgyan-poi-'pel-gtam-yid-'byung-dmar-khrid*
Lama Gun-tang Kon-chok Dron-me (bLa-ma-gun-thang-dgon-mchog-bstan-pai-sgron-me)

Viertes Kapitel
Der Tod des Gye-re Lama. *sGye-ras-gnas-mchog-blo-sgyud*
Ter-ton Dul-zhug Ling-pa (gTer-ston-'dul-bzhugs-gling-pa)

Fünftes Kapitel
Selbstbefreiung im Erkennen der Anzeichen des Todes. *'Chi-mtshan-rtags-par-rang-sgrol*
Ter-ton Kar-ma Ling-pa (gTer-ston-kar-ma-gling-pa)

Sechstes Kapitel
Die Yogas eines Bodhisattva des Lebens zur Abwendung des Todes. *'Tshe-dpags-med-kyi-'tshe-sgrub*
Gyal-wa Gen-dun Gya-tso (rGyal-ba-dge-'dun-rgya-mtsho), der Zweite Dalai Lama